Treue
Der Krimkrieg

Herausgegeben von der
Deutschen Marine-Akademie
Band 2

WILHELM TREUE

# DER KRIM KRIEG UND SEINE BEDEUTUNG FÜR DIE ENTSTEHUNG DER MODERNEN FLOTTEN

MITTLER

HERFORD

1980

**Treue, Professor Dr. Wilhelm**
Der Krimkrieg
und seine Bedeutung
für die Entstehung der modernen Flotten
Herausgegeben von der
Deutschen Marine-Akademie
Band 2
2. überarbeitete und erweiterte Auflage, 1980,
144 Seiten und 8 Seiten Bilder

ISBN 3 8132 0123 6


*Bildnachweis:* Archiv Marinehistorisches Institut Dr. Bernartz, Köln
Schutzumschlag-, Einband- und Innentitelgestaltung:
Martin Andersch, Hamburg, unter Verwendung eines Fotos
aus dem Archiv des Marinehistorischen Instituts Dr. Bernartz, Köln
Herstellung: Heinz Kameier
Satz und Druck: Hans Kock Buch- und Offsetdruck GmbH, Bielefeld
Buchbinderei: Hunke + Schröder, Iserlohn
Printed in Germany

Dem
Initiator des Deutschen Schiffahrtsmuseums
und der Deutschen Marine-Akademie

*Hanswilly Bernartz*

und dem
verdienstvollen Sammler von Quellen zur Schiffahrts-Geschichte

*Peter Tamm*

# *Inhaltsverzeichnis*

ENGLAND
GOD DEFENDS THE RIGHT.
TURKEY
FRANCE
CIVILIZATION
CAQUÉ.F.
IN THE YEAR 1854
DURING THE REIGN OF THE QUEEN
VICTORIA
AND THAT OF
NAPOLEON III
GREAT BRITAIN
AND
FRANCE
JOINED TOGETHER IN ORDER TO INSURE
THE PEACE OF THE WORLD
ROBERT EDITEUR

# *I. Einleitung*

Der Krimkrieg, der in den Jahren 1854 bis 1856 zwischen Rußland einerseits und der Türkei und ihren Verbündeten andererseits ausgefochten wurde, hat von jeher in der deutschen kriegs- und vollends in der seekriegsgeschichtlichen Literatur nur eine sehr matte und oberflächliche Behandlung gefunden. Wohl erschienen während der Kämpfe und kurz nach ihrem Abschluß durch den Fall von Sewastopol und den Pariser Frieden einige dickleibige Werke in deutscher Sprache über den Krieg, aber sie gingen doch insgesamt von den politischen Verhältnissen — dem Zarenreich, dem jungen napoleonischen Empire und der österreichischen und preußischen Stellungnahme dazu — aus, nicht von dem eigentlich kriegsgeschichtlichen Interesse. Dieses schien der Krimkrieg in Deutschland ebensowenig beanspruchen zu dürfen, wie der wenige Jahre später ausgebrochene nordamerikanische Bürgerkrieg. Die preußisch-deutsche Aufmerksamkeit war damals und blieb noch lange Zeit fast ausschließlich mittel- und westeuropäischen, in jedem Fall kontinentalen Fragen zugewandt. Und Konstantinopel lag für den Kriegswissenschaftler und Kriegshistoriker, ja, für deutsche Historiker überhaupt kaum näher als Washington.

Bei dieser Auffassung ist es auch in den folgenden Jahrzehnten geblieben. Wohl erschienen neue Werke politischen Inhalts[1] und gelegentlich Spezialuntersuchungen auch kriegsgeschichtlicher Natur. Im ganzen konnte aber der Krimkrieg auch unter den jüngeren Generationen um so weniger Aufmerksamkeit erwecken, als die Quellenlage auf Seiten der Westmächte aus Gründen der Verschleierung und in Rußland und der Türkei wegen sprachlicher Schwierigkeiten zu eingehender Beschäftigung mit diesem Kriege nicht gerade ermutigte. Noch in unserer Gegenwart erwähnt ein Kenner wie K.D. Grothusen ihn nicht einmal in seinen — allerdings sehr blassen — »Gedanken« über »Die orientalische Frage als Problem der europäischen Geschichte«. Und der Aufsatz von L. Gall macht es nicht besser[2].

Dieser Bemerkung scheint die Tatsache entgegenzustehen, daß seit 1961 mehrere große deutsche bibliographische Aufsätze dem Krimkrieg gewidmet wurden. Hösch[3] betont in der ersten dieser Arbeiten: »Kaum eine kriegerische Auseinandersetzung nach der Niederwerfung Napoleons hat einen solchen Widerhall gefunden und noch Jahrzehnte später so leidenschaftliche Diskussionen ausgelöst wie dieser Krieg.« Noch 1956 hat man den Krimkrieg einen »Wendepunkt des europäischen Schicksals« genannt (Franz), solches Urteil aber allerdings ganz auf die diplomatische Seite beschränkt und dabei obendrein viele fol-

[1] Genannt sei nur die extrem eng diplomatiegeschichtlich angelegte Arbeit von S.A. Kaehler. Dort auch die ältere Literatur zur politischen Geschichte.

[2] Grothusen; Gall.

[3] Franz; Hösch; Baumgart, Krimkrieg; ders., Probleme.

genlosenn Verhandlungen und Korrespondenzen weit überschätzt — auch wenn G. Craig angesichts der Unterschiede der Mächtebeziehungen 1854 und 1856 im Jahre 1960 erneut von einem »entscheidenden Wendepunkt« gesprochen hat. Andere, und nicht nur diplomatische Entwicklungen in den 50er Jahren waren auf längere Sicht mindestens nicht weniger »entscheidend«, wenngleich das »europäische Konzert« von 1815 sichtlich »aus den Angeln gehoben« (Baumgart) wurde — falls das nicht bereits 1848 geschehen war oder mindestens begonnen hatte.

»Der Ertrag von zwei Jahrzehnten wissenschaftlicher Arbeit über den Krimkrieg ist dem Umfange nach beachtlich. Anders steht es mit dem Gewicht der Veröffentlichungen« (Hösch 433). Sieht man nämlich diese eindrucksvoll erscheinenden Mengen von Büchern und Aufsätzen durch, dann zeigt sich, daß, abgesehen von wenigen Werken, nur Nuancen, Korrekturen, Arabesken zu den Erkenntnissen hinzugekommen sind, die man um 1950 besaß, daß etwa die schönen Worte von Golo Mann und die geistesgeschichtlich verbindenden Formulierungen von Th. Schieder die Zusammenhänge nicht besser zu klären vermögen als frühere handfeste Studien. Insbesondere aber erweist sich: »Die eigentlich militärisch-technische Seite des Krimkrieges ist in den neueren Forschungen nur am Rande zu Wort gekommen« (Hösch 426).

Das Fehlen großer entscheidender Seeschlachten, die als Hauptdaten in den Kernbestand der europäischen Geschichte eingehen konnten, führte dazu, daß man die nicht weniger interessanten anderen Fragen der Beteiligung der Kriegsmarine kaum jemals im Zusammenhang betrachtet hat. Wer weiß heute, daß der Krimkrieg vielleicht in der Ostsee hätte gewonnen oder verloren werden können? Wer weiß, daß Engländer und Franzosen in den Jahren 1854 und 1855 bemüht gewesen sind, an der russischen Ostseeküste eine »Zweite Front« zu errichten, um den Widerstand des Zarenreiches auf der Krim zu schwächen? Wer weiß von der Eroberung und Wiederaufgabe der russischen Festung Bomarsund auf den Alandinseln? Wer kennt den Ausspruch des französischen Außenministers Drouyn de Lhuys vom 31. Mai 1854, »daß die beiden Marinen ihre Pflicht schlecht erfüllen würden, wenn der Feldzug ohne die Einnahme von Kronstadt und Sewastopol endete?«[4]

Man braucht aber gar nicht einmal den bekanntesten Schauplatz dieses Krieges, die Krim und die Küsten des Schwarzen Meeres zu verlassen, um auf übersehene, vernachlässigte oder verkannte Fragen des Seekriegs zu stoßen. Wie sind denn die großen Mengen französischer und englischer Truppen mit all ihrem Gerät auf die Krim gekommen? Wie sind sie dort mit Nachschub jeder Art vom April bzw. September 1854 bis zum Frühjahr 1856 versorgt worden? Fragen, die nach der deutschen Invasion in Norwegen, nach dem Krieg in Nordafrika und vollends nach den vielen Landungsoperationen und überseeischen Feldzügen in Europa und Asien seit dem Koreakrieg nicht ganz ohne Interesse sein sollten.

Meurer, der in Deutschland zu den eifrigsten Forschern auf dem Gebiete der Seekriegsgeschichte gezählt werden muß und gewiß bedeutende Verdienste um die Bearbeitung dieses großen Themas besitzt, tat noch 1922 in einem Spezialaufsatz über »die Rolle der Seemacht in der französischen Geschichte« den Krimkrieg mit folgenden wenigen Worten ab: »Von allen Kriegen des zweiten Kaiserreiches . . . bot nur der gegen Rußland geführte Krimkrieg

[4] HHStA, IX 45 Paris 31.5.1854.

Gelegenheit zur Entfaltung der französischen Seemacht durch Deckung und Transport eines größeren Heeres von der Türkei nach der Krim. Die Leistungen in diesem Kriege waren auf beiden Seiten, auf russischer wie auf englisch-französischer, was die Flotten anbetrifft, so gering, daß es sich nicht lohnt, darüber zu sprechen . . .« An diesen Sätzen ist mancherlei unrichtig. Zunächst wurden die Truppen — es handelte sich übrigens um 2 Heere, nämlich ein größeres französisches und ein kleineres englisches, abgesehen von den Sardiniern — nicht nur von der Türkei nach der Krim transportiert, sondern auch, was die entfernungsmäßig und zeitlich weit größere Aufgabe war, aus England und Frankreich in die Türkei. Und dabei sind doch ganz erhebliche Leistungen zu verzeichnen gewesen, wenngleich es sich niemals um eine Seeschlacht, ja nicht einmal um ein kleineres Gefecht gehandelt hat. Sodann sind die über mehrere Jahre laufenden und weder politisch noch militärisch uninteressanten Unternehmungen in der Ostsee völlig übersehen worden. Sie sind nicht allein für den Historiker interessant, sondern sie stellten in Bezug auf Umfang und Dauer auch nach moderner Auffassung Operationen großen Ausmaßes dar. Ihre »Erfolgslosigkeit« ist ein ganz anderes Problem. Was Meurer über die russische Flotte sagt, stimmt dagegen: ». . . am Lande allerdings hat sie sich bei der Verteidigung von Sewastopol ausgezeichnet«.

Wenn also vor mehr als 50 Jahren der Krimkrieg im deutschen seekriegsgeschichtlichen Schrifttum so summarisch erledigt werden konnte und auch inzwischen keine Arbeit Meurers Urteil überholt hat, dann scheint es erlaubt, diesen Krieg einmal von der seekriegsgeschichtlichen Seite her etwas eingehender zu betrachten. Diesem Zweck soll die vorliegende Arbeit dienen. Sie will keine Geschichte des Krimkrieges sein, nicht einmal eine solche in Bezug auf die Beteiligung der Kriegsmarinen. Sie wird vielmehr nur einige Probleme betrachten, die für die Marine in diesem Kriege und im Anschluß an ihn aufgetreten sind: Transportfragen in erster Linie, dann auch solche der Blockade, der Landung, der Errichtung einer zweiten Front, die Frage der Auswirkung von Kriegserfahrungen auf die Modernisierung zunächst der französischen Kriegsmarine, dann der englischen und schließlich der Kriegsflotten in aller Welt, die Frage der englisch-französischen Bundesgenossenschaft beim tatsächlichen Geschehen von Unternehmen zu Unternehmen und von Tag zu Tag und schließlich die Pariser Seekriegsrechts-Konferenz von 1856.

Es sind für diese Arbeit die Archivalien des Marinearchives und des Haus-, Hof- und Staatsarchives in Wien sowie des Preußischen Geheimen Staatsarchives in Berlin-Dahlem benutzt worden, die viel interessantes, bisher wenig benutztes Material enthalten.

Der Wert des österreichischen und preußischen Archivmaterials ist sehr verschieden. Auch dieser Unterschied ist über das vorliegende Thema hinaus von einigem Interesse. Österreich war in jenen Jahren im Mittelmeer eine starke, angesehene und umworbene Seemacht, deren diplomatische Vertreter naturgemäß ihre Aufmerksamkeit auch allen mit der See zusammenhängenden Fragen lebhaft zuwandten. Die Bemühungen des aus dem Rheinland stammenden österreichischen Handels- und Finanzministers von Bruck, der beim Triester Lloyd die politischen und wirtschaftlichen Verhältnisse im östlichen Mittelmeer sehr genau kennengelernt hatte, mit österreichischem, französischem und deutschem Kapital in den vierziger Jahren einen Suezkanal zu bauen und im Zusammenhang mit dessen Beherrschung Österreich zur Schutzmacht der kleinen europäischen Kolonialmächte in

Asien — gegen England — zu erheben, das heißt, an die Weltpolitik der Habsburger im 16. Jahrhundert anzuknüpfen, zeigen deutlich, in welchen Dimensioinen man zu denken, auch politisch zu planen versuchte[5].

So ist es kein Wunder, daß der Historiker aus den Berichten des österreichischen Internuntius, des Gesandten, in Konstantinopel zahlreiche interessante Einzelheiten erfährt über Zahl und Güte der Kriegsmarinen Englands, Frankreichs und der Türkei, über Schiffsbewegungen, Transportmengen und -ziele, Aus- und Einschiffungen, Stimmung und Haltung der Besatzungen, kriegerische Ereignisse zur See, Havarien und Stürme und manches andere, das mit dem Anteil der Kriegs- und Handelsflotten am Krimkriege zusammengehangen hat.

Ganz anders die preußischen Berichte. Preußen war stets nahezu ausschließlich eine Land- und Kontinentalmacht, sein soldatisches Gewicht war das Heer, und allen Heeres-Fragen galt daher das militärische Interesse auch der Diplomaten und konsularischen Vertreter im Auslande. Die Kriegsmarine spielte bei diesem Interesse nur eine Rolle, welche dem Stärkeverhältnis der preußischen Marine zum preußischen Heere entsprach — also eine minimale. So bieten denn die Berichte der preußischen Gesandten aus Konstantinopel, Petersburg, London, Paris, Kopenhagen und Stockholm viel weniger seekriegsgeschichtlich interessante Angaben als die der österreichischen Vertreter. Wir haben hier ein Beispiel dafür, wie tief die grundsätzliche Einstellung eines Volkes zur Frage »Land oder See« reicht, wie sehr die Berichterstattung der rein kontinental interessierten und gelenkten Gesandten das Bild beeinflußt, welches sich ihre Regierung von den Ereignissen in der Welt macht und gelegentlich wohl auch durch die Presse verbreitet sehen möchte — so sehr nämlich, daß die Bedeutung der kriegerischen Ereignisse zur See unterschätzt wird, die Entwicklung fremder Kriegsflotten unbeachtet bleibt und die eigene Einstellung zu wichtigsten Fragen der Politik auf ungenügender Kenntnis der Tatsachen beruht. Hier setzte vierzig Jahre später die Leistung von Tirpitz z.B. mit der Gründung des Jahrbuches »Nauticus« im Jahre 1898 ein.

Das Thema der vorliegenden Studie ist also gewissermaßen fachwissenschaftlich begrenzt. Aber derartige fachliche Arbeiten können gewisse Nebenwirkungen ausüben. Sie vermögen den Einfluß der Seemacht, der Flotte auf das internationale diplomatische und politische Geschehen aufzuzeigen. Der Krimkrieg wurde letzten Endes ja zwischen Rußland und England um Seemacht und Seegeltung im östlichen Mittelmeer geführt, wo heute die USA und die UdSSR einander gegenüberstehen. Es mag ein Kuriosum sein, daß gerade dieser Krieg um die Seegeltung ohne Kampfeinsatz der gegnerischen Flotten geführt wurde, ja, daß Rußland seine Schwarzmeer-Flotte vernichtete und damit eine Selbstverstümmelung betrieb, die nahezu unbegreiflich erscheint. Wie dem auch immer sein mag: Rußland hat vielleicht während des Krieges sein ursprüngliches Kriegsziel aus dem Auge verloren und sich auf die territoriale Verteidigung beschränkt — England dagegen hat keinen Augenblick vergessen, worum der Kampf ging. Es hat zielbewußt nach Sewastopol gestrebt und nicht weniger energisch auf die Vernichtung der Ansätze und Spuren von Seemacht und Seehandel Rußlands geachtet, denen es im Asowschen Meer begegnete; es hat die Verteidi-

[5] Treue, Interesse.

gung der englischen Küste offensiv in der Ostsee geführt und schließlich, als alle Waffen des Krieges nicht ausreichten, um den gefährlichen russischen Gegner zu Boden zu werfen und auszuschalten, der Krieg also nicht gewonnen werden konnte, in Paris durch seine Diplomaten erlangt, was die Flotte nicht hatte erkämpfen können, weil der Gegner sich versagte: die Demütigung Rußlands zur See und seine Entmachtung im Schwarzen Meer. War es um Seemacht und englische Seegeltung gegangen, so standen von nun an englische Seemacht und englische Seegeltung stärker denn je im östlichen Mittelmeer, während Rußlands Prätentionen zu Lande wie zur See weit zurückgedrängt worden waren — nicht weniger als 90 Jahre lang.

So können wohl spezielle seekriegsgeschichtliche Studien gelegentlich auch für die politische Geschichte und selbst für die Betrachtung gegenwärtiger Ereignisse und Situationen Anregungen bieten. Wo Kriegsgeschichte betrieben wird, da geht es um die Geschichte von Macht und militärischer Geltung — in der Seekriegsgeschichte um *See*macht und *See*geltung. Mahan hat gegen Ende des vorigen Jahrhunderts als erster Historiker gezeigt, daß man aus »the influence of sea-power upon history« politische und militärische Lehren für die Zukunft ziehen kann — auch wenn es sich um einen außergewöhnlich schlecht geführten Koalitionskrieg handelt.

In England ist dieser Krieg, der keine Ruhmestat der Royal Navy aufweist, dennoch in lebhafter Erinnerung geblieben — hauptsächlich allerdings als politisches und diplomatisches Ereignis. Auch »Zufälle« können sich in gewissen historischen Zusammenhängen abspielen. Als C.P. Snow 1950 seinen Roman »The Masters« über das Leben in einem College in Cambridge schrieb, erdachte er sich einen Geschichte lehrenden »Don«, der in seiner Jugend »zufällig« einen »verworrenen Bericht über die diplomatischen Ursachen des Krimkrieges« geschrieben hatte — und danch nichts mehr. Man wüßte gerne, wie Snow gerade auf dieses Thema gekommen ist.

## *II. Ursprung und Entstehung des Krimkrieges*

Die Frage des Protektorats über die Heiligen Stätten in Jerusalem, welche den letzten Anlaß für den Ausbruch des Krimkrieges gebildet hat, ist doch keineswegs dessen tiefere Ursache gewesen. Vielmehr war es Rußlands wachsender Einfluß im Orient, der England beunruhigte und endlich den Entschluß veranlaßte, dieser Expansion mit Gewalt entgegenzutreten.

Hatte Rußland bereits durch die Eroberung der Küsten des Baltischen Meeres bedeutende Vorteile für die direkte Verbindung mit dem westlichen Europa erlangt, so konnte noch viel bedeutungsvoller das Schwarze Meer werden, das zu beherrschen seit Peter d. Gr. und noch mehr seit dem Siege von Tscheschme 1770 über die türkische Flotte das Ziel der russischen Orientpolitik war. Eine ganze Reihe von Ereignissen hatte in den Jahrzehnten vor Ausbruch des orientalischen Krieges dazu geführt, daß Rußland sich kurz vor dem letzten entscheidenden Ansturm auf die Türkei, insbesondere auf Konstantinopel, wähnen konnte — dahinter aber lag dann der gesamte Nahe Osten, lag das östliche Mittelmeer. Die Wiederherstellung des griechischen Königreiches 1829, der Vertrag zu Akkermann 1826, der Rußlands Einfluß auf die Donau-Fürstentümer und Serbien erweiterte und dessen Nichterfüllung von Seiten der Pforte den russisch-türkischen Krieg von 1828 zur Folge hatte, der Friede zu Turkmentschai, der 1828 den Krieg mit Persien beendete und die Ausdehnung Rußlands bis zum Ararat zur Folge hatte, der Friede von Adrianopel, welcher 1829 die Donaumündungen und das östliche Ufer des Schwarzen Meeres an Rußland brachte und die Herrschaft der Türkei in Transkaukasien völlig zerschlug, endlich der Vertrag von Unkiar-Skelessi, welcher 1833 den Kriegsschiffen der europäischen Staaten die Einfahrt in das Schwarze Meer untersagte und im Dardanellenvertrag zu London 1841 bestätigt wurde, waren Stationen auf Rußlands Weg nach Osten, die England mit Sorgen erfüllen konnten.

Es war der Ehrgeiz Rußlands, eine große Seemacht zu werden, der England weiterhin beunruhigen mußte und zu entscheidenden Gegenmaßnahmen herausforderte. Da das oberste Ziel der russischen Reichsbildungspolitik Konstantinopel und die Haghia Sofia war, mußte die alte englische Reichserhaltungspolitik notgedrungen zum »Freund« und »Beschützer« der Türken werden. Denn ein russisches Konstantinopel würde russische Seeherrschaft im östlichen Mittelmeer und russische Bedrohung des in jenen Jahren schon die Gedanken der Staatsmänner bewegenden kürzeren Seeweges durch Ägypten nach Indien bedeutet haben. War es da nicht angebracht, dieser Gefahr im östlichen Mittelmeer 150 Jahre nach dem alten ein neues Gibraltar entgegenzustellen und Konstantinopel zu besetzen?

Aber auch von dieser unmittelbaren Drohung Rußlands, dessen Armee die Zeitgenossen für nahezu unbesiegbar hielten, abgesehen, lag die Erhaltung des Osmanischen Reiches im

Interesse der Sicherheit Indiens. Sie allein gewährleistete wirklich die Isolierung der indischen Reichtümer von den europäischen Mächten, während die Festsetzung einer europäischen Großmacht in Ägypten oder auf der Landbrücke zwischen Mittelmeer und Persischem Golf für das Britische Reich, das sich nicht als Teil Europas empfand, lebensbedrohend erscheinen mußte. So ist denn England aus diesem Grunde immer wieder allen französischen Bemühungen im Orient entgegengetreten: Als der unter dem Einfluß der Franzosen stehende Pascha von Ägypten Mehemed Ali im Jahre 1839 Syrien erobert hatte und das Türkische Reich zu zerstören, ja zu erobern versuchte, vereitelte England durch eine bewaffnete Intervention solche französisch-ägyptischen Pläne und wies den Pascha nach Ägypten zurück. Und als dieser, wieder nicht ohne französische Billigung, in Arabien Expansionspolitik trieb, besetzte England im gleichen Jahre 1839 Aden, so daß der Ausgang des Roten Meeres in englischer Hand, Ägypten von englischem Besitz eingekreist war.

Den »Kaiser der Franzosen« hatte Zar Nikolaus I. sich zum unversöhnlich erscheinenden Feinde gemacht, als er den soeben Gekrönten als »Freund«, statt, dem Brauch entsprechend, als »Bruder« adressiert hatte. Diese hochmütige Verletzung diplomatischer Höflichkeit sollte am Tode von vielen Tausend Menschen mitschuldig werden. Aber Napoleon III. war auch ein zu guter politischer Katholik, als daß er eine Bevorzugung der Griechisch-Orthodoxen im Ottomanischen Reich hinnehmen konnte, zu sehr ein Napoleon, als daß er nicht Rache für 1812 und die Besetzung von Paris durch die Russen, zu unsicher auf seinem Thron, als daß er sich nicht einen siegreichen Krieg wünschen mußte.

Gleichwohl ist es eine eigenartige Konstellation zu nennen, daß wenige Jahre nach jenen Ereignissen England und Frankreich Seite an Seite gegen Rußland auftraten, während doch eigentlich in erster Linie englische Interessen auf dem Spiele standen. Diese Allianz hat sehr viel Verwunderung in der Welt hervorgerufen und ist von mancher Seite von vornherein als kurzlebig angesehen worden. Gewiß haben die Persönlichkeit Napoleons III., die Art seines Aufstieges und sein Bedürfnis, durch kriegerische Erfolge seinem Volk imponieren und es gewinnen zu können, keine kleine Rolle bei diesem Bündnis gespielt. Aber diese Motive sind doch von der Napoleon feindlich gesonnenen Geschichtsschreibung besonders in Deutschland nach 1866 und 1870/71 stärker betont worden, als richtig war. Daß die Engländer einer solchen Geschichtsschreibung entgegentraten, welche die »Schuld« am Krimkrieg so angenehm auf den Bundesgenossen abwälzte, konnte nicht wohl erwartet werden.

Tatsächlich war England also, wie es hauptsächlich an der Erhaltung der politischen Zustände im östlichen Mittelmeer, in der Türkei und im Schwarzen Meer nächst der Türkei am meisten interessiert war, auch der Staat, welcher zuerst die Türkei in der Absicht bestärkte, der russischen Expansion mit den Waffen entgegenzutreten. Der Gewinn eines solchen Kampfes war Englands Gewinn — im großen Rahmen sowohl wie in den kleineren Verhältnissen des türkischen Territoriums. Denn daß viele führende Engländer damals daran dachten, nach einem türkisch-russischen Kriege mit englischer Unterstützung — über dessen Kriegsschauplatz und Verlauf freilich keinerlei Klarheit bestand — das während des Krieges besetzte türkische Gebiet nicht wieder zu räumen, darüber kann kein Zweifel bestehen. Die Akten im Österreichischen Haus-, Hof- und Staatsarchiv in Wien, welche bisher weder für die politische noch für die Kriegsgeschichtsschreibung der Jahre des Krimkrieges erschöpfend ausgewertet worden sind, erweisen ganz deutlich nicht nur die führende Rolle Englands bei der Entstehung des Krieges, sondern auch seine territorialen Ambitionen in der Türkei.

Pozzo di Borgho hatte schon im November 1828 geschrieben, wenn es jemals zu einem Bruch zwischen Rußland und England kommen werde, dann werde die Krim, werde insbesondere Sewastopol — »Ce grand rempart de la Russie vers le Midi« nannte es der preußische Gesandte in London, Graf Bernstorff, im Oktober 1854[1] — den Angriff der Engländer zu erwarten haben[2]. Genau ein Vierteljahrhundert später war es soweit, daß dieses vorausgesagte Ereignis eintreten sollte. Zwar hatte die Türkei der Forderung der Russen, ihnen das Protektorat über die Christen im Osmanischen Reich zu überlassen, den Widerstand entgegengesetzt, welchen sie der Erhaltung ihrer Selbständikeit schuldig war. Als aber der Krieg in drohende Nähe rückte, bedachte man in Konstantinopel genau die Stärke der Russen und die eigene Schwäche — und war einer friedlichen Regelung noch einmal zugeneigt. Doch schon kreuzten im Bosporus die Geschwader der englischen und französischen Freunde, welche der Türkei den Rücken steiften, indem sie aktive Waffenhilfe zusagten.

Den Türken war in dieser Situation nicht sehr wohl. Zwar hatten die Russen ihnen vor Sinope nicht ohne Schuld der Engländer und Franzosen am 30. November 1853 ein Geschwader von 12 Schiffen vernichtet, zwar hatten sie selbst die Engländer und Franzosen gebeten, den Geleitschutz für die türkischen Transporte nach den Schwarz-Meer-Häfen zu stellen. Als aber Anfang Januar 1854 die Kriegsfahrzeuge der europäischen Alliierten zum ersten Male in das Schwarze Meer einliefen, da erkannten die selbständig denkenden türkischen Staatsmänner wie Reschid Pascha, daß aus diesem Schutz bald ein Zusammenstoß und schließlich ein gewaltiger Krieg entstehen mochte, in welchem das Schicksal der Türkei ohne Rücksicht auf den Ausgang des Kampfes sehr gefährdet erscheinen mußte. Denn inzwischen mußte ihnen nicht weniger als dem österreichischen Internuntius in Konstantinopel, Baron von Bruck — der sich wenige Jahre früher als Propagandist eines Großdeutschland genannten Groß-Österreich, sowie mit dem erwähnten Plan eines Suezkanals also mit europa- und weltpolitischen Visionen eines Namen gemacht hatte — aufgefallen sein, daß England den Krieg ohne Rücksicht auf die schwebenden türkisch-russischen Fragen *wollte*[3]. Reschid Pascha widersetzte sich plötzlich mehrfach dem Einlaufen der alliierten Flotten in das Schwarze Meer und erklärte auf das Drängen der Engländer zum Kriege: »Wenn das so fortgeht, dann werden wir uns am Ende noch mit den Russen verstehen müssen«[4]. Denn inzwischen hatte sich herausgestellt, daß England dem Aufstand der Griechen gegen die Türkei in Epirus nahestand[5] und daß es in der Türkei durch Unterstützung sogenannter Reformer zum Förderer aller revolutionären Kräfte wurde[6].

Der englische Gesandte in Konstantinopel, Lord Stratford, war das überaus tätige und bedachtsame Haupt aller dieser Bemühungen[7]. »Englands Ziel ist, Rußland zu schwächen

[1] PGStA Türkei I A Bq 45 vol. IV London 2.10.1854.
[2] Kinglake; Bd. II S. 69.
[3] Kinglake; Bd. II S. 68.
[4] HHStA, XII 48 1., 2. und 9.1.1854.
[5] HHStA, XII 48 13.2.1854.
[6] HHStA, XII 48 16.2.1854.
[7] HHStA, XII 48 8.6.1854.

und in Europa zu herrschen im Bunde mit der Revolution«, berichtete Bruck am 27. Februar 1854 nach Wien. Wenn er dabei auch in der Angst vor Revolutionen zu weit gehen mochte — so kurze Zeit nach dem Jahre 1848 war das in Österreich besonders verständlich —, so erkannte er doch ganz deutlich die Absichten der Engländer. Sie wollten Frankreich in diesem Krieg an ihre Seite binden, damit es in Westeuropa lahmgelegt war, sie wollten Rußland schlagen, und sie wollten die Türkei unter ihre Oberherrschaft zwingen. England wollte den thrazischen Chersones besetzen, dort ein zweites Gibraltar errichten und so von dem einen bis zum anderen Ende das Mittelmeer beherrschen. Es fehlte nur noch eine ähnliche Position im Öre-Sunde, dann war Rußlands Seegeltung gänzlich vernichtet »und die Alleinherrschaft Englands in Europa festgestellt«[8]. Überall, so berichtete Bruck im März 1854, werde es nun auch in der Türkei klar, »daß England es war und noch ist, das mit der kältesten Berechnung treulos und trugvoll ganz Europa in Flammen setzt, um nur seinen Zwecken zu fröhnen und Rußland zu demütigen«[9]. Dabei richtete es, um den ersten schlechten Eindruck auf die Franzosen abzuwälzen, wohlweislich die Truppentransporte nach Konstantinopel so ein, daß die französischen zuerst eintrafen, während Stratford gleichzeitig bei mehreren Regierungsänderungen dafür sorgte, daß nur englisch gesinnte, von England bestimmte Männer die wichtigsten Posten in der Türkei bekleideten[10]. Auch war abzusehen, daß diese für die Kriegführung Geld brauchen würde, Kredit, den englische Banken vermitteln würden: Tatsächlich machte England während des Krieges durch 140 Mio Mark Kredit und 1858, 1860 und 1861 durch weitere Anleihen bei hoher und ständig wachsender Verschuldung die Türkei von seiner Politik und von Londons Kapitalmarkt abhängig.

Schon hier wurde auch die verhältnismäßige Uninteressiertheit der Franzosen an diesem diplomatischen Spiel deutlich. Der französische Botschafter und seine Umgebung erkannten wohl, wohin die Engländer zielten, allein weder er noch die Regierung in Paris unternahmen Schritte dagegen, während unter den französischen Offizieren in Gallipoli bereits Unruhe über den »englischen Krieg« herrschte[11].

---

[8] HHStA, XII 48 13. und 20.3., 15.5.1854.
[9] HHStA, XII 48 23.3.1854.
[10] HHStA, XII 48 3. und 10.4., 5.6.1854.
[11] HHStA, XII 48 24.4. und 29.5.1854.

## *III. Der Kriegsverlauf*

Der Orient- oder Krimkrieg[1] — den in der Ostsee, im Fernen Osten und in Nordamerika verlaufenen Aktionen hat man niemals große Bedeutung zugemessen und daher diese bei der Namensgebung unberücksichtigt gelassen — begann damit, daß England und Frankreich nach unbefriedigenden Verhandlungen mit Rußland ihren Flotten befahlen, Stellungen in der Nähe der Dardanellen zu beziehen. Am 14. Juni 1853 langten die Kriegsschiffe in der Besikabay bei der Insel Tenedos an. Rußland antwortete mit dem Einmarsch von etwa 53 000 Mann in die Moldau. Am 2. Juli 1853 begannen diese den Übergang über den Pruth bei Leowa und Skuleni, am 15. Juli rückte die Vorhut in die Hauptstadt der Walachai Bukarest ein. Verhandlungen verzögerten die Ereignisse. Als aber am 21. September einige Schiffe der englisch-französischen Flotte die Station in der Besikabay verließen und vor Konstantinopel Anker warfen, stärkte diese Hilfs-Demonstration die Türkei so sehr, daß sie am 26. September 1853 Rußland den Krieg erklärte.

Für die Türkei handelte es sich nach Kriegsausbruch darum, die Russen aus den Donaufürstentümern hinauszudrängen. Allerdings fühlte sie sich zu schwach, um sofort damit zu beginnen. Der an der Spitze der türkischen Armee in Bulgarien stehende Omar Pascha ließ daher nur seinen russischen Gegner Fürst Gortschakoff auffordern, die Donaufürstentümer zu räumen und, als dieser Forderung nicht stattgegeben wurde, schwache türkische Abteilungen an mehreren Punkten die Donau überschreiten.

Der Krieg hättte sich so, an der Donau und in Asien, wo einige unwesentliche Kämpfe zu Gunsten der Russen verliefen, wohl noch lange hinziehen können, wenn es den Russen nicht gelungen wäre, am 30. November 1853 auf der Reede des türkischen Hafen Sinope am Schwarzen Meer ein ganzes türkisches Geschwader zu vernichten. Das brachte die entscheidende Wendung, zumal die Kriegsbegeisterung in Konstantinopel als Reflex der mit dem Reichsumbau — »Tansimat« — zusammenhängenden Strukturprobleme sehr groß war. Der türkische Gesandte in London Imusurus übertrieb zwar in seinen Berichten die protürkische Stimmung in England, aber die öffentliche Meinung in London, die von der Presse geschickt geführt wurde, entrüstete sich doch so sehr, daß der englische Gesandte in Konstantinopel, Stratford, mit seinen in der bisherigen Forschung unbeachtet gebliebenen Bemühungen um friedliche Beilegung des Konflikts beim Sultan erfolglos blieb und die Ereignisse nun einen schnelleren Verlauf nahmen[2]. Zunächst wurde zwar wieder verhandelt, dann brachen aber am 6.2.1854 auch die Westmächte England und Frankreich die Beziehungen zu Rußland ab, forderten in einem Ultimatum die Räumung der Fürstentümer

[1] Saab, S. 4ff.
[2] Saab, S. 17.

und beschlossen, falls diese Forderung nicht erfüllt würde, dem Osmanischen Reich ein Landheer von 50 000 Mann zu Hilfe und eine Flotte in die Ostsee zu senden.

Im Rahmen der englisch-französischen Intervention gegen Griechenland, das sich die Schwierigkeiten der anderen Mächte zu Nutzen machen wollte, besetzten die Alliierten Ende Mai 1854 Griechenlands wichtigsten Hafen Piräus, der ihnen fortan bis 1857 voll zur Verfügung stand[3]. An der Donau hatten die Türken am 6. März 1854 bei Cetate einen Erfolg errungen. Am 23. März setzten aber nun die Russen mit 33 000 Mann in drei Kolonnen bei Braila, Galatz und Tultscha über die Donau. Am 27. Februar hatten England und Frankreich noch einmal ein Ultimatum an die Russen gerichtet. Am 28. März folgte die englische Kriegserklärung, während Napoleon eine solche nach dem Ultimatum nicht mehr für nötig hielt. Am 10. April einigten sich England und Frankreich für diesen Krieg förmlich in einem Allianzvertrag »zur Wiederherstellung des Friedens zwischen Rußland und der Pforte auf sicheren und dauernden Grundlagen und um die Wiederkehr ähnlicher Verwicklungen zu verhüten«. Der Krieg sollte nach Ansicht der Presse der Verbündeten »kurz, aber blutig« werden.

Zunächst rückten die Russen weiter vor. Am 11. April 1854 war die ganze Linie des Trajanswalles in ihrer Gewalt, Vorhuten streiften bis Varna und Schumla. Bei Kalarasch gegenüber Silistria sammelte sich ein Korps mit großem Belagerungspark. Die türkische Festung Silistria, welche eine starke Besatzung hatte, hinderte jeden Ausfall der Russen aus der Dobrudscha. Während nun von Ende März ab das englisch-französische Hilfsheer an den Ufern des Bosporus bei Gallipoli und Skutari, also in sehr beträchtlicher Entfernung vom Kriegsschauplatze, gelandet wurde, weil man mit einem Vormarsch der Russen auf Konstantinopel rechnete, nahmen diese ihre Operationen erst am 10. Mai wieder auf, um ihre Donaulinie durch die Eroberung Silistrias zu vervollständigen. Ein russisches Korps bei Kalarasch hatte schon im April mehrere Donau-Inseln unterhalb Silistrias besetzt und von dort aus Artillerie zum Einsatz gegen die Festung gebracht. Schließlich überschritten die Russen den Fluß gänzlich und hatten bald 40 000 Mann vor Silistria stehen. Am 17. Mai begann die förmliche Berennung in der Annahme, daß die Festung sehr schnell fallen würde. Aber man hatte zu Beginn der Belagerung weder mit der zähen Ausdauer der Eingeschlossenen noch mit dem ungeschickten Verfahren der Belagerer gerechnet. Obendrein erhielten die Türken nun ihre erste englisch-französische Hilfe in Gestalt von 3 französischen und 4 englischen Divisionen, die im Mai und Juni auf die Linie Varna-Schumla verteilt wurden, ohne jedoch Ernsteres zum Entsatz Silistrias zu unternehmen.

Österreichisch-russische Verhandlungen führten schließlich dazu, daß die Russen am 22. Juni die Belagerung von Silistria aufhoben und am 31. Juli Bukarest räumten, das eine Woche später wieder von den Türken besetzt wurde. Die englisch-französischen Truppen, welche in die Dobrudscha vorstießen, hatten schwer unter Futter- und Wassermangel, später unter Cholera zu leiden.

Die allierten Flotten traten im Schwarzen Meer zum ersten Male am 22. April 1854 in kriegerische Tätigkeit: Sie beschossen Odessa und erfuhren dabei, daß selbst die elendesten Küstenbatterien unstreitbar den Schiffsgeschützen überlegen waren — eine Erfahrung, welche

[3] Arnakis, Bd. 1 S. 210.

die Alliierten im Verlauf des Krieges noch mehrmals verlustreich wiederholen sollten. Von da ab begnügte sich die Flotte im Schwarzen Meer zunächst mit der Durchführung der Blockade gegen die russischen Häfen und mit der Besetzung einiger unbedeutender Küstenpunkte.

Das Ostsee-Unternehmen der Alliierten begann im März 1854. Eine englische Flotte, die im Mai durch französische Schiffe ergänzt wurde — in der Folgezeit sollten dadurch mehr Schwierigkeiten als Hilfeleistungen entstehen, da man stets auf Parität des Ruhmes Rücksicht nehmen mußte — lief durch den Sund nach Kiel und sollte von dort aus zur Blockade und zu Angriffsunternehmungen eingesetzt werden. Ein Versuch, gegen Kronstadt vorzugehen und die russische Flotte zum Kampf auf offener See herauszufordern, schlug fehl, da die russischen Kriegsschiffe ihre Häfen nicht verließen. Nach dieser Enttäuschung verzichtete man für das Jahr 1854 überhaupt auf größere Unternehmungen und wandte sich unter Verwendung inzwischen eingetroffener französischer Landungstruppen gegen die Alandinseln. Am 11. August begann die Beschießung der russischen Festung Bomarsund mit gelandeten Belagerungsgeschützen. Am 16. August fiel die Festung, aber schon Anfang September wurde sie wieder den Russen überlassen, da die Alliierten sie nicht zu halten vermochten und Schweden die Übernahme ablehnte, weil es befürchtete, dadurch in den Krieg gezogen zu werden. Die alliierte Flotte setzte die Blockade der russischen Häfen in der Ostsee mit schwachem Erfolge fort, bis die Jahreszeit die Rückkehr nach England und Frankreich erzwang.

Im Orient waren die englisch-französischen Truppen zunächst von Gallipoli und Skutari nach Varna geschafft worden. Als aber die Russen sich auf das Drängen Österreichs vom Donau-Kriegsschauplatz zurückzogen, standen die Alliierten in Varna kaum näher am Feind, als sie ihm in Gallipoli gewesen waren. So wurde nun im August der Entschluß gefaßt, die alliierten Kontingente zum Kampf gegen Rußland nach der Halbinsel Krim zu senden. In den ersten Septembertagen wurden in Varna und Baltschik 4 starke französische, 5 schwache englische und eine türkische Division in einer Gesamtstärke von etwa 70000 Mann eingeschifft. Am 14. September 1854 landeten sie nördlich des Flusses Bulganak bei einem alten genuesischen Fort und brachen, nachdem sie am folgenden Tage mit einem Detachement Eupatoria besetzt hatten, am 19. September direkt gegen Sewastopol auf. Die Russen sollten nach Möglichkeit im freien Felde bezwungen, Sewastopol sollte im Handstreich genommen werden.

Der russische Oberbefehlshaber Fürst Mentschikoff stellte sich mit 33000 Mann den Alliierten am Flusse Alma frontal entgegen und wurde am 20. September geschlagen, erlitt aber keineswegs die erwartete völlige Niederlage, sondern konnte seine Truppen einigermaßen geordnet nach Sewastopol zurückziehen. Er ordnete dort die Verteidigungsmaßnahmen, ließ neue Erdwerke, besonders nach der Landseite zu, errichten, verstärkte die Besatzung, ließ eine Anzahl von Kriegsschiffen im Eingang zur Bucht von Sewastopol als Sperre versenken, ihre Besatzungen in den Heeres-Landkampf einreihen und marschierte schließlich am 25. September mit den Einheiten, die in Sewastopol überflüssig schienen, nach Baktschisarai ab, wohin er schon unmittelbar nach der Schlacht an der Alma einen Teil seiner Truppen zur Vereinigung mit heranrückenden Verstärkungen gesandt hatte. Mit dem Rücken an Simferopol, den Vereinigungspunkt der beiden Hauptstraßen der

Krim nach Perekop und Arabat, gelehnt, wartete er in einer festen Stellung die Verstärkungen ab und beabsichtigte, dann zum Entsatz Sewastopols vorzurücken, falls es von den Alliierten angegriffen würde.
Diese blieben bis zum 23. September auf dem Schlachtfeld an der Alma stehen und versäumten so die letzte Gelegenheit eines Handstreichs gegen Sewastopol. Für eine Belagerung der Werke an der Nordseite der Festung, zur Einschließung der ganzen Festung, in welcher man die gesamte Armee Mentschikoffs vermutete, und zur gleichzeitigen Abwehr eines von Simferopol aus zu erwartenden Entsatzkorps fühlte man sich nicht stark genug. Die Dinge hatten schnell eine solche Wendung genommen, daß die Alliierten mehr auf ihre eigene Sicherheit bedacht sein mußten, als daß sie an die Vernichtung der russischen Macht denken konnten. So beschloß man am 24. September, die Nordseite der Bucht von Sewastopol ganz aufzugeben, die alliierten Truppen in ihrer gesamten Stärke auf deren Südseite zu verlegen, auf dem Plateau von Balaklava mit dessen Hafen und dem der Kamieschbai im Rücken Stellung zu nehmen und von hier aus die Belagerung der Stadt Sewastopol zu betreiben sowie auf deren Eroberung die Vernichtung der russischen Schwarzmeer-Flotte folgen zu lassen.

Vom 25. bis 27. September führten die Alliierten ihren Marsch um das östliche Ende der Bucht von Sewastopol aus und setzten sich auf dem Plateau von Balaklava fest. Nachdem die einzelnen Angriffsabschnitte verteilt und bezogen worden waren, begannen in der Nacht vom 9. auf den 10. Oktober die Belagerungsarbeiten. Am 17. Morgens eröffneten die nun vollendeten ersten Batterien der Belagerer ihr Feuer. Die Beteiligung eines Teiles der Flotte an dieser Beschießung erwies sich sehr bald als äußerst unglücklich — die russischen Küstenbatterien waren auch hier den Schiffsgeschützen weit überlegen und richteten in der Flotte viel Schaden an. Aber auch zu Lande wurden die Russen nirgends schwer geschädigt. Wenngleich das Feuer in den folgenden Tagen vom Lande aus fortgesetzt wurde, konnten die Russen ihre beschädigten Werke doch stets wiederherstellen und sogar durch neue Anlagen verstärken. Bald machten nur noch die Belagerungsarbeiten der Franzosen gegen den südlichen Stadtteil, die Mastbastion, Fortschritte, während die Engländer gänzlich stecken blieben.

Am 5. November kam es zwischen den Alliierten, besonders den Engländern, und russischen Truppen aus den Werken von Karabelnaja zur blutigen Schlacht von Inkerman, die zwar mit einem Rückzuge der Russen, aber doch auch auf der englischen Seite mit schweren Verlusten endete. Die Verbündeten gaben nun das Tschernajatal preis, sie bedeckten den östlichen Rand der Höhen von Karagatsch und die Hügelgruppen zunächst östlich von Balaklava mit Schanzen und hielten sich hier ganz in der Verteidigung, während auf dem linken Flügel die Franzosen, welche am 23. Oktober ihre zweite Parallele zustande gebracht hatten, die Belagerungsarbeiten fortsetzten, wobei allerdings die Ausfälle der Russen, ihr Artilleriefeuer und schließlich das eintretende Spätherbstwetter die Tätigkeit behinderten und verzögerten.

Auf der anderen Seite stellten die Russen nach dem Schlag von Inkerman und wohl auch im Vertrauen auf die Hilfe des Winters gegen die verbündeten Heere seit dem 5. Oktober ihre Offensiv-Unternehmungen ein und beschränkten sich auf die Vervollständigung und Verstärkung ihrer Werke in und vor Sewastopol. Es kann nicht die Aufgabe dieser kurzen

Übersicht sein, das Kriegstheater der Krim während der Wintermonate von Tag zu Tag zu beobachten. Die Russen verlegten, als das Novemberwetter allen größeren Unternehmungen ein Ende bereitete, das Gros ihrer Truppen in Quartiere zwischen Simferopol und Sewastopol. Der Kampf, soweit es überhaupt noch zu einem solchen kommen konnte, mußte sich jetzt gänzlich vor den Wällen der Festung zwischen diesen und den Schützengräben der Belagerer abspielen, die hier zum ersten Male in der Kriegsgeschichte in großem Umfange gebaut und benutzt wurden. Die Unbilden der Witterung, die Schnee- und Regenfälle waren für die Alliierten schwerer und unter größeren Verlusten zu ertragen als die Ausfälle der Russen, welche überall stets einen solchen Umfang behielten, daß die Alliierten ständig starke Kontingente in den Gräben lassen mußten, worunter besonders die Engländer schwer litten.

Da die Expedition gegen die Krim von der Seite der Alliierten mit unglaublicher Unüberlegtheit und Kurzsichtigkeit begonnen worden war, fehlten ihnen fast alle für den Winter nötigen Ausrüstungsgegenstände und Hilfsmittel. Bald rissen Krankheiten im Heere der Belagerer ein und verursachten gemeinsam mit Erfrierungen und den russischen Angriffen schwerste Verluste. Besonders die Engländer hatten arg zu leiden, zumal ihre Organisation sich als gänzlich ungenügend erwies und die Unbelehrbarkeit der Verantwortlichen jede improvisierte Besserung und Abhilfe aufs äußerste erschwerte. Von den 50 000 Mann, welche aus England nach und nach zur Krim gesandt worden waren, konnten Mitte Januar 1855 kaum noch 12 000 als einsatzfähig betrachtet werden. Auch die Franzosen hatten schwere Verluste, trugen diese aber mit weit mehr Würde als die Engländer und bildeten während des ganzen Winters den festen Rückhalt der Belagerung.

Der Winter wurde auf beiden Seiten zu Rüstungen und Verstärkungen benutzt. Auf die Seite der Alliierten war inzwischen noch Sardinien getreten, das sich auf der Krim die Unterstützung der Westmächte bei seinen nationalitalienischen Plänen erkämpfen wollte und 15 000 Mann dorthin sandte, die unter englischen Oberbefehl gestellt wurden.

Um den Krieg auf der Krim im Frühjahr 1855 zu Ende zu führen, gab es für die Verbündeten im allgemeinen zwei Möglichkeiten. Sie konnten entweder die Belagerung Sewastopols dort fortführen, wo sie im Herbstschlamm stecken geblieben war, und dann die russische Feldarmee schlagen, d.h. die völlige Eroberung der Krim in Angriff nehmen. Oder sie konnten sich vor Sewastopol lediglich darauf beschränkten, die bisher gewonnene Stellung gegen die Ausfälle der Russen zu behaupten, während sie gleichzeitig die Offensive gegen die russische Feldarmee begannen, um erst nach einem Sieg über diese sich wieder und diesmal endgültig gegen Sewastopol zu wenden. Zur gleichzeitigen Durchführung beider Unternehmungen fehlten den Verbündeten die Kräfte.

Sobald Ende Januar und Anfang Februar die Wetterbedingungen sich besserten, wurden auf dringende Mahnung aus London und Paris die Belagerungsarbeiten vor Sewastopol wieder aufgenommen. Es galt, die nach dem Tode Nikolaus' und der Thronbesteigung Alexanders bevorstehenden Friedenskonferenzen sowie den schon längst geplanten Besuch Napoleons auf der Krim angemessen vorzubereiten.

Die Anlage des Belagerungssystems mit seinen Gräben, Parallelen und Batteriestellungen, die Verteilung der einzelnen Angriffsabschnitte auf Franzosen, Engländer, Italiener und

Türken, der Ausbau der russischen Verteidigungsanlagen, die Ausfälle gegen die Allierten sowie der Verlauf der sehr wechselvollen Kämpfe um Stellungen und Höhen können in den zahlreichen Spezialarbeiten über Belagerung und Verteidigung der Festung Sewastopol nachgelesen werden.

Je näher der Termin der Eröffnung der Wiener Konferenzen, der 25. März, rückte, ohne daß die Alliierten entscheidende Vorteile errungen hatten, umso dringender wurden die Mahnungen aus den Hauptstädten der Westmächte, die Belagerungsarbeiten zu beschleunigen. Der Plan einer großangelegten Offensive von Eupatoria aus, um die russische Feldarmee zu schlagen und die Verbindung zu der Belagerungsarmee herzustellen, mußte schon Anfang März ganz in den Hintergrund treten, weil die Eröffnung der Friedenskonferenzen vor der Tür stand und die Vorbereitungen zu jener Offensiv-Operation voraussichtlich mehrere Monate in Anspruch genommen hätte. So trat der Plan einer intensivierten Belagerung der Festung immer stärker in der Vordergrund.

Am 9. April 1855 wurde nach Verstärkung der Batterien und Bereitstellung großer Mengen von Artilleriemunition ein starkes Feuer auf die russischen Verteidigungswerke eröffnet, das unvermindert bis zum 22. April anhielt, ohne daß jedoch entscheidende Erfolge erzielt wurden. Während die Alliierten ihre aus dem weit entfernten Westeuropa herbeigeschafften Munitionsvorräte verhältnismäßig schnell und erfolglos verschossen, hielten die Russen sich in der Erwiderung des Feuers zurück, vermochten aber jedes vernichtete Geschütz mühelos und schnell zu ersetzen. Die Flotte beteiligte sich nach dem Mißerfolg vom Oktober des Vorjahres nicht mehr an der Beschießung. Ganz allmählich vermochten zwar die Alliierten ihre Parallelen gegen die russischen Bastionen weiter vorzuschieben und in Minenkämpfen die Verteidiger zurückzudrängen. Aber mit jedem Schritt der Annäherung wurden die Schwierigkeiten derselben größer, die Fortschritte langsamer.

Am 22. Mai 1855 begannen die Alliierten eine Flotten-Expedition in das Asowsche Meer, welche im März bereits einmal begonnen, aber noch vor dem Passieren der Straße von Kertsch zurückgehalten worden war, weil alle Kräfte auf Sewastopol konzentriert werden sollten. Das Ziel dieses Unternehmens war so unklar und unüberlegt gefaßt wie alle Ziele der alliierten Kriegführung: die russischen Zufuhren aus dem Asowschen Meer sollten abgeschnitten, ihre Quellen in den Küstenstädten ebenso vernichtet werden wie die zahlenmäßig bedeutende Flotte kleiner und kleinster Küstenfahrzeuge der Russen. Man hatte jedoch bei der Planung und Durchführung der Expedition übersehen, daß die russischen Truppen auf der Krim und besonders in Sewastopol keineswegs allein auf die Zufuhren über das Asowsche Meer angewiesen waren, sondern auch über Landwege verfügten, welche dem Zugriff der alliierten Truppen nicht ausgesetzt waren. So endete die Expedition in das Asowsche Meer, welche obendrein keinen bemerkenswerten militärischen Widerstand fand, äußerlich zwar mit einer stattlichen Reihe von Vernichtungen — Berdiansk, Mariupol, Taganrog, Jeiskoe, Jenikale und andere kleinere Orte wurden beschossen, die Hafenviertel mit den Vorräten an Getreide, Mehl und anderem Proviant in Brand gesetzt, hunderte von kleinen und kleinsten Küstenseglern versenkt — auf den Kriegsverlauf und auf die Entscheidung hatte das Unternehmen aber keinen Einfluß, wenngleich natürlich die Presse der Alliierten aus ihm eine große Flottenaktion zu machen suchte.

Ende Mai fanden vor Sewastopol weiter heftige Kämpfe statt, die nun auf der Seite der Alliierten weniger den Charakter einer der Kriegskunst gemäßen Anlage als den des wütenden Masseneinsatzes annahmen. Am 25. Mai wurden die Tschernaja-Linie besetzt, am 7. Juni die Vorwerke von Karabelnaja gestürmt und am 18. ein Angriff auf den Hauptwall von Karabelnaja unternommen, der aber scheiterte und von den Russen wie ein eigener Sieg gefeiert wurde. Nach dem 18. Juni trat bei Sewastopol zunächst auf beiden Seiten eine gewisse Ruhe der Erschöpfung ein.

In die Ostsee war auch im Jahre 1855 eine alliierte Flotte geschickt worden, welche gegenüber der des Jahres 1854 den Vorzug hatte, auf englischer Seite gänzlich aus Dampfschiffen zu bestehen und außerdem mit einer Reihe flachgehender Dampfer versehen zu sein, welche die Blockade in den engen und von Untiefen durchsetzten Küstengewässern übernehmen sollten. Die Fortführung der Blockade war ein Teil der Aufgaben dieser Flotte — über weitere Aktionen bestanden bei Aufbruch des Geschwaders nur sehr allgemeine Vorstellungen. Tatsächlich stellte sich im Laufe des Sommers heraus, daß die Flotte für einen Angriff auf Kronstadt zu schwach war. So wurde als nächste Möglichkeit eine Beschießung der Festung Sweaborg in Erwägung gezogen, welche den Eingang in die Bucht von Helsingfors abschloß. Am 9. und 10. August wurde diese Beschießung durchgeführt und am 11. erst abgebrochen, als ein sehr großer Teil der Mörser und Mörserschiffe von dem pausenlosen Schießen unbrauchbar geworden war. Das Ergebnis dieses Unternehmens war in Bezug auf Sweaborg selbst nur von beschränkter Bedeutung — Magazine, Schuppen und einige Stellungen waren teils vernichtend getroffen, teils in Brand geschossen worden —, auf den Verlauf des Krieges hatte es nicht den geringsten Einfluß und muß ähnlich wie die Expedition in das Asowsche Meer als ein Propaganda-Angriff gewertet werden, durch welchen die Durchführung der sehr kostspieligen Baltischen Expedition gerechtfertigt erscheinen konnte, sofern man die Ereignisse in das vorteilhafteste Licht zu stellen verstand.

Vor Sewastopol wurde erst der 16. August, der Tag nach dem Napoleonstage, zu einem größeren Angriff bestimmt. Es waren die Russen, welche — in der Annahme eines allgemeinen Trinkgelages bei den Alliierten am 15. — den Katzenjammer am Morgen des 16. zu einem Angriff auf die Tschernajalinie benutzen wollten. Dieser Angriff, das erste größere Offensiv-Unternehmen der Russen überhaupt, schlug unter schweren Verlusten völlig fehl. Die Franzosen nahmen nun mit verstärkten Kräften und in der Absicht, endlich den Fall der Festung zu erzwingen, ihrerseits die Angriffe, welche im Juni stecken geblieben waren, wieder auf. Unter starkem Artillerieschutz, der dem russischen Feuer tatsächlich erheblich überlegen wurde, schoben sie ihre Angriffswerke immer näher an die feindlichen Linien und fügten den alten immer neue Parallelen und Halbparallelen hinzu. Am 5. September schwoll das Artilleriefeuer der Alliierten an allen Frontabschnitten zu bisher ungekannter Stärke an. Zur Mittagsstunde des 8. September traten die Truppen der Alliierten zum letzten entscheidenden Sturm an. Die Russen räumten, nachdem sie an diesem Tage etwa 13 000, die Alliierten rund 9 800 Mann verloren hatten, Sewastopol, das von ihnen 349 Tage verteidigt worden war. Der Krieg war nach diesem Ereignis, welches die Lösung der stärksten Prestigefrage gebracht hatte, beendet, wenngleich nicht entschieden. Die Entscheidung und den wirklichen Sieg der Engländer, den scheinbaren der Franzosen sollten erst die Friedensverhandlungen in Paris bringen.

Die militärischen Ereignisse zwischen der Einnahme von Sewastopol und der Einstellung der Feindseligkeiten — die Operationen der Krimarmee im Herbst 1855, die Expedition nach Kinburn, die Ereignisse auf der Halbinsel Kertsch und an den Küsten des Asowschen Meeres, schließlich der Sturm auf Kars — hatten im Verhältnis zum Tage von Sewastopol wie in Bezug auf die Kriegsentscheidung keine Bedeutung mehr.

Am 30. März 1956 wurde in Paris der Friedensvertrag unterzeichnet.

## *IV. Die Flotten der kriegführenden Mächte im Jahre 1854*

Betrachtet man den Stand der Kriegsflotten der drei Großmächte England, Frankreich, Rußland und der viel unbedeutenderen Staaten Türkei und Sardinien bei Ausbruch des Krieges, den hauptsächlich England zur Vergrößerung und Sicherheit seiner Macht im östlichen Mittelmeer und in Asien herbeigeführt hatte, so zeigt sich, daß die britische Flotte keineswegs stark genug war, um allein der russischen auf zwei Meeren — im Schwarzen Meer und in der Ostsee — mit Aussicht auf einen entscheidenden Erfolg entgegentreten zu können.

### *Die englische Flotte*

Die englische Flotte hatte nach der Besiegung Napoleons I. mehrere Jahrzehnte des Stillstandes erlebt[1]. Hatten die Ausgaben für die Flotte 1816 noch mehr als 13 Millionen Pfund Sterling betragen, so waren sie in den folgenden Jahren und Jahrzehnten bald auf 7,6, ja sogar auf weniger als 5 Millionen Pfund gesunken und hatten 1850 bis 1853 6,5 bis 7,1 Millionen Pfund ausgemacht, wobei zu bedenken ist, daß das Jahr 1853 in gewisser Beziehung schon zu einem Teil als Jahr der Rüstung für den kommenden Krieg anzusehen ist. Im gleichen Maße war die Kopfstärke der Marine gesunken. Sie hatte 1813 140 000 Mann betragen. In den Jahren 1850 und 1851 zählte die Marine 39 000 Seeleute und Marinesoldaten, 1852 40 000, 1853 46 000.

Entsprechend hatte die Entwicklung der Schiffe mit der der Technik nicht Schritt gehalten. Während in der Handelsschiffahrt längst Dampfschiffe mit Erfolg verwendet wurden, dauerte es in der Kriegsmarine bis 1821, daß der erste Raddampfer »Comet« von 238 Tonnen und 90 PS gebaut wurde. Und nicht anders war es mit dem Übergang zum Bau von Eisenschiffen. Die Admiralität erhielt ihr erstes Eisenschiff erst im Jahre 1840. Zwar war auf Grund der artilleristischen Erfahrungen des Krieges gegen Amerika 1830 in Portsmouth eine Marine-Artillerie-Schule errichtet und 1836 das Royal Naval College in der gleichen Stadt erweitert und modernisiert worden. Aber diesen Bemühungen, die Marine weiterzuentwickeln, stand auf der anderen Seite eine fast unvorstellbare Überalterung des Offizierskorps gegenüber, die sich überall hemmend bemerkbar machte[2]. Kapitäne von über 70 Jahren waren keine Seltenheit; ihr Senior zählte 78 Jahre. Und aus ihnen gingen genau der Anciennität entsprechend die Admiräle hervor. Admiral Bowles war 79 Jahre alt, als er Ha-

[1] Clowes, S. 189 ff; Bartlett, bes. S. 294 ff.

[2] Die gleichen Erscheinungen gab es in der Flotte der USA bei Ausbruch des Bürgerkrieges 8 Jahre später im Jahre 1861.

fenkommandant von Portsmouth wurde, Sir David Milne ebenso alt, als er den gleichen Posten in Davenport erhielt. Im Jahre 1841 hat es 200 Commanders und 1450 Leutnants gegeben, die seit 26 Jahren nicht mehr befördert worden waren.

Mit solchen alten Herren, denen Kenntnisse und Übung verlorengegangen waren, als höchsten Offizieren segelte die englische Flotte in den Orientalischen Krieg. Als Napier im Jahre 1854 die Ostsee-Flotte übernahm, war er 68, Vizeadmiral Dundas 69, Konteradmiral Lyons 64 Jahre alt, weitere Admiräle zählten 65 bis 67 Jahre[3]. Der englische Oberkommandierende, Lord Raglan, der von der Horse Guard kam, hatte seit 1815 nicht mehr Dienst getan.

Auf der anderen Seite stand die Tatsache, daß viele jüngere Offiziere schlecht ausgebildet waren und so wenig Seedienst getan hatten, daß sie Befehle weder ausführen noch geben konnten, Signale mißverstanden, artilleristisch ungenügend erfahren waren und daher häufig Unglücksfälle verursachten. Das lag nicht zuletzt an gesellschaftlichen Mängeln. Protektion, Reichtum und gesellschaftliche Stellung der Familie spielten bei Einstellung und Beförderung sowie bei der Wahl des Dienstortes eine große Rolle. Ehrgeizige junge Männer, die aus den nichtprivilegierten Schichten stammten und keine Protektoren hatten, wandten sich daher nicht selten den Dampfschiffen zu, auf denen sie angesichts der Vorurteile »alter Familien« und des auf ihnen beruhenden Mangels an Bewerbern mit Ingenieur-Spezialkenntnissen schnell befördert wurden. Das Offizierkorps auf den Dampfschiffen war deutlich jünger als das auf den Segelschiffen, die nicht selten »family ships« waren mit drei und mehr Offizieren aus einer der gesellschaftlich angesehenen Familien, bei denen man das Mittelmeergeschwader als einen vornehmen Yacht-Klub betrachtete.

Sehr langsam entwickelte sich seit 1837 eine Gruppe von Ingenieuroffizieren. Nicht wenige von ihnen kamen anfangs als entlassene Versager aus der Handelsmarine, wurden entsprechend behandelt, aus der Offiziersmesse ausgeschlossen, viel schlechter bezahlt als bei den großen Reedereien, bis es 1847 zur Einführung von Rängen, also zu Beförderungsmöglichkeiten und zu allgemeinen Verbesserungen sowie zur Steigerung der Ansprüche an die Bewerber kam.

Doch waren dies keineswegs die einzigen Schwierigkeiten, mit denen man in der englischen Flotte zu kämpfen hatte und gegen die man, freilich ohne entscheidenden Erfolg, 1816, 1827, 1830, 1847/48 und schließlich 1851 u.a. durch Pensionierungen angegangen war. Noch drückender wirkte sich der Mangel an Mannschaften aus. Hier gab es kein anderes Mittel als Zwang, um die Schiffe mit der unbedingt nötigen Zahl von Menschen zu versorgen. Lord Clarence Paget berichtete im Oktober 1853 über die Zustände auf der »Princess Royal«: »Es herrschte nicht nur Mangel an Seeleuten, sondern es waren gewissermaßen überhaupt keine an Bord.« Und als er dann mit den verschiedensten Mitteln Männer beschafft hatte, da war »kaum einer von ihnen jemals auf einem Kriegsschiff gewesen und infolgedessen waren sie insgesamt vollkommen ungeübt in der Behandlung schwerer Geschütze und Musketen«. Über den Februar 1854 heißt es bei ihm: »Noch immer konnten wir keine Menschen bekommen. Ich schrieb und schrieb an die Admiralität; ich erklärte ihnen rund heraus, daß, wenn sie mir nicht helfen und nicht mindestens 200 Mann aus der

---

[3] Clowes, S. 205; Sulivan, S. 120; Bartlett, S. 315 ff.

Küstenwache schicken würden, das erste russische Schiff, dem wir begegneten, uns überwältigen würde[4].

Da die Freiwilligkeit Grundlage des Dienstes in der englischen Flotte war, gab es außer getarntem Zwang kein anderes Mittel als die Lockung des Geldes, um genügend Männer anwerben zu können. Man bot eine mit den Dienstjahren schnell steigende Löhnung, verbesserte die allgemeinen Lebensbedingungen und versprach verhältnismäßig hohe Renten nach dem Ausscheiden aus dem Dienst — Dinge, mit welchen die englische Flotte denen anderer Staaten erheblich voraus war, ohne daß sie doch ihren Zweck erreicht hätte. Wenngleich außerdem noch nach dem Gesetz in der Handelsschiffahrt ¾ der Mannschaft englische Untertanen sein mußten[5], also eine gewisse Mannschaftsreserve vorhanden war, so trat doch 1853/54 der Zustand ein, daß bei Kriegsausbruch nicht Schiffe, sondern Seeleute fehlten[6]. Der erste Teil von Napiers »History of the Baltic Campaign« ist eine einzige, ununterbrochene Schilderung der Sorgen, Mühen und Kämpfe im Zusammenhang mit dem Mannschaftsmangel auf seinen Schiffen. Und wenn man später, während des Krieges, Werbungen in Dänemark und Schweden versuchte, so griff man bei Kriegsausbruch zunächst Droschkenkutscher und andere Männer, die bis dahin niemals die See gesehen hatten. Die Schwierigkeiten waren so groß, daß Napier vorschlug, die Königin solle allen Mitgliedern des Königlichen Yachtklubs die Überführung ihrer Besatzung auf die Kriegsmarine nahelegen und selbst mit gutem Beispiel vorangehen[7]. Das aber war zu viel für den Ersten Lord. Ebensowenig wie er die Bildung eines Handgeld-Fonds für Anwerbung von Seeleuten aus der Handelsmarine in Höhe von 500 000 Pfund Sterling bewilligte, folgte er Napiers Vorschlag. Die Bemannungsschwierigkeiten sind während des ganzen Krieges niemals wirklich gelöst worden; man griff stets nur zu neuen Aushilfen — halbverhungerte, mißhandelte Erdarbeiter, Kutscher und Fabrikproletarier bildeten einen großen Teil der Besatzung der Ostseeflotte, die nur durch unermüdliches Exerzieren auch an Sonn- und Feiertagen eine gewisse Kampfkraft erlangen konnte — bei schlechtester Behandlung, Versorgung und Entlöhnung.

Über Bau- und Instandhaltung der Schiffe ist in den vierziger und fünfziger Jahren viel gestritten worden. Reformwünschen von seiten der Flotte standen stets die Sparvorstellungen der Regierung sowie das Bestreben des Parlaments gegenüber, Einfluß auf Einstellung und Beförderung von Offizieren, Finanzgebahrung, Verwaltung und Wirtschaftsführung zu gewinnen. Jedes zusätzliche Schiff bedeutete eine Vergrößerung des Hafenbetriebes und damit eine Verteuerung. Deutlich läßt sich Ende der vierziger Jahre bei Regierung und Admiralität ein Streben nach Rationalisierung des Betriebes an Land verfolgen, so daß man 1853 mit 20-30 % weniger Arbeitskräften auskam als 1849.

Das Hauptanliegen der englischen Marine-Politik vor 1854 bestand in der Erhaltung des Vorsprungs gegenüber Frankreich im Bereich der Linienschiffe. Aber dieses Streben stieß schnell an die Unmöglichkeit, genügend ausgebildete Seeleute zu beschaffen. Vor dem

[4] Paget, S. 79.
[5] Chabaud-Arnault, S. 384 f; Bartlett, S. 304 ff.
[6] Sulivan, S. 120 f.
[7] MacMunn, S. 14 f; Napier, S. 8.

Kriege und erst recht während seines Verlaufs war es stets leichter, Schiffe dienstfähig zu machen als sie zu bemannen. Immer wieder mußte man feststellen, daß die Franzosen im Verhältnis zur Größe ihrer Flotte über mehr Ausrüstung und Personal verfügten als die Navy, allerdings behindert wurden durch den Mangel an guten privaten Maschinenbau-Anstalten sowie an preiswertem gutem Eisen und an Kohle.

Als die Admiralität für 1848 teure Werkstätten für Dampfmaschinenbau und -reparatur in Portsmouth und Plymouth sowie auf Malta und Verbesserungen in Gibraltar vorsah, kritisierte das Parlament dies sofort unter Hinweis auf die, freilich sehr alten, Anlagen in Woolwich und die Menge der privaten Fabriken. Natürlich erklärte die Admiralität viele vorhandenen Anlagen für veraltet, überfordert, in ihren Maßen überholt, welche die zuständigen Parlamentskommissionen als ausreichend, höchstens erweiterungsbedürftig, nicht aber abrißreif bezeichneten.

Es ist also schwer, den Stand der englischen Flotte bei Ausbruch des Krieges zu beurteilen — besonders schwer, weil sie auch während desselben niemals wirklich einen Beweis ihres Könnens im Kampfe Schiff gegen Schiff, Geschwader gegen Geschwader hat zu geben brauchen. Zahlenmäßig bestand sie aus über 100 Linienschiffen und Fregatten, welche auf 6 große Kriegshäfen verteilt waren. Aber diese Zahlen täuschen eine größere Kampfbereitschaft und Kampfkraft vor, als in Wirklichkeit vorhanden war, weil die Besatzungen zu klein und ungleichmäßig, viele Offiziere zu alt waren.

So ist es nicht ungerechtfertig, wenn man Sulivans Nachkriegsurteil an den Beginn dieser Studie stellt[8]: »Glücklicherweise hatten wir die Franzosen auf unserer Seite. Hätten wir gegen die kombinierten russischen *und* französischen Flotten kämpfen müssen, so hätte uns nur die Niederlage bevorgestanden. Und noch weiter: hätten *wir allein* gegen die russischen Schiffe mit ihren gut ausgebildeten Besatzungen antreten müssen, so wäre es nur der Vorteil unserer modernen Schrauben-Fregatten gewesen, der uns eine gewisse Aussicht auf Gewinn gegeben hätte . . .« Die Probe auf dieses Urteil ist niemals gemacht worden, die russische und die englische Flotte haben niemals ihre Kräfte im Kampf gegeneinander gemessen. So bleibt der Eindruck, daß im Jahre 1854 die Engländer selbst sich unterlegen gefühlt haben.

Im ganzen besaß England im Jahre 1854 nach der Navylist 385 armierte Fahrzeuge mit 13 025 Geschützen, außerdem noch 100 nichtarmierte Briggs. Von diesen Schiffen befanden sich damals in Europa 301 mit 12 095 Geschützen, davon 198 Segelschiffe. Im Bau befanden sich 13 Segel- und 22 Dampfschiffe.

Bei der großartigen Flottenschau im August 1853 vor Spithead hatten von 40 Schiffen insgesamt nur drei keinen Dampfantrieb neben der Besegelung. Bei den Linienschiffen hielte man zu dieser Zeit eindeutig die Segelschiffe mit Hilfsmaschine für den reinen Segel- und den reinen Dampfschiffen überlegen. Sie waren sehr schwer bewaffnet. Aber solange es keine Panzerung gab, war ihre Verteidigungsqualität der Angriffskraft gleich starker Gegner weit unterlegen.

»Gut geführte Linienschiffe konnten einander in fast so viel Minuten vernichten, wie sie

[8] Sulivan, S. 121.

bei Trafalgar Stunden gebraucht hatten«[9]. Sie stellten die Übersteigerung des hölzernen Segelschiffes dar, wenngleich die Hilfsmaschine ihre Abhängigkeit von Wind und Wetter verringert hatte. Aber noch fehlte es den Dampfschiffen bei hohen Bau- und Betriebskosten an Laderaum für genügend Kohle, falls man nicht die Artilleriebewaffnung verringerte, und daher an Aktionsradius. Obendrein waren die Dampfmaschinen trotz hohen Kohleverbrauchs noch schwach und sehr reparaturanfällig.

Die Handelsmarine war in dieser Hinsicht der Royal Navy voraus. Die Transatlantik-Postschiffe probierten immer höhere Kesseldrucke aus, verringerten den Bedarf an Kohle und verbilligten somit den Betrieb, während die Maschinen immer betriebssicherer wurden.

Die Kriegsmarine griff solche Fortschritte nur recht langsam auf — bis 1855 übrigens auch behindert durch zu schwache Kugellager für schnellaufende große Schrauben. Das war der Hauptgrund dafür, daß man solange bei dem leicht verwundbaren Radantrieb blieb. Noch 1852 ging man davon aus, daß in den folgenden zehn Jahren alle großen Schiffe nur Hilfsmaschinen haben würden. Andererseits gab es seit dem Sommer 1849 Pläne für ein reines Schraubendampfschiff der Royal Navy, wurde dieses im Herbst 1849 eilig auf der Grundlage eines projektierten Segelschiffes als »Agamemnon« in Bau gegeben — das erste englische schraubengetriebene Linienschiff. Mit anderen Versuchs-Schraubenschiffen machte man 1850 gute Erfahrungen: im Dezember 1850 sah man bei der Admiralität die Zeit gekommen, alle neuen Schiffe so zu entwerfen und zu bauen, daß sie schnell in Segelschiffe mit Hilfs-Schraubenantrieb umgewandelt werden konnten. Dabei wurde nie bezweifelt, daß die Schiffe teils aus Kostengründen, teils wegen der Schwierigkeiten bei der Versorgung mit — der richtigen — Kohle fast immer segeln sollten. Freilich hatte Napier später in der Ostsee immer wieder darüber zu klagen, daß seine Kommandanten ohne Rücksicht auf den Kohlenmangel aus Bequemlichkeit und Schwäche ihrer eigenen Segelerfahrung vorwiegend die Maschinen laufen ließen. 1851/52 sah man den Bau bzw. Umbau von zwölf Schraubendampfschiffen vor, während Frankreich sich mit vier Schiffen dieser Art begnügte. Angesichts dieser Verhältnisse bezeichnete Prinzgemahl Albert bei Spithead 1853 die französische und die russische Flotte als »obsolet«, das Segelschiff mit Hilfsschraube als Schiff der Zukunft — bei sparsamstem Kohleverbrauch. Bereits Ende 1851 hatte die Admiralität befohlen, daß fortan jeder Offiziersanwärter vor dem Dienstantritt auf Dampfschiffen Unterricht und Prüfung über den Betrieb von Dampfmaschinen zu absolvieren habe, und erklärt, daß die entsprechenden Kenntnisse Bedeutung für die Beförderung haben würden.

Englands gesamte Seerüstung richtete sich bis 1853 ausschließlich gegen Frankreich. An Napoleons III. wie an Napoleons I. Flotte wurde die »British Seapower« gemessen — denn Frankreich schien unter dem einen so wenig zu trauen zu sein wie unter dem anderen. Wenige Monate später wurden die Rivalen gemeinsam Verbündete des Ottomanischen Reiches gegen die dritte europäische Großmacht (mit zwei Flotten).

Clowes' Behauptung[10], England habe 1854 eine schnelle, schraubengetriebene Flotte ge-

[9] Bartlett, S. 324.
[10] Clowes, S. 502.

panzerter Großkampfschiffe besitzen können, ist nicht zu widersprechen. Technisch und wirtschaftlich war es zum Bau einer solchen supermodernen Flotte imstande. Nur gab es weder in der Admiralität noch im Parlament einen einflußreichen Menschen, der aufgrund seiner Erfahrung eine solche Flotte gefordert hätte. Die englischen Kriegsschiffe waren nach dem Stand der Technik von 1854 auf der Höhe der Zeit — nicht dagegen ihre Besatzungen vom Schiffsjungen bis zum höchsten kommandierenden Offizier. Und die Welt bewunderte die englische Flotte so, wie sie war, als die beste, größte und stärkste aller Flotten der Welt.

Nur die »Napoleon« war an Qualität allen englischen Schiffen voraus. Und insgesamt hatte man den Eindruck, daß Frankreich im Begriff war, seine technische und quantitative Unterlegenheit zu verringern. Der Erste Lord der Admiralität stellte diese Tatsache am 14. November 1853 ausdrücklich fest, wobei natürlich auch ein entsprechender Eindruck auf das Parlament gemacht werden sollte.

## *Die französische Flotte*

Neben der englischen konnte die französische Flotte recht wohl bestehen. Sie hatte in den Jahrhunderten seit Colbert, ja, noch in den 50 Jahren, welche seit Napoleons I. großen Plänen gegen England vergangen waren, manche Wandlung durchgemacht, befand sich aber nun in einem Zustande, welcher dem der englischen Flotte durchaus ebenbürtig schien.

In der Zeit Louis Philipps hatte man, nachdem während der Restaurations-Epoche manches versäumt worden, ja die Tradition Napoleons schon seit der Niederlage von 1805 bei Trafalgar nicht mehr weiter verfolgt worden war, viel Mühe auf die Unterhaltung und Vervollkommnung der Kriegsschiffe verwandt[11]. Wenngleich Frankreich im Jahre 1848 kaum mehr Kriegsschiffe besaß als gegen Ende der Regierung Karls X., so waren diese Schiffe doch im Gegensatz zu jenen neu oder fast neu, vorzüglich konstruiert, bewaffnet und ausgerüstet. Schon damals stand die französische Flotte nach dem Urteil ihrer Historiker keiner anderen Macht nach, zumal bereits zu jener Zeit 15 Dampffregatten sowie eine beträchtliche Zahl dampfgetriebener Korvetten und Avisos vorhanden war.

Zugleich erlaubten die von der Volksvertretung großzügig zur Verfügung gestellten Beträge, die Häfen in eine Verfassung zu bringen, welche der der Flotte, insbesondere den voraussichtlichen Anforderungen einer künftigen Dampfflotte entsprach. Die Anlagen Cherbourgs und das Arsenal von Toulon wurden erheblich erweitert.

Das Schwergewicht der französischen Flotte lag zu jener Zeit durchaus im Mittelmeer. Dort bestand ein anfänglich stark vom Staat bestimmter und geförderter Verkehr mit Dampfschiffen zu Wirtschaftszwecken, dort existierte auch ein ständiges Geschwader mit Ausbildungs- und Entwicklungsaufgaben. Gerade dieses Geschwader hat auf die Verbesserung der französischen Flotte einen vorzüglichen Einfluß ausgeübt. Seinen Kern bildeten die Schiffe, welche nach dem griechischen Unabhängigkeitskrieg bis 1836 in der Levante stationiert gewesen waren. Die tägliche Berührung, in welcher sich dort Offiziere und

[11] Chabaud-Arnault, S. 380 ff.; Chevalier, S. 140.

Mannschaften mit den Seeleuten der englischen Flotte befanden, weckte in ihnen Ehrgeiz und Streben nach Vervollkommnung. Das erfolgreiche Erscheinen der französischen Schiffe vor Tunis und in Neapel und die geschickte Führung durch Admiral Lalande entwickelten ein solches Selbstbewußtsein in der Marine, daß man bei der Kriegsgefahr des Jahres 1840 keinen Augenblick bezweifelte, auch einen Kampf gegen das seebeherrschende England ehrenvoll bestehen zu können.

Weitere glückliche Unternehmungen im Mittelmeer während der folgenden Jahre verstärkten dieses Gefühl; insbesondere bildete die Transporttätigkeit zwischen Frankreich und Algier seit 1830 eine vorzügliche Schulung für die Aufgaben, welche der Orientalische Krieg stellen sollte[12]. So geschah es, daß dieses Ausbildungsgeschwader, das aus 5 großen Fahrzeugen, 1 Segelfregatte und 6 Dampfschiffen bestand, beim Ausbruch der Revolution von 1848 die gesunde Grundlage für eine weitere Entwicklung bot. Die theoretische wie die praktische Ausbildung befanden sich auf erheblicher Höhe, das Material war gut und modern.

Diese Flotte Louis Philipps übernahm Napoleon III.[13]. In der kurzen Zeit, welche zwischen seiner Machtergreifung und dem Ausbruch des Orientalischen Krieges lag, bewies er sein Interesse an ihrer weiteren Entwicklung. Unter ihm sollte die französische Kriegsmarine auf einen Stand gebracht werden, den sie, auch nach allgemeinem französischem Urteil, seit den Tagen Colberts nicht mehr innegehabt hatte[14].

Er begann 1849 mit dem Bau von zwei Schrauben-Linienschiffen. Als sie in Dienst gestellt waren, erwies die Maschine sich als schwach und unzuverlässig, der Kohleverbrauch als sehr groß. 1851 schlug man daher bei der »Hogue« zur Unterbringung eines ausreichenden Kohle-Vorrates die Verringerung der Artillerie um ein Drittel vor[15].

Aber zum Symbol für das hohe Niveau der französischen Flotte wurde seit 1852 der von dem jungen Ingenieur Dupuy de Lôme gebaute Zweidecker »Napoléon«, welcher eine Geschwindigkeit von 12½ Meilen erreichte[16]. Selbst in der englischen Flotte waren bis dahin Linienschiffe nur mit verhältnismäßig kleinen Hilfsmaschinen ausgerüstet worden. Hier wies Dupuy de Lôme plötzlich für den Holzschiffbau ganz neue Wege und leitete eine neue Aera ein, »welcher die der eisernen Schiffe auf dem Fuß folgen sollte«. Seit dem Erscheinen dieses ersten modernen Schlachtschiffes war es nicht schwer, das Verschwinden der Segelschiffe vorauszusagen. Repräsentierte die »Napoléon« bereits vor dem Orientalischen Kriege die vorzügliche Entwicklung des französischen Kriegsschiffbaues, so trat diese noch deutlicher nach dem Kriege hervor, als die Panzerfregatte »Gloire« wiederum einen neuen Abschnitt in der Geschichte des Schiffbaues einleitete und den Anfang einer Entwicklung darstellte, welche über die Erfahrungen der Monitor-Kämpfe während des amerikanischen

---

12 La Roncière et Clerc-Rampal, S. 266. Im Jahre 1857 dehnten die Messageries Maritimes ihren Friedensverkehr, der bis dahin auf das Mittelmeer beschränkt gewesen war, auch auf das Schwarze Meer aus.

13 Farrère, S. 338.

14 Farrère, S. 351; Batsch und Meuß, S. 46.

15 Bartlett, S. 325.

16 Batsch und Meuß, S. 46; Chabaud-Arnault, S. 388; Roncière et Clerc-Rampal, S. 266; Farrère, S. 350.

Bürgerkrieges zu den modernen Kriegsmarinen hinleiten sollte. Aber bereits bei Ausbruch des Orientalischen Krieges begründete das Vorhandensein jenes einen und einzigartigen Schiffes in der französischen Marine ein Gefühl des Stolzes und der Überlegenheit, welches im Verlauf des Krieges gegenüber den bis dahin gewissermaßen selbstverständlich für überlegen angesehenen Engländern häufig unverblümt hervortrat.

So war der Stand der französischen Flotte bei Beginn des Krieges vorzüglich. »Kein unbeteiligter Zuschauer wird den vorteilhaften Eindruck vergessen haben, den die Haltung der französischen Flotte, die Disziplin und der vortreffliche Geist ihrer Besatzungen, der ausgezeichnete Zustand ihrer Schiffe damals machten«[17]. Und als der Ausbruch des Krieges nicht mehr zweifelhaft war, tat man in Frankreich alles, um auch das letzte Schiff kriegsbereit zu machen. Bereits im Januar 1854 wurde im Arsenal von Toulon regelmäßig Sonntagsarbeit geleistet. Im Februar betonte der österreichische Gesandte die Verdienste des Marineministeriums um die Kriegsvorbereitungen[18]. Vorübergehend trat ein gewisser Mangel an Ausrüstungsgegenständen auf. Aber der österreichische Konsul, der Ende Januar »en amateur« über das Arsenalgelände »promenierte«, sah doch 14 Kriegsschiffe in Arbeit[19]. Und im übrigen sorgte die englische Regierung mit allem Nachdruck dafür, daß die französische Flotte so groß und stark wie nur immer möglich wurde. In der Tat war es »sans exemple«, daß die größte Seemacht der Erde sich selbst die Konkurrenz heranzog und englische Agenten die französischen Häfen und Werften besuchten, um die Arbeiter anzutreiben und »pour contrôler les progrès des armements qui s'y faut«[20]. Ein Jahr später sagte Napoleon zu dem englischen Gesandten: »Das Ende davon wird sein, daß ich eine Flotte habe, die Ihr mir am wenigsten gönnt«[21].

Zwei Schwierigkeiten sollten allerdings vom Tage des Kriegsausbruchs an die Flotte bedrücken: Weder die englische noch die französische Flotte verfügten über eine ausreichende Zahl von Kanonenbooten und anderen flachgehenden Fahrzeugen, welche an den Küsten der Ostsee, im Schwarzen und im Asowschen Meer gebraucht wurden. Auf diesen Mangel wird später noch genauer einzugehen sein. Aber auch die Frage der Bemannung, wenngleich sie bei weitem nicht so drängend war wie in England, bot bei der Mobilmachung der Flotte manche Hindernisse[22]. Obschon Frankreich mit seiner Inscription maritime, welche fast alle Seeleute der ganzen Küstenschiffahrt, der Hochseefischerei und eines Teiles der Handelsflotte im Kriegsfall der Kriegsmarine zur Verfügung stellte, gegenüber den Engländern im Vorteil war, so räumte sie doch nicht alle Schwierigkeiten aus dem Wege. Die »See-Einschreibung« aus der Zeit Colberts hatte eine sehr umstrittene Geschichte. Die Kriegsflotten hatten in England und Frankreich in den Zeiten der großen Seegeltung stets unter Menschenmangel gelitten. Schwerer Dienst, schlechte Entlohnung und Lebensgefahr ließen die Anwerbung nicht eben verlockend erscheinen. So mußte man zum

[17] Batsch und Meuß, S. 46. Man wird bei der Betrachtung der damaligen französischen Flotte die von der Abneigung gegen Napoleon III. diktierten Urteile mancher deutscher Schriftsteller mit Vorsicht verwenden müssen. Vgl. z.B. Geffcken, S. 103.

[18] HHStA, IX 45 Paris 26.2.1854.

[19] HHStA, IX 46 Paris 17. und 30.1.1854.

[20] HHStA, IX 46 Paris 27.1.1854.

[21] Simpson, S. 272.

[22] Batsch und Meuß, S. 46 ff.

Zwang, zum Pressen schreiten und erreichte damit wohl einiges von Fall zu Fall, niemals aber eine grundsätzliche und befriedigende Lösung dieser wichtigen Frage. Auch die Neuregelung, welche in der Zeit der französischen Revolution vorgenommen wurde, brachte keine dauernde Besserung. Die Abwanderung der seemännischen Bevölkerung von den Küsten wurde nicht aufgehalten. Als bei Ausbruch des Orientalischen Krieges drei große Geschwader in Dienst gestellt wurden, befahl man die Einziehung aller Seeleute von 20 bis 40 Jahren, welche weniger als 4 Jahre Dienst geleistet hatten und mehr als ein Jahr beurlaubt waren. Das traf, entgegen dem Gesetz, in erster Linie Familienväter, welche bereits eine aktive Dienstzeit hinter sich hatten. Vielfach zwang man außerdem ohne Rücksicht auf Alter und Familienstand 75 % der Besatzungen von Handelsschiffen, in den Dienst der Kriegsmarine überzuwechseln[23].

Für den Anfang brauchte man 6500 Mann, davon die eine Hälfte sofort, während die andere sich bereit zu halten hatte und höchstens Fischerei betreiben durfte. Schon einen Monat später wurden außer den 6500 weitere 4000 Seeleute gebraucht. So traten überall Beschaffungsschwierigkeiten auf, so daß alle Anträge auf Befreiung und Zurückstellung abgelehnt werden mußten. Fast die gesamte Handelsschiffahrt und Fischerei wurde auf diese Art lahmgelegt, obgleich es sich doch nur um einen Krieg handelte, »in welchem die Dienstleistungen der Flotte über die Transportfahrt kaum hinausging« und die blutigen Verluste gering blieben. Eine fühlbare Verminderung der Güte der französischen Flotte ist durch diese Schwierigkeiten in der Bemannungsfrage weniger eingetreten als bei der englischen. Allerdings bot der Krieg durch das Ausbleiben von Begegnungen zur See auch den Franzosen keine Gelegenheit, die Mannschaften im Kampf auf die Probe zu stellen. Zahlenmäßig besaß Frankreich im Jahre 1854 300 Kriegsschiffe, darunter 100 Dampfschiffe.

### *Die türkische und die sardinische Flotte*

Die Flotte der *Türken* war der englischen und französischen, aber auch der russischen gegenüber von vornherein bedeutungslos. Sie bestand im Dezember 1853[24] aus 5 Linienschiffen mit je 98 bis 124 Geschützen, 10 Fregatten (42-72 Geschütze), 9 Korvetten (20-26 Geschütze), 12 Briggs (16-24 Geschütze), 5 Dampffregatten (16-26 Geschütze), 13 kleinen Dampfern, 8 kleinen Briggs und 8 Kuttern; dazu traten 3 ägyptische Linienschiffe (96 Geschütze) und 4 ägyptische Fregatten (60-62 Geschütze). 1 Linienschiff und 5 Fregatten befanden sich zur Reparatur im Arsenal, 3 neue Linienschiffe (96, 96 und 80 Geschütze), darunter eines mit Schraubenantrieb, dessen Maschinen man in England bestellt hatte[25], wurden zum Frühjahr erwartet. Der österreichische Gesandte v. Prokesch-Osten, welcher im Oktober 1853 die türkische Flotte beim Exerzieren beobachtet hatte[26] konnte über die Tätigkeit an den Geschützen »nur lobenswerte Bemerkungen machen«, fand jedoch die Segel-

[23] HHStA, IX 46 Paris 27.3.1854.
[24] KMA, 1853 M/c 2 - 1 bis n.
[25] KMA, 1854 M/c22 299.
[26] KMA, 1853 M/c2a.

übungen »noch weit zurück«. Und Muschaver Pascha — das war der englische Oberst Slade, welcher in der türkischen Marine den Rang eines Konteradmirals innehatte — klagte gegenüber Prokesch-Osten über den großen Mangel an tüchtigen Offizieren, der sich auch auf die ohnehin nicht ausreichenden Mannschaften sehr nachteilig auswirkte[27].

Zu erwähnen ist schließlich noch, da Sardinien sich im Verlaufe des Krieges den Alliierten anschloß, die *sardinische* Flotte. Benedek sandte im Dezember 1853 aus Verona Angaben über sie nach Wien[28]. Danach zählte sie 20 größere Schiffe, davon 12 Segel-, 8 Dampfschiffe, außerdem 10 gänzlich unbrauchbare Kanonenboote. Alle Schiffe zusammen trugen 406 Geschütze. Der Zustand der Flotte war »im allgemeinen weit unter Mittelmäßigkeit«. Da die Schiffe während des durch Geldmangel verzögerten Baues jahreslang auf ungedeckten Hellingen gelegen hatten, befanden sie sich schon beim Stapellauf in schlechtem Zustand. Danach lagen sie aus Sparsamkeitsgründen gewöhnlich ohne Armierung in fauligem Hafenwasser und verkamen dort vollends. Eine große Überholung war wegen Mangel an Geld, Holz und anderem Baumaterial unmöglich, wie denn auch das Arsenal mangelhaft und ärmlich eingerichtet war. Auch machte sich bei der Besatzung der stets schlechte Stand der Finanzen entscheidend bemerkbar. Die Flotte sollte im Frieden 3141, im Kriege 4022 Mann Besatzung haben, sie hatte tatsächlich nur 2217. Die Mannschaften galten als tüchtig, die Offiziere dagegen als schlecht ausgebildet. Als während des Krieges Mangel an Offizieren eintrat, wurden venetianische Offiziere eingestellt, die früher in der österreichischen Marine und dann in Venedig gedient hatten[29]. Die von Viktor Emanuel I. gegründete Marineschule war noch sehr unvollkommen, die wichtigsten strategischen und technischen Fächer wurden nicht gelehrt, die Zahl der Zöglinge betrug statt 40 nur 21.

### *Die russische Flotte*

Ganz anders stand es mit der russischen Kriegsflotte, von der man in England und Frankreich bedeutenden Angriffsgeist erwartete. Der Orientalische Krieg hatte seinen tiefsten Grund ja in dem seepolitischen Gegensatz Englands zu Rußland. Rußlands Bestrebungen, eine große Seemacht zu werden und dann zumindest im Schwarzen Meer und im östlichen Mittelmeer die entscheidende Rolle zu spielen, England zu überflügeln und damit den asiatischen Problemen eine neue Wendung zu geben, mußten vereitelt werden, wenn England seine alte Machtstellung erhalten und erneuern wollte. Dieser russische Ehrgeiz, neben einer großen Landmacht auch eine große Seemacht zu sein, stammte aus den Tagen Peters des Großen[30]. Das ihm fälschend zugeschriebene »Politische Testament«, welches doch immerhin Tendenzen der Zeit Ausdruck gab, wurde zum politischen Programm der folgenden Zeiten. Nach der Besetzung Finnlands und Kurlands wurden an den Küsten dieser Gebiete große Arsenale angelegt und zahlreiche Schiffe gebaut, welche eines Tages Rußland zur Vormacht in der gesamten Ostsee werden lassen sollten. Entsprechende Maßnahmen

[27] KMA, 1854 M/c 22 290
[28] KMA, 1853 M/c4 und 4—a.
[29] PGStA, Türkei I A Bq 45 vol. VIII Turin 21.9.1855
[30] Grivel, S. 31 f.

erfolgten im Schwarzen Meer auf die Besetzung der Krim und Bessarabiens. Innerhalb weniger Jahre wurden in Nikolajew und Sewastopol Werften bzw. Arsenale erbaut, während in Odessa, Cherson und den Häfen des Asowschen Meeres eine zeitweise blühende Handelsschiffahrt heranwuchs.

War Rußland bis dahin nur eine Kontinentalmacht gewesen, so erkannte es, daß eine weitere friedlich oder kriegerische Ausdehnung nach Osten nur als Seemacht möglich war. Eines Tages mußte das Vorhandensein einer Kriegsflotte im Schwarzen Meere die Erfüllung der geheimsten Träume ermöglichen. Denn ein günstiger Nordwind konnte eine russische Invasionsflotte in kürzester Zeit an die türkische Küste führen und damit zur Besetzung Konstantinopels verhelfen.

So ging man denn systematisch an die Entwicklung einer machtvollen Kriegsflotte in der Ostsee wie im Schwarzen Meer. Während Geschwader und Arsenale gebaut wurden, entstanden gleichzeitig Marine-Schulen aller Art, strömten Berater, Ingenieure uned tüchtige Seefahrer aller Nationen nach Rußland, wurden weder Geld noch Mühen gescheut, um die Seegeltungspläne mit allem Nachdruck zu verwirklichen. Unbeirrbare Zielstrebigkeit und eiserne Disziplin, denen starke Wesenszüge des russischen Charakters zu Grunde lagen, führten in dieser Zeit dahin, daß Rußland äußerlich nach England und Frankreich zur dritten Seemacht der Erde heranwuchs, tatsächlich aber schon über diese Stellung hinausgriff und Englands Vorrangstellung bedrohte[31]. Die russische Flotte wurde für die englische bis 1853 zu einer Risikoflotte. Napiers Befürchtungen in Bezug auf eine überraschende Landung aus der Ostsee vorstoßender russischer Kräfte an der entblößten englischen Ostküste, während die größeren und wertvolleren Einheiten der englischen Flotte im Mittelmeer konzentriert und in der Heimat nur wenig kampfkräftige Bewacher und Patrouillenboote zurückgeblieben waren, zeigen, bis zu welchem Grade sich im England der Jahre 1853 und 1854 die Einschätzung der russischen Flotte erhob[32].

Außerdem verfügte Rußland auch über Vorteile auf Gebieten, welche gerade in England und Frankreich mit größten Sorgen betrachtet wurden. So gab es z.B. in der russischen Marine bei weitem keinen so großen Mangel an Schiffsbesatzungen wie in jenen beiden Staaten. Denn wenngleich der geringe Umfang der russischen Handelsflotte den von dieser stammenden seemännischen Nachwuchs begrenzte[33], so bildete doch die Küstenbevölkerungen Finnlands, der baltischen Gebiete und des Weißen Meeres den Kern eines ganz beträchtlichen Nachwuchses, während im Schwarzen und im Asowschen Meer, wo der Handel mit russischen Gütern vorwiegend unter fremder Flagge stattfand, die Verhältnisse

[31] Es sei jedoch auf einen Bericht des österreichischen Generalkonsuls in Odessa vom 7. November 1853 hingewiesen. Darin hieß es, man habe beabsichtigt, die Schwarzmeer-Flotte während des Winters 1853/54 im offenen Meer zu lassen und ihr Gelegenheit zu geben, »die Tüchtigkeit der Schiffe, der Mannschaft und der Kommandanten darzutun«. Dazu sei eine strenge Prüfung der Schiffe vorgenommen worden. »Leider wollte man bemerkt haben, daß die wenigsten der Schiffe so beschaffen sind, um allen Anforderungen eines angestrengten Seedienstes zu entsprechen.« Das Holzwerk wurde als »so untauglich porös« geschildert, »daß trotz der sorgfältigsten Kalfaterung das Wasser im Schiffsraum in jeder Minute 2-3 Linien steigt«. Die Bewaffnung allerdings erschien »musterhaft«, gewöhnlich waren sogar Reservegeschütze an Bord.

[32] Grivel, S. 33.

[33] Chabaud-Arnault, S. 384.

nicht ganz so günstig lagen[34]. Von allen Seiten ist den Besatzungen der russischen Kriegsschiffe stets der hohe Stand ihrer Ausbildung bestätigt worden[35]. Besonders englische Historiker und memoirenschreibende Seeoffiziere haben — zum Teil allerdings wohl mit dem Ziel der marinepolitischen Propaganda in England — die Liebe des russischen Matrosen für seinen Beruf, die Verehrung für Admiral Lazareff, den verdienstvollen Vorkämpfer für russische Seegeltung, den »sailorlike spirit«, die »evident love of the sea service«, schließlich das unerschütterliche Vertrauen der Männer zur Schlagkraft ihrer Schiffe hervorgehoben. Und besonders Kinglake hat betont, daß das mechanische Drillen und Abrichten, welches unter dem Zaren Nikolaus in der Armee mit so verheerenden Folgen betrieben worden war, in die Flotte keinen Eingang gefunden habe. Hier sei es dem Zaren nicht möglich gewesen, seine verderblichen Grundsätze gegenüber den besonderen Anforderungen des seemännischen Berufes durchzusetzen.

Noch kurz vor Ausbruch des Krieges hat Sir H. Seymour, der englische Botschafter in Petersburg, am 15. Januar 1854, davor gewarnt[36], die Überlegenheit der englischen und französischen Flotte gegenüber der russischen zu hoch einzuschätzen. »Die Tapferkeit der russischen Seeleute«, schrieb er, »ist nicht zu bezweifeln; und wenngleich sie denen der Alliierten nicht in jeder Beziehung gleichstehen mögen, so haben sie doch den Vorteil der besseren Kenntnis ihren eigenen Gewässer, von denen die Alliierten keine Ahnung haben. In jedem Fall werden die russische Seeleute ausgezeichnet neben ihren Geschützen aushalten, und wenn sie im Schießen unterlegen sein sollten, so werden sie doch in der Lage sein, den Abstand zu bestimmen, in welchem gekämpft wird.« Dieses Urteil war nur insofern falsch, als gerade die russische Artillerie sich hervorragend bewähren sollte.

Etwas weniger günstig war die Lage in Bezug auf die Offiziere der russischen Flotte. Wenngleich auch bei ihnen der Stand der Ausbildung und die Ergebenheit für den Dienst hervorgehoben werden[37], so war doch im ganzen wohl der Dienst in der Flotte bei den russischen Offizieren weniger beliebt als der im Heere[38]. Schon die Beschränkung des Dienstes zur See auf die 5 Monate im Sommer, denen 7 Monate eines vom Eis eingeschlossenen Lebens im Hafen folgten, ließen das Dasein eines Seeoffiziers nicht verlockend erscheinen. Es kam hinzu, daß die historischen kriegerischen Erfolge Rußlands von der Armee errungen worden waren und der Andrang dorthin also naturgemäß stärker sein mußte als zu der jungen Waffe, welche bis zum Jahre 1854 keinen Gegner und damit keine Möglichkeit zur Bewährung und Auszeichnung gehabt hatte. Das wirkte sich selbstverständlich auch auf das Avancement verzögernd aus, während die ständige Aktivität der Armee vielen einen schnellen Aufstieg in Aussicht stellte und ermöglichte. Und schließlich zeigt Zar Nikolaus bei allem Verständnis für die Notwendigkeit einer Flotte die natürliche Vorliebe eines Kontinentalherrschers für die Armee, was die Berufswahl gleichfalls vielfach beeinflußte. Das Ergebnis war also, daß der Eintritt in die Marine bei den Söhnen angesehener und vermögender Familien stets erst in zweiter Linie bedacht wurde.

---

[34] Grivel, S. 33.
[35] Sulivan, S. 121; Kinglake, Bd. III S. 120.
[36] Napier, S. 38.
[37] Chabaud-Arnault, S. 384; Grivel, S. 6.
[38] Napier, S. 273.

Wenn gleichwohl die Qualität der Offiziere und Mannschaften nicht zu bestreiten war, so lag das zu einem erheblichen Teil an dem ausgezeichneten Schulwesen[39] der russischen Marine. Es gab eine Höhere Schule für 400 Söhne von Seeoffizieren, die nach einer sorgfältigen Ausbildung mit 17 Jahren in die Handels- und Kriegsmarine übernommen wurden. Daneben bestand eine andere Schule für 600 Söhne von Seeleuten, welche im Winter Rechnen, Schreiben und die technische Seite ihres Berufes erlernten, während sie im Sommer auf See Dienst taten. Das Ziel dieser Schule war, das gesamte Unteroffizier-Korps heranzuziehen. Beiden Anstalten gemeinsam aber war, wie bei der Herkunft der Schüler deutlich wird, das Bestreben, in der russischen Flotte eine Tradition zu schaffen — eine Tradition, die in Ermangelung von großen Seesiegen und anderen Taten gewissermaßen familiärer Art sein und auf die Beziehungen zwischen Vätern und Söhnen beschränkt bleiben mußte. Auf diesem Gebiet sahen, wenn überhaupt, naturgemäß insbesondere die englischen Offiziere den einzigen Nachteil der russischen Flotte gegenüber der eigenen. Aber auch französische Autoren haben erwähnt, daß es den Russen »vielleicht nur noch« etwas an dieser »mächtigen Tradition« gefehlt habe, an jener Seegewöhnung und an jenem praktischen Unternehmungsgeist in allen Dienstgraden, welcher die beste Kraft des Geschwader ausmacht, aber freilich ein »oeuvre du temps« sei[40].

Der Qualität der Flotte und ihrer Bemannung entsprachen die Anlagen in den Häfen. Die Werft in Kronstadt wurde allgemein gelobt[41] . Und es war bezeichnend für die Absicht der Russen, von den führenden Seemächten zu lernen, daß sie in dieser Werft für Dampfschiffe und Dampfmaschinen eine besondere Abteilung errichtet hatten, welche nach dem Plan der Anlage von Woolwich gebaut, aber — doppelt so groß war. Nahe dieser Faktorei gab es drei große Docks. Obgleich die Regierung ihre Kriegsschiffe kontraktgemäß in Privatwerften bauen und reparieren ließ, waren in der Kriegsmarinewerft doch 3000 Arbeiter beschäftigt. Außer der Werft gab es in Kronstadt ein kleines, in Petersburg ein großes Arsenal mit einer Geschützgießerei. Das Material, das in allen diesen Werkstätten und Werftanlagen verarbeitet wurde, war ausgezeichnet und dem der englischen und französischen Flotte durchaus gleichwertig[42]. Allerdings stellte sich z.B. gelegentlich einer Besichtigungsreise des Zaren im März 1854 heraus, daß in Sweaborg statt für 2 Jahre nur für 6 Monate Schiffskohle vorrätig war, so daß sofort große Ankäufe in Preußen vorgenommen werden mußten. Als letzte Quelle sah man die Bergwerke im Donaugebiet an [43].

Zahlenmäßig war die Seemacht Rußlands naturgemäß derjenigen Englands und Frankreichs unterlegen[44]. Sie bestand aus den Flotten der Ostsee und des Schwarzen Meeres sowie den für den Orientalischen Krieg nahezu belanglosen Flottillen des Kaspischen Meeres, von Archangelsk und von Kamtschatka. Die Gesamtzahl der Kriegsschiffe betrug bei Kriegsbeginn 512 mit 7105 Geschützen und über 80 000 Mann Besatzung. Davon waren in

[39] Napier, S. 275.
[40] Grivel, S. 6; Chabaud-Arnault, S. 384.
[41] Napier, S. 274.
[42] Grivel, S. 36.
[43] HHStA, IX 46 Petersburg 19.3.1854.
[44] Todleben, S. 22 f.

der Baltischen Flotte 295 Fahrzeuge mit 4105 Geschützen, in der Schwarzmeer-Flotte 145 mit 2855. Die Verteilung der bedeutenderen Schiffsklassen war folgende:

| | Baltische Flotte | | Schwarzm.-Flotte | | im Ganzen | |
|---|---|---|---|---|---|---|
| | Schiffe | Geschütze | Schiffe | Geschütze | | |
| Linienschiffe | 31 | 2564 | 16 | 1678 | 47 | 4242 |
| Fregatten | 10 | 487 | 7 | 374 | 17 | 861 |
| Dampffregatten | 10 | 109 | 8 | 55 | 18 | 164 |
| Korvetten | 2 | 40 | 4 | 74 | 6 | 114 |
| | 53 | 3200 | 35 | 2181 | 88 | 5381 |

Die Einführung von großen Schraubendampfern hatte in der russischen Flotte erst kurz vor Kriegsausbruch begonnen. Daher gab es solche auch nur in der Baltischen Flotte, und zwar 3 Linienschiffe und 2 Fregatten. Man war im Begriff, ein sehr großes Schiff, die »Iwan der Schreckliche«, als Antwort auf den Stolz der englischen Flotte, den »Duke of Wellington« zu bauten — die »Napoléon« nahm man nicht zur Kenntnis. Die Gesamtzahl der Dampfschiffe belief sich auf 82. Daneben gab es allerdings eine verhältnismäßig große Anzahl von Kanonenbooten, welche den alliierten Flotten nicht nur eine erhebliche Gegnerschaft, sondern auch während des Krieges unerreichtes und zahlenmäßig weit überlegenes Vorbild werden sollten. Als bemerkenswert bezeichneten englische Berichte 1852/53 die acht dampfgetriebenen Fregatten der Baltischen Flotte, die bei Maschinen von angeblich 240-540 PS 8 Geschütze trugen. Im Schwarzen Meer gab es sechs ähnliche Schiffe und 15 kleinere Dampfschiffe.

Dieser zahlenmäßige Stand der Flotten hatte freilich nur für die Zeit vor Beginn und bei Kriegsausbruch wirkliche Bedeutung. Als sich herausstellte, daß Rußland seine Schiffe sowohl in der Ostsee wie im Schwarzen Meer in den Häfen zurückhielt, ja, versenkte und die Geschütze demontierte, trat eine gewisse Entwertung dieser in England so gefürchteten russischen Flotte ein. An die Stelle der England und die Türkei bedrohenden Invasionsflotte trat die »Fleet in being«, ja, im Schwarzen Meer sogar die vernichtete Flotte. Damit wurde natürlich ihr Gewicht erheblich vermindert bzw. gänzlich aufgehoben. Auch die Benutzung neuer Waffen, ewa der Elektrominen, und die überraschenden Leistungen der russischen Artillerie konnten diesen Verlust an Ansehen und militärischem Gewicht nicht völlig ausgleichen. Von dieser Seite her erhält das englische Urteil über den Mangel an Unternehmungsgeist und Tradition in der russischen Flotte eine neue Beleuchtung. Auch erinnerte man sich nach den ersten Unternehmungen an den Hinweis des Berichts darauf, daß die Befestigungen von Kronstadt jüngsten Probebeschießen zufolge praktisch unverwundbar sein mußten. Aber keineswegs war es »vom Beginn des Krieges an klar, daß Rußland mit seiner unterlegenen Flotte die englische Seeherrschaft nicht in Frage stellen« würde[45] — wenigstens nicht in der Ostsee und nicht im Schwarzen Meer, wo es den großen Vorteil des Besitzes von Häfen, der Beherrschung der Küsten und der kurzen Wege besaß.

[45] Baumgart, S. 187.

## V. Der Krieg im Orient

### Die erste Station: Gallipoli und Skutari

Als entschieden war, daß England und Frankreich zu den Waffen greifen würden, bestand noch keineswegs irgend ein Kriegsplan. Man war sich nicht im geringsten darüber im klaren, wo und wann, in welchen Zahlen und Zusammensetzungen der Armeen gekämpft werden würde. Nur das Ziel stand fest: Der Türkei sollte gegen Rußland geholfen und ihr territorialer Bestand sichergestellt werden. Dazu mußte im Osten gekämpft werden. Es ist damals und später darüber gestritten worden, ob dieser Schluß richtig war — wir werden darauf noch zurückkommen. Hier sei vorläufig nur festgestellt, daß die Begegnung der Alliierten mit den Russen im Westen, sei es durch eine Landung an der russischen Ostseeküste, sei es durch einen Aufmarsch in preußischem und österreichischem Gebiet, der Türkei nur unzureichende Hilfe geboten hätte. Bei der Größe des russischen Reiches und dem unentwickelten Zustand der Verkehrsverhältnisse sowie bei der Abgeschlossenheit des Schwarzen Meeres wären die im Südosten stehenden russischen Truppen und die Kriegsflotte durchaus in der Lage gewesen, in die Türkei einzumarschieren und an deren Küsten zu landen, Konstantinopel zu nehmen und das Osmanische Reich zu zerschlagen, ohne daß die alliierte Diversion im Ostseeraum sie *zunächst* daran gehindert hätte. Außerdem: daß die politischen Verhältnisse in Westeuropa einen Aufmarsch englischer und französischer Truppen an der russischen Westgrenze und den Marsch von dort aus in das Zarenreich hinein verhindert haben, dürfte manchem General nicht unlieb gewesen sein. Napoleons I. Zug nach Moskau war doch erst seit 4 Jahrzehnten Vergangenheit und noch überall in lebhafter Erinnerung. Er hatte zur Genüge gezeigt, daß das Gebiet bis Moskau damals nur russisches oder asiatisches Vorfeld und für die wirkliche Entscheidung keineswegs ausschlaggebend war. Obendrein hatte der Zar noch jüngst Napoleon III. auf dessen letzten Friedensvorschlag geantwortet, Rußland werde 1854 sein, was es »1812« gewesen war[1].

So mußten also zum Kampf im Südosten größere Truppenmengen in die Türkei befördert und dort zunächst einmal ausgeladen werden. Für den Transport kamen nur Schiffe in Frage. Sie sollten sich während dieses Krieges als die »Eisenbahnen des Meeres« erweisen. Zum Ort der Landung, der Sammlung der Truppentransporte, des vermutlichen Aufmarsches für den Kampf gegen Rußland hatte man nach manchen Schwankungen zwischen der Umgebung von Konstantinopel und Burgas Gallipoli gewählt. Es sollte »la première Halte« werden[2]. Als die Russen den Pruth überschritten und in die Fürstentümer einmarschierten,

[1] HHStA, IX 45 Paris 21.2.1854.
[2] du Casse, S. 56 f.; Geffcken, S. 104; HHStA, Wien IX 45 Paris 18.2.1854, 5.3.1854.

vermutete man, daß sie mit allem Nachdruck auf Konstantinopel als den Schlüssel zum Bosporus rücken würden. Wenn es der türkischen Armee nicht gelang, sie aufzuhalten — und das war das Wahrscheinliche —, dann bestand die erste Aufgabe der alliierten Truppen darin, dem Gegner die Dardanellen zu verschließen. Für dieses Ziel war Gallipoli sehr günstig gelegen. Aber auch, wenn die Russen vor dem Stoß auf Konstantinopel die Donau überschritten und durch Bulgarien marschierten, bot Gallipoli in seiner günstigen Lage zu Konstantinopel (188 km) und Adrianopel (136 km) für Ausschiffung und Konzentration der Truppen einen äußerst vorteilhaften Ausgangspunkt. So hatten der französische Pionieroberst Ardant und der zweiundsiebzigjährige englische General Sir Georges Bourgoyne diesen Ort als Endpunkt der alliierten Truppentransporte gewählt[3].

Bei der Benutzung aller Berichte aus französischer und englischer Feder über den Aufmarsch der alliierten Truppen in Gallipoli, über ihre weiteren Transporte nach Varna und vor die Festung Sewastopol, über die Leiden während des Winters 1854/55, über die Kämpfe und die Verluste durch Waffeneinwirkung und Krankheit, über die Versorgung der Truppen mit Waffen, Munition, Kleidung und Nahrung — kurz über den gesamten Krieg wird man sich stets ins Gedächtnis rufen müssen, daß diese Berichte fast durchweg in einem ungewöhnlichen Umfange unwahrhaftig sind. Es gibt zwar in England eine ganze Reihe von Werken, Memoiren, Biographien und Monographien, die sich kritisch mit den Fragen auseinandersetzen. Aber diese Form der Kritik bleibt doch gewöhnlich sehr im einzelnen stecken und artet nicht selten in persönliches Schimpfen und Klagen, in Vergleiche mit den irgendwie und- wann und- wo besser gestellten französischen Truppen aus. Einen zusammenfassenden großen kritischen Bericht über den Krieg gibt es von englischer Seite nicht, wie denn auch in England niemals abschließende Zahlen über die Verluste an Menschen durch Kämpfe und Krankheiten veröffentlicht worden sind. Dieser Krieg steckt in seinem Aufbau und seiner Durchführung auf der alliierten Seite so sehr voller Fehler, Unzulänglichkeiten, Unverantwortlichkeiten und ungenügender Improvisationen, daß es richtiger erschien, die sehr bittere Kritik der Öffentlichkeit nicht noch ausdrücklich mit offiziell bestätigtem Material zu versorgen.

Günstiger stand es auf den ersten Blick im französischen Lager. Dort gab es abschließende Berichte mancher Art. Aber die Stellung Napoleons III. im französischen Volke so wenige Jahre nach der gewaltsamen Machtergreifung erlaubte es in Frankreich noch weniger als in England, über den Krieg die Wahrheit zu sagen. Gab es dort gar keine Berichte, so wurden sie hier zu einer völlig ungerechtfertigten und geradezu fälschenden Verherrlichung des Staatsoberhauptes benutzt. Fast jede Darstellung über Einzelheiten oder den gesamten Krieg, die vor 1870 in französischer Sprache geschrieben worden ist, stellt daher eine Quelle von größter Fragwürdigkeit dar. So bliebe dem heutigen Darsteller nur die schwere Aufgabe, aus dem Nichts in England, den Lobschriften in Frankreich und den Einzelkritiken mancher Kriegsteilnehmer ein Bild zu entwerfen, das der Wirklichkeit möglichst nahekommt und damit auch die Möglichkeit bietet, aus damaligen Erfolgen und Fehlern zu lernen, wenn nicht die Berichte der österreichischen Vertreter der Diplomatie und der Kriegsmarine aus Konstantinopel wie aus den westeuropäischen Hauptstädten eine wertvolle zusätzliche Quelle böten, auf die im folgenden häufig zurückgegriffen wird.

[3] PGStA, Türkei I A Bg 45 vol. II Konstantinopel 28.2.1854.

Anfang März 1854 beschlagnahmte die französische Regierung auf den Strecken Paris-Chalons-Lyon-Marseille sämtliche brauchbaren Transportmittel[4]. Am 19. März lief der erste Transport französischer Truppen nach dem Orient aus Toulon aus[5]. Obgleich der Krieg seit langem drohte und seit dem Ereignis von Sinope im November 1853 und dem Einlaufen der alliierten Flotten in das Schwarze Meer zu Beginn des neuen Jahres sogar als unvermeidbar erscheinen konnte, litt doch die Einschiffung der Truppen unter einem nahezu vollständigen Mangel an Vorschriften sowie unter dem Fehlen einer verständnisvollen Zusammenarbeit von Heer und Marine. Langsamkeit, Nachlässigkeit, Rivalitäten und Streitereien behinderten die Vorarbeiten. Man ging soweit, daß die Marine dem Heere wohl in den Häfen die nötigen Schiffe zur Verfügung stellte, es ihm jedoch überließ, deren Ausrüstung selbst vorzunehmen. Wo Vorschriften vorhanden waren, wurden sie den Truppen zu spät bekanntgegeben. Erst am 18. März erhielten z.B. diese ihre Anweisungen für den 19. Die Folge war, daß weniger befehlsmäßig gehandelt als improvisiert wurde. Gewiß hat sich das Einschiffen in den folgenden 5 Monaten besser eingespielt. Aber es blieb doch während der ganzen Zeit ein erhebliches Maß von Unordnung bestehen. Immer wieder mangelte es für die schnell und voreilig herangeführten Truppen in den Häfen an Transportschiffen, besonders an Dampfern, sodaß man Privatschiffe mieten mußte, wie man sie gerade bekommen konnte[6].

Die ersten englischen Truppen[7] verließen die Heimat wie für einen Feiertagsausflug. Sogar junge Frauen befanden sich bei den Transporten, die zunächst nach Malta gingen. Schwierigkeiten bei der Einschiffung, wie sie in Frankreich üblich waren, scheinen in England nicht entstanden zu sein. Es zeigte sich hier die vielfache Erfahrung Englands bei solchen Expeditionen. Insbesondere waren stets Transporter in ausreichender Zahl vorhanden[8]. Allerdings sollte die englische Kavallerie, um die Biskaya-Fahrt zu vermeiden, erst in Marseille eingeschifft werden, trotzdem man wußte, daß die französische Landbevölkerung »traditionell entschieden England feindlich ist« [9].

Die Fahrt durch das Mittelmeer führte gewöhnlich über Malta und den Piräus nach Gallipoli. Sie dauerte bei Dampfschiffen, je nach den Aufenthalten auf den Zwischenstationen, 12-16 Tage[10], bei Segelschiffen nicht selten 50, 60, auch 70 Tage.

Während der zweiten Märzhälfte hatten bei Gallipoli und in den Dardanellen die Vorbereitungen für die Ankunft der alliierten Hilfstruppen begonnen, die für Anfang April erwartet wurden[11]. Schon gegen Ende des Monats war in Gallipoli und Umgebung infolge der Zusammenziehung von Arbeitskräften eine enorme Teuerung ausgebrochen, so daß die Bevölkerung die Gegend verließ[12]. Da kamen am 2. April die ersten beiden Truppentran-

4 HHStA, IX 46 Paris 12.3.1854.
5 Canonge, S. 8 f.
6 Geffcken, S. 104 f.
7 Airlie, S. 31.
8 MacMunn, S. 35.
9 HHStA, IX 45 Paris 30.4.1854 u. IX 46 vom 9.4.1854.
10 du Casse, la Crimée S. 33; du Casse, Précis Historique, S. 58-61.
11 HHStA, XII 48 27.3.1854.
12 HHStA, XII 48 30.3.1854.

sporte in Gallipoli an — es waren französische. England hatte es so einzurichten gewußt, daß die Franzosen zuerst eintrafen. »Eine Hintertür muß immer offen gehalten werden«, berichtete der österreichische Internuntius darüber nach Wien[13]. Allmählich folgten weitere Transporte, hatten doch Anfang des Monats in Marseille 200 Transporter bereitgelegen[14]. Als am 17. April eine Flotte von 8 französischen Kriegsschiffen angekommen war, welche Ende März Frankreich verlassen hatte, bildete dies den Anfang eines von jetzt an ununterbrochenen Hin und Her zwischen Frankreich, Algier und den Dardanellen. Denn nun folgte in schnellem Tempo ein Transport dem anderen[15].

Aber so geschwind die Transporte eintrafen, so langsam geschah die Ausschiffung[16]. Jetzt rächte es sich, daß in den Heimathäfen Menschen und Material unüberlegt und unsorgfältig eingeschifft worden waren. Ein Schiff hatte Zelte geladen, deren Pfosten auf einem anderen noch im Mittelmeer schwammen. Ein Dampfschiff hatte die Besatzung einer Batterie an Bord, welche selber mit ihren Pferden auf einem Segelschiff mehrere Wochen später erst mit Schlepperhilfe eingebracht werden konnte. Noch im März des nächsten Jahres wurden Barackenteile auf verschiedenen Schiffen transportiert, so daß durch Schiffsverluste statt 1000 nur 10 Baracken gebaut werden konnten[17]. Besonders schwer gestaltete sich der Transport von Pferden. Es fehlte an Transportgestellen und Gurten, so daß die Tiere, während des langen Transportes ständig hin- und hergeworfen, in schlechtestem Zustand eintrafen. In Gallipoli mangelte es dann wieder an Leichtern, so daß man die Pferde nicht selten ins Meer werfen und an Land schwimmen lassen mußte. Auch erwies es sich, daß die Lade- und Entladeeinrichtungen dieses kleinen Fischerhafens überhaupt äußerst beschränkt und kaum erweiterungsfähig waren. So mußte man die Ausschiffungen an verschiedenen Stellen vornehmen, um überhaupt mit der Ankunft der Schiffe einigermaßen Schritt halten zu können.

Nachdem schon Ende März die ersten Transporte eingetroffen waren und auf die Ausschiffung warteten, mußte sich General Canrobert, der am 31. in Gallipoli landete, davon überzeugen, daß für die zu erwartenden Mengen von Menschen, Pferden und Material nahezu nichts vorbereitet war[18]. Weder die französischen noch die türkischen Agenten hatten etwas Brauchbares fertig bekommen. Der General mußte selbst in größter Eile das Notwendigste erledigen. Gallipoli wurde für die Truppen der beiden Hilfsmächte in eine französische und eine englische Zone aufgeteilt, die Lager wurden provisorisch abgesteckt und notdürftig eingerichtet, Nahrungsmittelzufuhren für die glücklicherweise mit eisernen Rationen versehenen ersten Ankömmlinge veranlaßt. Dann begann am 2. April die Ausschiffung. Bereits am 5. folgte, nachdem manches geschafft war, der zweite Transport, der noch am 15. nicht völlig ausgeschifft war. Von diesem Tage ab aber langte die Orientarmee nun tatsächlich mit zahlreichen Transportflotten in Gallipoli an, so daß das Städtchen während der zweiten Aprilhälfte vollkommen seinen türkischen Charakter gegen einen französisch-

[13] HHStA, XII 48 3.4.1854.
[14] HHStA, IX 45 Paris 2.4.1854.
[15] Troude, S. 339.
[16] Fay, S. 3.
[17] HHStA, XII 50 Konstantinopel 29.3.1855.
[18] du Casse, Précis Historique, S. 61 ff.

englischen eintauschte[19]. Denn bis Ende April wurden 22 000 Franzosen und 6 000 Engländer gelandet. Und immer noch folgten auch im Mai ständig neue Transporte, die häufig genug ohne bewaffneten Schutz fahren mußten und so das Piratenwesen im östlichen Mittelmeer zu Angriffen ermutigten[20]. Um welche Zahlen es sich bei diesen Transporten zuweilen handelte, mag ein Beispiel zeigen[21]: Allein am 7. Mai trafen nicht weniger als 112 meist neapolitanische und sardinische Handelsschiffe unter französischer Flagge mit Truppen, Pferden, Munition und Lebensmitteln aus Algier, Oran, Lyon und Marseille in Gallipoli ein.

Einen Einblick in die Verhältnisse späterer Wochen erhalten wir durch das Schreiben des Marschalls de Saint-Arnaud, der am 7. Mai in Gallipoli gelandet war und auf Grund genauer Beobachtung am 26. Mai dem Kaiser der Franzosen einen ausführlichen Bericht erstattete[22]. Noch immer fand er dort alles durcheinander, Geschütze ohne Bespannung, Pferde ohne Batterien, ohne daß das Geringste disponiert werden konnte, denn das Fehlende befand sich irgendwo auf See »und wird, Gott weiß wann, ankommen«. Außerdem fehlte das Nötigste, die Verpflegung. Jeder Mann hatte Zwieback für 10 Tage, brauchte jedoch Vorräte für mindestens 3 Monate. Der Marschall hatte 3 Millionen Rationen gefordert — bei 50 000 Mann war das weniger als für 3 Wochen — man schickte ihm, in der Annahme er scherze, 1/3 davon. »Man kann den Krieg nicht ohne Brot führen«, schrieb der Marschall, »nicht ohne Schuhe, Kochtöpfe und mindestens 250 Kannen. Ich bitte Eure Majestät um Verzeihung für diese Einzelheiten, aber sie zeigen Eurer Majestät die Schwierigkeiten, mit welchen eine Armee zu kämpfen hat, welche 600 Meilen von ihren eigentlichen Vorräten entfernt ist. Das ist nicht die Schuld eines einzelnen, sondern das Ergebnis der Übereilung, mit der alles geschehen mußte. Man hat die Menschen in Dampfschiffe verladen und ihre Verpflegung, das Material, die Pferde in Segelschiffe: Die Menschen kommen an, und was sie hier dringend brauchen, finden sie nicht ...« Statt zum Kampf aufzubrechen, ließ der Marschall am 26. und 27. Mai 11 türkische und französische Dampfer aus Gallipoli auslaufen, um die mit dem Nordwind kämpfenden Segelschiffe einzuschleppen[23]. Aber er selbst war, wie sich bald herausstellte[24], an dieser Verwirrung und ungenügenden Leistung nicht schuldlos. Von Gallipoli aus beklagte sich der Marschall über einen Vertrag, der mit unsoliden Unternehmen abgeschlossen worden war. Es erwies sich, daß er selbst ihn kurz vor seiner Abreise aus Frankreich unterzeichnet hatte.

Im Mai entwickelte sich wohl der Höhepunkt des Hafen- und Lagerlebens in Gallipoli. Ende Mai befanden sich dort rund 1340 Offiziere, 27 000 Mannschaften und 4500 Pferde sowie 8 Batterien Artillerie. Dauernd waren weitere Transporte unterwegs[25]. Am 3. Juli brachte ein aus Marseille einlaufendes Schiff die ersten Cholera-Fälle nach Gallipoli[26]. Da-

---

19 HHStA, XII 48 17.4.1854.
20 du Casse, Précis Historique, S. 74.
21 HHStA, XII 48 9.5.1854.
22 Canonge, S. 9 f.
23 Bazaucourt, Bd. 1 S. 44 f..
24 Geffcken, S. 105.
25 du Casse: Précis Historique, S. 74, 76, 79, 82.
26 du Casse, Précis Historique, S. 84.

mit begann die neben den Unbilden des Winterwetters 1854/55 schwerste Prüfung der alliierten Truppen.

Die ersten englischen Truppen, Teile einer Gardedivision, erreichten Gallipoli am 9. April[27]. Da der Ort sehr bald zu eng wurde für die ursprünglich vorgesehene Lagerordnung, entschlossen sich die Engländer nach der Ankunft der ersten 5000 Mann schon Mitte des Monats, auf der asiatischen Seite gegenüber Gallipoli ein eigenes Lager in Skutari zu errichten[28]. Dorthin wurden von da ab täglich ihre neu ankommenden Truppentransporte geleitet, welche allerdings viel geringer an Zahl waren als die französischen[29]. So groß der Unterschied zwischen der Organisation der Einschiffung englischer Truppen gegenüber der der französischen war, so ähnlich waren die Vorbereitungen, welche für die Ankunft der Truppen in der Türkei getroffen worden waren. In Briefen aus Skutari wurden sie »infam« genannt. Kein Mensch kümmerte sich um die Soldaten, die halb verhungert waren, und die Offiziere gingen an Bord der neuangekommenen Schiffe, wo sie um Brot und Tee bitten mußten[30]. In dieser Verfassung lasen die Unglücklichen in Zeitungen der Heimat, besonders in der »Times«, daß bewunderungswürdige Vorbereitungen für die Truppen getroffen seien und ihr Leben sich luxuriös gestalte. Voll Erbitterung gegen diese Schreiber, denen man zur Strafe die eigene Lage in Skutari wünschte, hieß es in einem Brief vom 19. Mai: »Unser Luxus hat lange Zeit aus einem Pfund saurem Brot und 3/4 Pfund Büffelfleisch bestanden. Jetzt haben die Ärzte erklärt, das Büffelfleisch sei unbekömmlich und geeignet, die Cholera im Lager hervorzurufen. So erhalten wir nun Hammelfleisch, das sehr wenig anders ist.« Die Zustände waren im allgemeinen, wenn möglich, noch schlechter als auf der französischen Seite. Dort herrschte gewiß bedauerlicher Mangel — aber *nur* dieser, im englischen Lager gab es gleichfalls nichts zu essen, aber Branntwein und Liköre aller Art waren so billig, daß eines Abends Ende April von kaum 14000 Mann 2400 betrunken auf der Wache saßen und noch Mitte Juni die englischen Soldaten in Konstantinopel »durch stereotype Betrunkenheit« auffielen[31].

Im übrigen wurden die gleichen Fehler gemacht wie bei den französischen Transporten: Die Pferde der Kavallerie und Artillerie, die man auf Segelschiffe geladen hatte, starben während der Reise, die zuweilen 60-70 Tage dauerte, oder kamen in völlig unbrauchbarem Zustand an, während sie mit Dampfern in 10-12 Tagen gesund die türkische Küste erreicht hätten. Ende Mai hatten die Engländer 9000 Mann gelandet, die man auf verschiedene Lager an der europäischen und asiatischen Küste verteilte[32].

Wollte man die Lage der Engländer nach dem gesellschaftlichen Leben beurteilen, das zu jener Zeit in Stambul herrschte, so müßte sie tatsächlich der einer Sonntagsgesellschaft geglichen haben. Der britische Vertreter bildete den Mittelpunkt großer Gastmähler; Privatjachten und viele Frauen reicher Offiziere kamen von England in die Türkei, so daß unzäh-

[27] HHStA, XII 48 10.4.1854; MacMunn, S. 28.
[28] HHStA, XII 48 17.4.1854.
[29] HHStA, XII 48 5.5.1854.
[30] Lyons, S. 15.
[31] Ulthorpe, S. 6 f.; PGStA, Berlin Türkei I A Bq 45 vol. III Konstantinopel 19.6.1854.
[32] du Casse, Précis Historique, S. 74, 76 f.; PGStA, Türkei I A Bq 45 vol. III Konstantinopel 11.5.1854.

lige Vergnügen stattfanden. Doch der Soldat lebte sehr viel anders. Er erfuhr am eigenen Leibe die Unfähigkeit der unteren Stäbe, er litt darunter, daß die Truppen gelandet wurden, bevor ein Lagerplatz ausgesucht, Wasser gefunden und Fahrzeuge für den Transport der Güter vom Ufer zum Lager beschafft worden waren. »Es war dieser unglaubliche Amateurismus, der das Ansehen der britischen Organisation sehr befleckte«[33]. Ja, der im Grunde gegenüber dem Franzosen verwöhnte und hochmütige englische Soldat fiel, da er entbehren mußte, nun geradezu in die gegenteilige Stimmung: Er fand in jeder englischen Anordnung Unverstand und Mangel an Sorgfalt, während er die französische Organisation lobte. Plötzlich hieß es bei den Engländern, die Franzosen verstünden alles vorzüglich zu organisieren, sie landeten in Divisionen und Brigaden, mit Generälen und Stäben, mit Ausrüstung und Verpflegung, Pferden und Packsätteln, ohne die geringste Unordnung, sie hätten ihre Bequemlichkeit, welche die Engländer entbehrten, sie könnten die notwendigen Dinge zu Preisen kaufen, welche offiziell festgesetzt waren, während die Engländer der levantischen Geschäftstüchtigkeit ausgesetzt seien[34]. Auch fühlten die Engländer, wie die Franzosen diese Unfähigkeit der britischen Organisation, bald auch das englische Militärwesen überhaupt verachteten, und beschimpften die Verantwortlichen nun nur noch mehr.

Diese Umkehrung der Urteile erscheint geradezu lächerlich, wenn man liest, daß später im Verlauf des Krieges ein Arzt einen Kapitän nach dem Fassungsvermögen seines Schiffes fragte und zur Antwort erhielt: »700 Engländer oder 1500 Franzosen, weil die Franzosen überall zufrieden sind, auf der Brücke wie im Laderaum«[35]. Dazu bemerkte der Arzt, daß die Engländer stets von neuem wiederholten: »Der englische Soldat ist ein Kapital«, was nicht etwa humanitär gemeint war, sondern dem Gelddenken wie dem System der englischen Werbung in gleicher Weise entsprach. Daß der englische Steuerzahler normalerweise für »sein Kapital« besser sorgte, als Napoleon III. für den französischen Soldaten, wurde mindestens in England bis zum Krimkrieg einfach vorausgesetzt. Dort sollte sich allerdings das Gegenteil erweisen.

## *Die zweite Station: Varna*

Schon früh erkannte man in Gallipoli, daß bei der Veränderung der Kriegslage die Konzentration der Truppen an diesem Ort nicht mehr den strategischen Wert behielt, den sie solange besessen hatte. Weder Adrianopel noch Konstantinopel befanden sich nun noch in unmittelbarer Gefahr eines plötzlichen Angriffes. Unter diesen Umständen kamen die Führer der alliierten Truppen überein, die inzwischen angesammelten 50 000 Mann (davon 18 000 Engländer), nach Varna zu verlegen, wo sie von größerem Wert für die Kriegführung der Türken sein, insbesondere, wenn die Zeit reichte, Silistria unterstützen und even-

---

33 MacMunn, S. 35.

34 Lyons, S. 15.

35 Baudens, S. 295.

tuell bis zur Donau vorstoßen und die Russen über den Strom zurückwerfen könnten. In jedem Fall waren die Truppen in Varna dem Kriegsschauplatz näher als in Gallipoli[36].

Sollte jedoch Varna, einer der festen Plätze der europäischen Türkei, die Hauptbasis künftiger militärischer Operationen werden, so bedurfte es dazu einer Fülle von Arbeit, wenngleich der Transport der Truppen von Gallipoli bis zu ihrem neuen Lager nur etwa 150 Meilen zurückzulegen brauchte. Wieder wurde, wie einige Monate zuvor nach Gallipoli, nun auch nach Varna General Bougoyne zwecks Besichtigung des Geländes eiligst vorausgesandt[37].

Zunächst waren jedoch militärische Maßnahmen zum Schutze der Transporte gegen russische Angriffe nötig. Bei Kavarna wurden Linienschiffe zusammengezogen, um die geplante Landung zu decken und die Basis selbst zu schützen, während die Dampffregatten der beiden Geschwader in die Nähe von Sewastopol marschierten, um die Bewegungen der russischen Flotte zu überwachen und Störungen durch sie zu verhindern[38]. Dann begann die Überführung der Armee nach Varna. Am 1. Juni 1854 war der Transport der Franzosen in vollem Gange, am 2. kam ihre Vorhut in Varna an[39]. Aber obgleich man sich nach den entmutigenden Zuständen bei der Überfahrt nach Gallipoli und dort selbst die größte Mühe gegeben hatte, eine Wiederholung so beschämender Ereignisse zu verhindern, traten diese doch sofort trotz großer Schiffsmengen in der alten Weise wieder auf[40]. Am 5. Juni schon zeigte sich unter den englischen wie unter den französischen Offizieren erneut die Unlust, angesichts so schlechter Vorsorge das Unternehmen fortzusetzen; viele unter ihnen waren vom endlichen Mißerfolg fest überzeugt. Am 19. Juni hatte das Gros der französischen Truppen Gallipoli verlassen, Anfang Juli war auch der letzte Rest von ihnen im Schwarzen Meer auf dem Wege nach Varna, was gegenüber dem Plan Saint Arnauds, der am 18. Juni 40 000 Mann in Varna versammelt haben wollte, nur eine unbedeutende Verzögerung bedeutete[41].

Nur eine einzige französische Division führte die Verlegung von Gallipoli nach Varna auf dem Landwege aus: Sie kam dort durch die langen Märsche völlig erschöpft an[42].

Während die Franzosen alle Schiffe, die sie nur erreichen konnten — Kriegs- und Handelsschiffe — für den Transport von Truppen und Material ins Schwarze Meer einsetzten, fand der des englischen Kontingents ausschließlich auf Handelsschiffen statt. Das hatte den Vorteil, daß die begleitenden Kriegsschiffe von jeder Störung durch eingeschiffte Truppen, Fahrzeuge usw. verschont blieben und ihre volle Kampfkraft behielten, auch jene Truppen selbst im allgemeinen besser und auf größerem Raum untergebracht werden konnten. Andererseits gestaltete diese Art des Transportes sich wesentlich teurer als die französische[43]. Die ersten englischen Transporte begannen bereits Mitte Mai. Die Truppen bezogen in der

---

36 Clowes, S. 404 f.; du Casse, Die zweite Station: Varna Précis Historique, S. 77 f.
37 PGStA, England I A Bb 33 London 28.8.1854.
38 Clowes, S. 405.
39 HHStA, XII 48 1.6.1854; Troude, S. 343.
40 HHStA, XII 48 5.6.1854; du Casse, Précis Historique, S. 79.
41 HHStA, XII 48 19.6. und 3.7.1854; Bazaucourt, S. 44.
42 Troude, S. 343.
43 Clowes, S. 406 f.

Nähe von Varna ein Lager bei dem Orte Schumla. Am 5. Juni waren dort 6000 Mann, die Hauptmasse traf zwischen dem 15. und 25. Juni ein. Am 3. Juli war bereits ein Drittel der englischen Transporter wieder aus Varna zurück[44]. Diesmal besorgte man vor der Truppen-Überführung eine große Zahl von Flachbooten für das Ausschiffen von Menschen, Pferden und Artillerie. Bei deren Kauf bewies die englische Leitung erneut ihre Unterlegenheit gegenüber der französischen: Während das Geld für den kostspieligen Transport der Truppen auf Handelsschiffen keine Rolle spielte, unterließ Admiral Dundas den Kauf einiger Flachboote mit Rücksicht auf deren hohen Preis — aber auch mit dem Ergebnis, daß die Franzosen sie am nächsten Tage kauften und die Engländer später noch höhere Preise zahlen mußten[45].

Die Türken brachten zunächst 8000 Mann und 20 Feldgeschütze nach Varna[46].
So waren, da inzwischen manche Schiffe aus England und Frankreich direkt nach Varna geleitet worden waren, ohne in Gallipoli auszuladen, Ende Juli 1854 in und um Varna 80 000 Mann mit all ihrem Material konzentriert, zu deren Transport nicht weniger als 600 Transportschiffe erforderlich gewesen waren[47]. Im übrigen gestaltete sich die Versorgungslage dieser erheblichen Militärmasse kaum besser, als sie in Gallipoli gewesen war. Wieder einmal hatte man sich ohne vorherige Nachforschungen auf die Vorräte des Landes verlassen, ganz besonders auf die an Fuhrwerken und Zugvieh, und sah sich nun erneut völlig enttäuscht. Im Verhältnis zu dem Erforderlichen war nichts vorhanden. Einige hundert schlechte, arabas genannte Wagen, wenige ebenso schlechte Pferde genügten auch nicht den bscheidensten Ansprüchen. Wieder hieß es also alle Hoffnungen auf baldigen Kampf, selbst auf Kampffähigikeit und Schlagbereitschaft zurückstellen und in jeder Beziehung sich auf die nun noch weiter entfernten Heimatländer England und Frankreich verlassen. Denn die zuständigen türkischen Stellen zeigten wohl guten Willen, verfügten jedoch nicht über ausreichende Mittel. Statt des Kampfes begann von neuem die Organisation, während gleichzeitig Cholera und Typhus täglich größere Lücken in das Heer rissen und dessen Moral belasteten[48].

Das war der Zustand in Varna bis etwa zum 20. August. Die Flotte stellte in dieser Zeit den Schutz für die gelandeten Truppen von See aus und beförderte die Transporte, deren Zahl unvorhergesehen vermehrt wurde, als am 10. August in Varna ein Großfeuer ausbrach. Schon seit Anfang Juli hatte dort Mangel an Brot geherrscht, so daß die französische Heeresverwaltung, die davon überrascht wurde, genötigt war, in aller Eile Zwieback aus Oran, Algier und Toulon kommen zu lassen[49]. Nun vernichtete die Feuersbrunst allein rund 40 französische Magazine, die unter anderem 'für 30 Tage Verpflegung, daneben zahlreiches Kriegsmaterial enthielten[50]. Die Engländer scheinen geringere Verluste erlitten zu haben, was auch daraus hervorgeht, daß sie gegen die Franzosen eingesetzt werden mußten, als

[44] HHStA, XII 48 5.5., 5.6. und 3.7.1854; du Casse, Précis Historique, S. 83.
[45] Ulthorpe, S. 39.
[46] du Casse, Précis Historique, S. 86.
[47] Anitschkof, Bd. 1 S. 1.
[48] du Casse, Précis Historique, S. 83 f., 88.
[49] Über die Kriegführung im Orient, S. 14.
[50] HHStA, XII 48 14. und 21.8.1854; Geffcken, S. 129.

diese in der Annahme einer griechischen Brandstiftung unzählige Greueltaten begingen: Griechische Einwohner von Varna erschossen, ins Feuer warfen, sie am Verlassen der Häuser hinderten und nebenbei in großem Stile plünderten. Bei den Arbeiten zur Begrenzung der Feuersbrunst und beim Löschen sind Formationen der Marine eingesetzt worden[51].

## *Die Entstehung des Planes einer Krimexpedition*

Der Brand von Varna sollte das letzte große Ereignis im dortigen Lagerleben sein, das sich im allgemeinen von dem in Gallipoli kaum vorteilhaft und durch die Erfahrung der ersten Landung verbessert unterschied. Noch waren nicht alle Truppen von Gallipoli aufgebrochen, da erfuhr man in Varna am 25. Juni, daß die Russen die Belagerung von Silistria aufgehoben hatten und abgezogen waren. Das veränderte erneut die Kriegslage entscheidend für die Alliierten. Zum zweiten Male war der Feind vor ihnen ausgewichen. Es schien, als entfernte er sich umso weiter, je mehr man sich um eine Begegnung mit ihm bemühte. Als die Truppen in Gallipoli gelandet waren, hatten sie gefürchtet, nicht mehr rechtzeitig für die Rettung des Osmanischen Reiches zu kommen — zwei Monate später »eilten« sie zur See und zu Lande nach Varna, um rechtzeitig für die Entsetzung Silistrias zu kommen; wieder wich der Gegner aus. Es erhob sich nun die Frage, wo und wann man ihn denn überhaupt zu fassen bekommen konnte[52]. Denn trotz der ständigen Rückzüge war der Zar doch keineswegs zur Nachgiebigkeit und zum Verhandeln geneigt. Die Situation erinnerte an das Jahr 1812. Und für die Alliierten ergab sich das Problem, ob sie in der Türkei bleiben und diese nur gegen einen künftigen Angriff schützen — was sehr lange dauern konnte — oder ob sie diesen Schutz aktiv durchführen und den Krieg ins Feindesland hineintragen, d.h. russisches Territorium angreifen sollten. Dem zurückweichenden Feinde einfach zu folgen, schien nach den Erfahrungen Napoleons I. und angesichts der zur Verfügung stehenden Truppen nicht empfehlenswert, auch in naher Zukunft einfach nicht möglich. Auf der anderen Seite[53] besaßen die Alliierten zur See entschieden die Überlegenheit. Es war die Frage, ob nicht kombinierte Unternehmungen von Heer und Marine entscheidende Erfolge bringen konnten. Und außerdem lag in dem wohlgeschützten Sewastopol eine russische Flotte, die als fleet in being noch immer ein erhebliches Kriegspotential und für die Türken einen ständigen Anlaß zu Angst und Sorge bildete. Tatsächlich lief Ende Juli, als gerade diese Überlegungen spielten, die russische Dampffregatte »Vladimir« aus Sewastopol aus, versenkte auf einer kurzen Kreuzfahrt an der asiatischen Küste 7 türkische Schiffe und nahm zwei weitere im Schlepp mit in den Stützpunkt zurück.

Doch scheinen es nicht nur der unerwartete Rückzug der Russen von Silistria und das verlustreiche Fehlschlagen der unglücklichen Expedition des Generals Espinasse in die Dobrudscha gewesen zu sein, welche den Plan einer Expedition auf die Krim zur Diskussion stellten. Von Anfang an hatte man ja die Initiative in diesem Kriege den Russen überlassen.

51 du Casse, Précis Historique, S. 94.
52 du Casse, Précis Historique, S. 80.
53 Clowes, S. 407.

Man war ihren verschiedenen Zügen mit erheblicher Verspätung gefolgt und hatte im übrigen alles, was man tat, in einer geradezu sträflichen Weise improvisiert — von der Einschiffung in den Heimathäfen bis zu der jüngsten Landung und Niederlassung in Varna. Kriegspläne waren in Hülle und Fülle während dieser Zeit entwickelt worden — warum sollte man nicht auch auf den Plan einer Krimexpedition kommen? Und im übrigen war es von jeher die Art der Engländer gewesen, sich nach Möglichkeit gegen die Flotte des Gegners zu wenden. Die aber lag in einem Krimhafen und zeigte einstweilen wenig Neigung, den Kampf weit entfernt von ihrer Basis anzunehmen. Unter diesen Umständen war es tatsächlich nur verwunderlich und allein mit der Planlosigkeit des ganzen Krieges zu erklären, daß nicht schon längst an einen Angriff auf die Krim gedacht, daß nicht von vornherein der Krieg unter Beachtung dieser Möglichkeit angelegt worden war[54].

Wann und besonders wo der Gedanke an eine Expedition auf die Krim zum ersten Male aufgetaucht ist, ist lange Zeit ein Gegenstand des Streites gewesen, zumal die Beantwortung dieser Frage nicht selten mit der ganzen scharfen Kritik an der schließlichen Durchführung des Unternehmens verbunden worden ist. Heute wird man unter Heranziehung bisher nicht benutzter ungedruckter Quellen zu der Auffassung neigen, daß entsprechend seiner Natur als Seemacht England zuerst den Gedanken einer Aktion gegen die Krim, d.h. gegen die feindliche Flotte gefaßt hat. Pozzo di Borgho hatte, wie bereits erwähnt, schon 1828 erklärt: »If ever England were to come to a rupture with us, this (Sewastopol) is the point to which she would direct her attacks.« Diese auf Tatsachen beruhende Auffassung findet eine weitere Stütze in dem Umstand, daß in dem demokratischen England ungleich stärker als in dem autokratisch und diktatorisch regierten Frankreich die Öffentlichkeit einen erheblichen Einfluß nicht nur auf die großen Linien, sondern auch auf einzelne Züge der Politik auszuüben gewohnt war. Schon im Dezember 1853 war der spätere Admiral Sulivan, damals Kapitän, in der »Times« der in der Öffentlichkeit weitverbreiteten Ansicht entgegengetreten, die kombinierten englischen und französischen Flotten würden in kürzester Zeit Sewastopol zerstören und die dort liegende russische Flotte vernichten können. Seine historische Exemplifizierung ist dabei von geringerem Interesse als die Tatsache, daß die Idee einer Expedition gegen Sewastopol in England schon damals viele Anhänger besaß[55]. Die türkische Niederlage vor Sinope und die Beschießung eines englischen Parlamentärs bei Odessa hatten das Volk erregt. Ende Februar 1854 erfuhr die russische Regierung durch den niederländischen Generalkonsul in Petersburg und aus Brüssel, »daß der Hauptzweck des Britischen Ministeriums sei, die Unternehmung des vereinigten Geschwaders im Schwarzen Meer gegen Sewastopol und die Krim mit allem nur erdenklichen Nachdruck zu dirigieren[56]. Diese englische Erregung und Zielsetzung hielt, geschürt von der damals politisch außerordentlich einflußreichen »Times«, bis zum Juli 1854 an: »The Times insisted that Delenda est Sewastopol; Great Britain roof and branch agreed«[57]. Man wird wohl nicht soweit gehen dürfen, rundheraus zu behaupten , Königin Viktoria von England habe um den 17. Juli 1854 herum »entschieden«, daß es gegen Sewastopol gehen sollte[58].

[54] Rüstow, S. 65.
[55] Sulivan, S. 118.
[56] PGStA, Türkei I A Bq 45 vol. II Petersburg 28.2.1854.
[57] MacMunn, S. 42.
[58] Farrère, S. 342.

Aus Konstantinopel wurde schon Anfang Mai berichtet, die Engländer hätten »ihre Augen auf die Krim geworfen«. Und Ende Juni kam von ebendorther die Nachricht, jetzt sei der Sewastopol-Plan bekannt geworden: »Dies wäre dann der Racheakt, ... der dem englischen Interesse ganz angenehm sein würde«[59]. Von französischen Plänen, welche den englischen entsprachen, berichtet aus dieser Zeit nicht eine einzige Quelle. Nach Paris war der Plan vielmehr aus London getragen worden[60]. Und Napoleon schrieb am 29. Juni an den englischen Botschafter Lord Cowley: »J'avais déjà prévu la pensée du gouvernement anglais en ordonnant à St. Arnaud que si les Russes se retireraient, il fallait prendre la Crimée et porter la guerre en Asie«.

Der maßgebliche Entschluß zur Ausführung der Expedition wurde am 18. Juli gegen den heftigsten Widerstand einiger Generale und Admirale in einem großen Kriegsrat gefaßt. Die Admirale Hamelin und Dundas erhoben am 19. August noch einmal gegen jede Landung an der Küste nahe Sewastopol — wieder erfolglos — Einspruch: Die Landung blieb beschlossen, der Landungsort war jedoch niemandem bekannt. Gleichzeitig sprach man von Sewastopol und von Kertsch[61]. Für die Sorglosigkeit und Unbedachtsamkeit, mit der man bei diesen wichtigen Entscheidungen vorging, zeugten die Tatsachen, daß man fast gar keine Karten von der Krim besaß und über den Gegner, der die Alliierten auf der Krim erwartete, weniger als nichts, nämlich Falsches wußte[62]: Marschall St. Arnaud hatte »gehört«, daß auf der Krim 70 000 Russen standen, nach den Informtionen des Admirals Dundas waren es 120 000.

Auch über das Ziel des Unternehmens bestand, abgesehen von einigen großen Zügen, keinerlei Klarheit. Man wollte Sewastopol nehmen. Daß alle Küstenfestungen in der Geschichte vom Land aus erobert worden sind, ist bis tief in die Belagerung Sewastopols hinein der Führung nicht wirklich klar gewesen. Da aber die ganze Expedition mehr nach Art eines Überfalles oder Handstreiches eines Abenteurers als in Form eines Feldzuges gedacht war[63], endeten alle Überlegungen naturgemäß bei der Einnahme von Sewastopol und bei der Zerstörung der Flotte. Was dann nach der Beseitigung des Einflusses der Russen auf das Schwarze Meer geschehen sollte, wurde nicht bedacht, die Möglichkeit des Wiederaufbaues nach dem Abzuge der Alliierten überhaupt nicht erwogen. Die Frage der Bedeutung Sewastopols und des Schwarzen Meeres für den russisch-westeuropäischen Krieg, zu dem der russisch-türkische Konflikt nun angewachsen war, ist anscheinend niemals aufgetaucht.

Ob das erste Ziel der Einnahme Sewastopols und der Vernichtung der Flotte durch einen Überfall erreichbar war, ist viel umstritten worden. Wie bereits vor dem Beginn der Operation Generale und Admirale sich dagegen ausgesprochen haben, so auch spätere Historiker. Tatsächlich ist das Unternehmen in der ursprünglichen Form nicht durchgeführt worden. Aus dem Überfall wurde eine fast einjährige Schlacht und Belagerung unter schwersten Verlusten mit zweifelhaften Erfolgen. Aber man darf doch die Unternehmung gegen Sewastopol nicht ausschließlich unter militärischen Gesichtspunkten betrachten und ihre Vor-

[59] HHStA, XII 48 8.5. und 29.6.1854.
[60] Kriegführung im Orient, S. 25.
[61] HHStA, XII 48 31.7.1854.
[62] Kinglake, Bd. II S. 98 f.; PGStA, Türkei I A Bq 45 vol. IV Konstantinopel 25.9.1854.
[63] Kinglake, Bd. II S. 162 f.; MacMunn, S. 170; du Casse, Précis Historique, S. 89; Clowes, S. 410.

bereitung wie Durchführung aus diesem Grunde verurteilen. Sie war ja ebensosehr eine englisch-französische innenpolitische wie eine außenpolitisch-kriegerische Maßnahme, die den Führern von den Russen aufgezwungen worden war, als diese die Belagerung von Silistria aufgegeben und sich zurückgezogen hatten. Was sollten die Alliierten denn von diesem Augenblick ab tun? Sollten sie auf die Schiffe gehen und in die Heimat zurückkehren? Das hätte kaum die Grundlage eines dauerhaften Friedens gebildet und ganz gewiß eine große Blamage mit Ministerwechsel und vielleicht Kaisersturz in Frankreich zur Folge gehabt. Sollten sie nach Innerrußland hineinmarschieren? Das beschwor Erinnerungen an 1812 herauf, die dem Neffen des damals Gescheiterten höchst unliebsam sein mußten. So war also die Frage falsch gestellt, wenn man das Hinterher wissen wollte. Es mußte von Varna aus *etwas* geschehen, und zwar mußte es um der Politik in Westeuropa, aber auch um der im Osten lagernden nichtstuenden und unter der Cholera leidenden Truppen willen, wie schließlich im Hinblick auf die späte Jahreszeit schnell geschehen. Sewastopol und die russische Flotte lagen in greifbarer Nähe. Also griff man sie an. Was danach kam, würde eine spätere Sorge bilden — mochten auch in der Armee die stärksten Zweifel an der Durchführbarkeit dieses »Überfalles« laut werden[64].

## *Die dritte Station: Eupatoria*

Als entschieden war, daß die Expedition auf die Krim stattfinden sollte, begann man in Varna gewissenhafter als bisher, die Vorbereitungen für eine neue Truppenverladung über See zu treffen. So baute man z.B. nicht nur in Varna einen Modell-Leichter für die Ausschiffung auf der Krim, sondern sandte auch für die Überwachung der Anfertigung von 30 Leichtern nach diesem Muster von jedem Schiff Arbeiter in das Arsenal von Konstantinopel[65]. Allerdings wurden diese Arbeiten wieder erst so spät in Angriff genommen, daß dadurch fast das Unternehmen noch weiter hinausgeschoben worden wäre[66]. Der Versuch der Engländer, auf Grund der Erfahrungen in Skutari, Gallipoli und Varna die Bildung eines Land-Transport-Korps in England vornehmen und dieses rechtzeitig zur Krim schicken zu lassen, scheiterte daran, daß der zuständige Minister in London die Notwendigkeit einer solchen Neuerung nicht einzusehen vermochte. Auch die Franzosen sorgten für die neue Aufgabe nicht viel besser vor[67]. Im übrigen benutzte man die Monate Juli und August, um Vorräte an Verpflegung und Gerät für die Expedition anzulegen[68]. Die Artillerie übte sich im Ein- und Ausschiffen ihres Materials auf den neuen Flachbooten, wobei sich besonders die Marine betätigte; denn die Schwierigkeit bestand weniger im Ein- und Ausschiffen selbst als darin, daß die Artillerie in einem Zustand an Land gebracht werden mußte, der ihre sofortige Verwendung erlaubte. Um dieses Ziel mit Zuverlässigkeit zu erreichen, be-

[64] Troude, S. 347; du Casse, La Crimée S. 47.
[65] Chevalier, S. 166; Bazaucourt, Bd. I S. 172; Ulthorpe, S. 40; du Casse, Précis Historique, S. 98.
[66] PGStA, Türkei I A Bq 45 vol. III Konstantinopel 16.7. und 17.8.1854.
[67] Fortescue, S. 44; MacMunn, S. 49.
[68] Canonge, S. 12.

durfte es zahlreicher Versuche und mancher Veränderungen an den Flachbooten[69]. Auch verteilte man an die Soldaten Rationen für die ersten 4 Tage nach der Ausschiffung an der Krimküste[70].

Gleichzeitig wurde von allen Seiten her eine riesige Kriegs- und Transportflotte zusammengezogen. Am 29. Juli wurden die gesamte türkisch-ägyptische Flotte und alle englischen Transporter mit Pontons und Flachbooten durch englische und französische Schiffe ins Schwarze Meer geschleppt[71]. Am 7. August lagen in Baltschik bei Varna bereits 300 Schiffe, während der Bosporus täglich leerer wurde[72]. Am 10. August rechnete man mit der alsbaldigen Fertigstellung einer größeren Zahl von Ausschiffungsbrücken im türkischen Arsenal, gleichzeitig mieteten und kauften die Franzosen, die schon zu diesem Zeitpunkt den später bei ihnen eingetretenen Mangel an Transportern, Schleppern und Flachbooten ahnen mochten, alle Schiffe dieser Art[73]. Am 28. August, als die Einschiffung in Varna unmittelbar bevorstand, waren im ganzen Bosporus keine englischen und französischen Kriegsschiffe mehr zu sehen.[74]

Die Befürchtung, daß die Jahreszeit für den Transport eines so großen Invasionsheeres mit allem Zubehör zu spät sein könnte, wurde von einem englischen Agenten, der seit vielen Jahren als Konsul in Kertsch lebte, als unberechtigt nachgewiesen[75]. Und tatsächlich sollte bei dem ganzen Krim-Unternehmen diese Meldung des Agenten und Konsuls ungefähr das einzige sein, was sich als richtig erwies.

Die Franzosen hatten seit dem Juli für den Krieg im Südosten ihr Atlantik- und ihr Mittelmeergeschwader zu einer Einheit, der Schwarzmeer-Flotte verschmolzen. Auf dieser Flotte gelang es ihnen, 27 600 Mann und 26 Geschütze für die Überfahrt unterzubringen. Der Rest der Armee wurde auf einem Convoi derart verladen, daß je ein Dampfschiff zwei oder drei Segelschiffe schleppte. Im ganzen zählte der Geleitzug 127, die französische Flotte insgesamt 172 Schiffe; davon waren 15 Linienschiffe, 5 Segelfregatten, 35 Dampffregatten und -Avisos, 80 Handelsschiffe, 37 Fahrzeuge, welche ein leichtes Geschwader bildeten[76]. Die Einschiffung der französischen Einheiten auf diese Flotte begann am 31. August und war, ohne daß Zwischenfälle und Verzögerungen eingetreten wären, am 2. September beendet. Es waren eingeschifft 1146 Offiziere, 29 058 Mann, 2904 Pferde, 133 Geschütze, daneben 1 Millionen Rationen Mehl, Zwieback und Salz, 1,5 Millionen Rationen Reis, Zucker und Kaffee, 240 000 Rationen Frischfleisch, 450 000 Rationen Speck, 800 000 Rationen Wein, 300 000 Rationen Branntwein, daneben Holz, Kohlen und vieles andere[77]. Am 3. September waren die Franzosen bereit zum Aufbruch, doch mußten sie bis zum 5. auf die Engländer warten, um dann doch ohne diese ins Schwarze Meer hineinzufahren.

---

69 Bazaucourt, Bd. I S. 153.
70 du Casse, Précis Historique, S. 102.
71 HHStA, XII 48 31.7.1854.
72 HHStA, XII 48 7.8.1854.
73 HHStA, XII 48 10. und 14.8.1854.
74 HHStA, XII 48 28.8.1854.
75 Chevalier, S. 175.
76 Jouan, S. 229; Canonge, S. 13 f.; du Casse, Précis Historique, S. 101 f.
77 Clowes, S. 411; Canonge, S. 13 f.; Bezaucourt, Bd. 1 S. 154; Troude, S. 348; du Casse, S. 102.

Bei den Engländern war nämlich die Einschiffung nicht ebenso glatt verlaufen wie bei den Franzosen. Als diese am 2. September ihre Einschiffung beendeten, hatten die Engländer die ihrige kaum begonnen[78]. Die Engländer selbst haben in allen ihren Werken über den Krimkrieg darauf hingewiesen, daß die rechtzeitige Beendigung der Einschiffung bei den Franzosen allein darauf beruht habe, daß sie nicht wie die Engländer Kavallerie einzuschiffen brauchten, deren Unberechenbarkeiten stets Verzögerungen zur Folge hätten[79]. Keiner der Darsteller ist auf die Idee gekommen, daß die Engländer, wenn sie Pferde an Bord zu schaffen hatten, eben früher damit hätten beginnen müssen, statt später als die Franzosen. Sie haben aber auch dort, wo es sich nicht um Pferde handelte, eine ungewöhnliche und die Franzosen allmählich erregende Langsamkeit gezeigt[80]. Wie schon bei dem Transport von Gallipoli nach Varna hielten sich auch diesmal die Engländer an ihre Regel, Landtruppenteile nur auf reinen Transportschiffen zu befördern und die Kriegsschiffe für den Kampf bereit zu halten, was zweifellos im allgemeinen seine Berechtigung hatte, hier aber durch die Zurückhaltung der russischen Flotte nicht zur Geltung kommen sollte. Endlich am 6. September waren 18 000 Infanteristen, 2000 Kavalleristen, 1000 Artilleristen, im ganzen rund 22 000 englische Soldaten auf einer Flotte eingeschifft, die aus 10 Linienschiffen, 15 Dampfkriegsschiffen verschiedener Größe sowie 150 ausgezeichneten Segel- und Dampftransportern bestand. Am 7. September begann die Abfahrt[81]. Eine türkische Division in Stärke von 7000 Mann wurde auf dem türkischen Geschwader untergebracht, welches aus 8 Segelschiffen und 4 Dampffregatten bestand, die durch je zwei englische und französische Dampffregatten verstärkt wurden; daneben gab es weitere 16 Handelsschiffe. Dieser türkische Transport wurde dem französischen angegliedert[82].

So bestand die ganze Expedition aus etwa 59 000 Menschen mit ihrem gesamten Material und rund 400 Kriegsschiffen und Transportern — einer Flotte, wie sie im Schwarzen Meer bis dahin noch nicht versammelt gewesen war. Der Times-Korrespondent William Russel will am 14. September sogar »mehr als 600« insgesamt gezählt haben.[83] Und der Korrespondet der »Leipziger Illustrirten Zeitung« schrieb später in einem zusammenfassenden Büchlein »Vier Monate der Belagerung von Sebastopol«: »Seit Vernichtung der Armada, mit welcher Prinz Philipp II. England zu unterwerfen gedachte, hatte die Welt keine zweite von gleicher Größe gesehen. Die Expedition, mit welcher Bonaparte nach Ägypten ging, hält keinen Vergleich mit dieser gewaltigen Masse von Schiffen aus. Nur die Fahrt des Heeres, womit die Franzosen 1830 Algier angriffen, war von einigermaßen ähnlicher Großartigkeit.« Doch damals hatte es sich um 28 große und 75 kleinere Kriegsfahrzeuge sowie um 500 Kauffahrer — darunter nur einige wenige Dampfschiffe — gehandelt. Nun zählte der deutsche Korrespondent 80 Dampf- und 70 Segel-Kriegsschiffe »und beinahe 650 Transportfahrzeuge« für 110 000 Mann, einschließlich 45 000 Mann Schiffsbesatzungen, 5000 Pferde, 160 Geschütze mit je 1000 Schuß Munition »und Lebensmittel für zwei Monate.«

---

[78] Clowes, S. 411.

[79] Bazaucourt, Bd. 1 S. 155.

[80] du Casse, La Crimée S. 47.

[81] du Casse: Précis Historique, S. 102-105; MacMunn, S. 48 f.; Kinglake, Bd. 2 S. 137, 142.

[82] Troude, S. 348 f.

[83] Russel, S. 1.

Von einer solchen »gigantischen Streitmacht«, wie dieser Berichterstatter die »Armada« nannte, konnten die Zeitungsleser große Erfolge erwarten.

Die Fahrt dieser Riesenmenge von Schiffen verlief nicht ganz so, wie sie gedacht war. Dadurch, daß die französisch-türkischen Einheiten am 5. nach längerem Warten ohne die Engländer ausliefen, befanden sie sich bis zur Wiedervereinigung mit diesen am 8. ohne den Schutz voll einsatzbereiter Kriegsschiffe gegen einen etwaigen russischen Angriff. Die Engländer haben auf diesen Leichtsinn der französischen Führung, wie sie es nannten, immer wieder hingewiesen, ohne zu gestehen, daß an dieser Trennung ihre eigene Langsamkeit schuld gewesen ist[84]. Am 6. bezog die französisch-türkische Flotte bei der Schlangeninsel eine Wartestellung. Dort vereinigte sie sich am 8. mit den Engländern und setzte mit diesen gemeinsam die Fahrt fort, die am 14. vor Eupatoria beendet war. Hatten die Engländer bis zum Zusammentreffen bei der Schlangeninsel das Unternehmen ständig verzögert, so eilten sie nun infolge ihrer Überlegenheit an Dampfschiffen verschiedentlich voraus und erhoben später gegen die Franzosen den Vorwurf der Langsamkeit und Unbeweglichkeit[85].

Die gewiß nicht unwichtige Wahl des Landungsortes für die Invasions- und Belagerungsarmee ist eines der besten Beispiele dafür, daß die ganze Krimexpedition, ja der ganze Orientalische Krieg auf der Seite der Alliierten eine einzige Folge von Improvisationen dargestellt hat; sie ist zugleich ein Beweis für die Nachlässigkeit und den durch das Zusammenarbeiten zweier Befehlshaber und zweier Stäbe nur verstärkten, nicht etwa hervorgerufenen Mangel an Verantwortungsbewußtsein auf beiden Seiten.

Bereits[86] am 24. Juli war eine große Zahl von Kriegsschiffen mit den Vizeadmiralen Dundas und Bruat, den Generalen Brown und Canrobert als Vertretern Raglans und St. Arnauds, Ingenieuren und Artillerieoffizieren an Bord zu einer Erkundung über den künftigen Landungsort ausgesandt worden. Sie untersuchten sehr sorgfältig die Küsten, und auf Grund ihrer Ergebnisse wurde die Mündung des kleinen Flusses Katscha als Landungsort bestimmt. Entsprechend hatten die zuständigen Stellen ihre Vorbereitung für die Landung getroffen und Befehle ausgegeben. Nun während der Überfahrt bat der kranke St. Arnaud plötzlich Raglan und Dundas zu einer Konferenz auf sein Flagschiff »Ville de Paris«. Der einbeinige Raglan konnte wegen rauhen Wetters den Besuch nicht machen. Als Dundas bei St. Arnaud eintraf, konnte dieser vor Schmerzen nicht sprechen, sondern ihm nur ein Schreiben überreichen, in welchem die Landung an der Katscha für unmöglich hingestellt wurde, weil in England Presse und Parlament die Öffentlichkeit und damit auch die Russen auf eine Landung an diesem Ort vorbereitet hatten, so daß mit russischem Widerstand zu rechnen war. Außerdem wurde in diesem Augenblick, während die ganze Expedition sich mitten auf dem Wege zur Krim befand, von St. Arnaud erklärt, die Jahreszeit sei für eine Belagerung Sewastopols zu spät. Auf diesen letzten Einwand ging Raglan, dem das Schreiben überbracht wurde, nicht ein, dem ersten gab er insofern statt, als die Küste zwischen Eupatoria und Sewastopol noch einmal daraufhin untersucht werden sollte, ob ein besserer Landungsort als der an der Katscha zu finden sei. So mußte die Flotte also vor An-

[84] z.B. Clowes, S. 411.
[85] Der Feldzug in der Krim, Bd. 1 S. 4; Bazaucourt, Bd. 1 S. 155 f.
[86] Clowes, S. 407, 411 f.; Fortescue, S. 47 f.; Chevalier, S. 167 f, 177 ff.

ker gehen, während einige Schiffe mit Raglan und Offizieren beider Stäbe an Bord am 10. September eine neue Aufklärungsfahrt unternahmen. Warum diese nicht schon eine Woche vorher ausgeführt worden und ihr Ergebnis beim Aufbruch der Flotte aus Varna in den Anweisungen für die Landung verarbeitet war, warum man nicht wenigstens am 5. oder 6. September einige schnelle Schiffe mit dieser Aufgabe vorausgesandt hatte, damit man ihnen nach deren Erledigung auf dem Rückwege begegnen und die Meldungen ohne Zeitverlust berücksichtigen konnte — das alles bleibt unerklärlich.

Nun kehrte also das Vorkommando zur ankernden Flotte zurück. Und auf Grund seiner Beobachtungen wurde entschieden, daß nicht die Katscha, sondern ein altes Fort (auf den englischen Karten und in der englischen Literatur Old Fort genannt und von dort unter diesem Namen in die Werke anderer Nationalität übernommen) auf dem 45. Breitengrad, 12 sm von Eupatoria entfernt, Landungspunkt sein, Eupatoria besetzt und von 2000 Türken nebst je einem englischen und französischen Infanteriebataillon gehalten werden sollte.

Nach dieser Entscheidung, welche die Änderung aller Befehle für die einzelnen Kommandanten zur Folge hatte, wurde die Fahrt fortgesetzt und am 14. unter den Geschützen der Flotte das Ausschiffen der Truppen begonnen, ohne daß sich während der ganzen Fahrt der Feind auch nur ein einziges Mal von Ferne gezeigt hatte. Die gewiß wohlüberlegte Vorsorge der Engländer, die Kriegsschiffe kampfbereit zu halten, hatte sich also hinterher als überflüssig erwiesen. Umso mehr Wert legte die englische Literatur später darauf, die Richtigkeit dieser Maßnahme und den grundsätzlichen Fehler der Franzosen immer wieder hervorzuheben.

Nun war die in Sewastopol konzentrierte russische Schwarzmeer-Flotte in der Tat am 14. September 1854 rechnerisch den alliierten Geschwadern erheblich überlegen. In Sewastopol lagen 15 Linienschiffe, sieben große Fregatten mit 50-60 Geschützen sowie 17 kleinere Dampffregatten und Korvetten. Das englische Hauptgeschwader dagegen zählte acht Linienschiffe, vier Dampffregatten, eine Dampf-Schaluppe, ein Dampf-Kanonenboot und einige kleine Rad- und Schraubendampfer mit unbedeutender Bewaffnung. Alle Schiffe waren aus Holz gebaut. Admiral Dundas führte von der »Britannia« aus, einem Segel-Dreidecker mit 120 Geschützen, der wie die anderen Linienschiffe Nelsons »Victory« nachgebaut worden war.

Die Russen befanden sich also numerisch erheblich im Vorteil[87]. Außerdem waren sie mit Paixhan's »Obusiers« ausgerüstet, die mit jenen Brandgrananten schossen, welche 1853 die vor Anker liegende türkische Flotte im »Massaker von Sinope« bis auf ein kleines Dampfschiff vernichtet hatten. Zwar hatten die Engländer 1838 Paixhan-Geschütze einzuführen begonnen. Aber Dundas' Geschwader war hauptsächlich mit den gleichen 32-Pfündern ausgerüstet, mit denen Nelson ein halbes Jahrhundert zuvor gesiegt hatte. Man hatte zwar in England wie in Frankreich intensiv Granaten einerseits und den Schutz hölzerner Schiffskörper andererseits studiert — aber bis 1854 war es bei diesem Studium geblieben.

Wäre die russische Flotte ausgelaufen, um die alliierte Armada zu vernichten — und von Vizeadmiral Korniloff, dem Chef des Stabes der Schwarzmeer-Flotte mußte man das er-

[87] Gray, S. 388 ff.

warten — , dann wäre deren Verteidigung fast ausschließlich die Aufgabe der Engländer gewesen, denn die Franzosen waren zwar mit 10 Segel-Linienschiffen und 3 Dampf-Hilfsschiffen anwesend, aber sie waren auch noch zu diesem gefährlichen, ja, entscheidenden Zeitpunkt so vollgepackt mit Landungstruppen, daß man ihre Geschütze nur unter großen Schwierigkeiten bedienen konnte.

Dundas hatte seit dem Aufbruch des riesigen Konvoys in fünf praktisch ungeordneten Gruppen jederzeit einen russischen Angriff erwartet. Was bei einem solchen hätte geschehen können, zeigte sich am 17. Oktober, als die Russen ein Schiff der Alliierten nach dem anderen in Brand schossen und ein Dutzend Linienschiffe vernichteten. Aber Korniloff hielt seine Flotte in Sewastopol zurück. »He and his sailors saved the town«[88]. Sie erzielten den Erfolg der Rettung, verzichteten damit auf den Sieg, nahmen aber auch, wie der Times-Korrespondent schrieb, der englischen Flotte die Möglichkeit, »den guten Leuten in Plymouth oder Portsmouth den Anblick russischer Linienschiffe und Dampfschiffe zu bieten.«

Bei der am frühen Morgen des 14. Septembers, dem 42. Jahrestag von Napoleons Einzug in Moskau, beginnenden Ausschiffung »der gewaltigsten Armada aller Zeiten« zeigten sich ähnliche Erscheinungen wie bei der Einschiffung in Varna. Wieder begannen die Franzosen früher als die Engländer und waren noch viel früher fertig, wieder gaben die Engländer als Erklärung für diese Differenz die Schwierigkeit des Pferdetransportes und diesmal obendrein die Unordentlichkeit der Franzosen an. Diese setzten zwar an den Anfang der Landung eine etwas theatralische Flaggenhissung, brachten danach aber ein so wohlgeordnetes Zusammenarbeiten zustande, daß, nachdem schon in den ersten 2 Stunden 6000 Mann — dagegen nur 70 Engländer —, in 4 Stunden 3 Divisionen mit 18 Feldgeschützen an Land gebracht waren, trotz einer störenden Wetterverschlechterung während des 15., die Ausschiffung im Laufe des 16. Septembers beendet werden konnte. Nicht ohne eine gewisse Berechtigung heißt es im Hinblick auf diese gelungene Ausschiffung, welche nach zeitgenössischen Briefen »d'une manière miraculeuse« durchgeführt wurde, in einer neueren Darstellung »Notre marine marquait un nouveau point sur sa rivale, les Anglais ne devant avoir fini de débarquer que deux jours plus tard«[89].

Die Engländer machten dagegen den Franzosen zum Vorwurf, diese hätten in der Nacht vom 13. zum 14. September, welche die Flotte vor dem Alten Fort verbrachte, infolge eines Mißverständnisses oder um eine möglichst schnelle Ausschiffung erzielen zu können, ihre Position derart verändert, daß sie am 14. früh auch die für die Engländer vorgesehenen Ankerplätze besetzt und die Engländer zu einem zeitraubenden Manöver mit allen ihren Schiffen gezwungen hätten[90]. Tatsächlich landeten die Engländer etwa eine Seemeile nördlich von den Franzosen und zwar führten sie das Unternehmen in Anlehnung an den Landungsplan Abacrombys an der ägyptischen Küste durch, nur eben mit dem Ergebnis, daß sie 5 Tage brauchten, während die Franzosen für eine größere Truppenzahl nur 2 Tage gebraucht hatten. Das beruhte weder allein auf der vielleicht von den Franzosen verursachten

[88] Gray, S. 396.
[89] Russel, S. 14.
[90] Jouan, S. 230; Bazaucourt, Bd. 1 S. 172 ff.; Der Feldzug in der Krim Bd. 1 S. 4; Ulthorpe, S. 55; du Casse: La Crimée, S. 36.

Verschiebung des Landungsplatzes – woran übrigens auch die Wahl des Gebiets beim Alten Forts zum Landungsraum während der Überfahrt schuld sein kann – noch auf der Schwierigkeit des Pferdetransportes. Selbst aus englischer Quelle geht deutlich hervor, daß die Organisation der englischen Ausschiffung mangelhaft gewesen ist und z. B. manche Transportboote mit mehreren Stunden Vespätung ihren Dienst aufgenommen haben[91]. Es wird sogar behauptet, daß diese Verzögerung auf einem gewissen passiven Widerstand des Admirals Dundas beruht habe, der immer ein Gegner der Krimexpedition gewesen war und nun, da er sie nicht hatte verhindern können, doch sein Möglichstes tun wollte, sie zu verzögern, um ihre Sinnlosigkeit nachweisen und damit Recht behalten zu können. Die Ausschiffung der Türken[92] wurde von diesen schnell und mit großer Geschicklichkeit, vor allem aber, wie die Engländer später neidvoll gestehen mußten, sehr überlegt durchgeführt, indem sie nämlich mit den Truppen zugleich die gesamte Lagerausrüstung, insbesondere die Zelte ausluden und so den Soldaten bereits in der ersten Nacht eine Unterkunft bieten konnten. Auch die Franzosen hatten ihren Soldaten Schutz gegen Regen mitgegeben, während die Engländer schlecht verpflegt waren und in den ersten Nächten keine Zelte hatten[93].

Während der Landungsarbeiten hatten die Engländer ihre von Zuladungen ja frei gebliebenen Kriegsflotte zum Schutz gegen etwaige Störungen von russischer Seite in einem weit ins Schwarze Meer hinausreichenden Bogen aufgestellt. Jedoch unterblieb jede Aktion der Russen, so daß die Landung völlig ungestört vorgenommen werden konnte, zumal sie auch an der Küste auf keinerlei Widerstand stieß. Diese unbehinderte Landung war für Petersburg eine umso größere Überraschung, als man sich dort in der Illusion befunden hatte, daß angesichts von Mentschikoffs Truppenmengen eine Landung unmöglich sein werde. Mentschikoff selbst hatte dies dem Zaren wiederholt versichert[94].

»Der Würfel war gefallen. Man mußte siegen oder untergehen. Denn, war die Landung von Seiten der Russen nicht zu hindern gewesen, so hörte eine Wiedereinschiffung mit einem siegreichen oder auch nur unbesiegten feindlichen Heere im Rücken entschieden in den Bereich der Unmöglichkeiten. Niemand indessen von den Soldaten dachte an solch einen Fall,« urteilte der Berichterstatter der »Leipziger Illustrirten« über die Lage in diesem Augenblick.

Als die Landung allerorts beendet war und die Transporter sich auf dem Rückweg nach Varna befanden, um den nun viele Monate lang nötigen Pendelverkehr mit Nachschub sowie Kranken und Verwundeten zwischen der Krim, Varna, Konstantinopel und der Heimat aufzunehmen, stellte sich zum dritten Male heraus, daß die Engländer von den 3 Kontingenten am schlechtesten für das Leben auf der Krim vorgesorgt hatten. Am besten stand es um die Türken. Sie hatten bereits am 15. ein praktisch eingerichtetes Lager zur Verfügung, wobei allerdings zu bedenken ist, daß ihre Ansprüche in Bezug auf Bequemlichkeit und Verpflegung am geringsten waren. Doch hatten es auch die Franzosen, welche in den

91 Kinglake, Bd. 2 S. 168 f., 182; Ulthorpe, S. 55; Lysons, S. 82.

92 Ulthorpe, S. 56; Russels Berichte vom 14. bis 16. September lassen die Schwächen der Engländer deutlich erkennen; S. 1-14.

93 Kinglake Bd. 2 S. 183 f.

94 PGStA, Türkei I A Bq 45 vol. III Konstantinopel 17.8. und 16.10.1854.

ersten Tagen unter Mangel an Holz und Wasser litten[95], noch immer viel besser als die Engländer, welche freilich auch den höchsten Lebensstandard gewohnt waren. Die Engländer hatten weder Zelte noch ausreichende Verpflegung. Sie litten also unter Kälte, Nässe und Hunger vom ersten Tage ihres Krim-Krieges ab[96]. Erst nach 2 Wochen wurden in Balaklava die großen Zelte der Engländer ausgeladen. Die Verpflegung der britischen Truppen war zwar sehr reichlich; aber, da die Soldaten gewohnt waren, einzeln zu leben und zu wirtschaften, waren sie mit ihrem Individualismus zum Schluß den in Korporalschaften, Zelt- oder anderen Gemeinschaften wirtschaftenden Türken und Franzosen doch erheblich unterlegen.

Die Flotte hatte auch bei diesem letzten Transport der Armee zum Kriegsschauplatz eine zwar scheinbar untergeordnete und jedenfalls unscheinbare, aber dennoch eine wesentliche, ja man kann sagen, die entscheidende Rolle gespielt[97]. Sie hatte, um das Bedeutsamste zuerst zu erwähnen, die damals allgemein geltende Ansicht widerlegt, daß es unmöglich sei, zur See in einem einzigen Transport eine große Heeresmacht zum Kriegsschauplatz zu befördern[98]. Die Erfindung der Dampf- und Schraubendampfschiffe hatte in diesem Punkt gegenüber früheren Zeiten eine grundlegende Änderung herbeigeführt. Und die Flotte vermochte diese Ansicht während und nach einer Cholera-Epidemie zu widerlegen, welche gerade die Kriegsschiffsbesatzungen besonders schwer und verlustreich traf. So hatten z.B. allein die »Britannia« aus einer Besatzung von 985 Mann 139, die »Ville de Paris« und »Montebello« an einem einzigen Tage je 62, insgesamt 140 bzw. 230 Mann verloren, die zunächst nicht ersetzt werden konnten[99]. In diesem Zustand kam die Flotte, abgesehen von den Zeitverlusten bei Ein- und Ausschiffungen, die jedoch mehr zu Lasten der Organisatoren als der Flottenleitung gingen, allen an sie gestellten Anforderungen pünktlich und vollkommen nach.

Schließlich war es ja die nicht zu bezweifelnde Überlegenheit der Alliierten zur See, welche überhaupt die Invasion in die Krim und die Planung einer Belagerung Sewastopols ermöglichte. Die russische Flotte hielt sich nur zurück, weil sie der englisch-französisch-türkischen derart unterlegen war, daß ein Kampf aussichtslos erscheinen mußte. Wenngleich nun dieses Machtverhältnis von vornherein der alliierten Flotte einen hohen Grad von Sicherheit bei allen ihren Unternehmungen verlieh, so dürfen doch darüber die zahlen-, mengen- und entfernungsmäßigen Leistungen nicht unterschätzt werden. Die Flotte hatte 50000 Mann mit allem Kriegsmaterial, Verpflegung und Lagerausrüstung nicht nur von England und Frankreich aus auf die Krim befördert, sie hatte nicht nur seit einem halben Jahr den gesamten Nachschub für diese Truppen durchgeführt, sondern sie nahm es nun auch auf sich, künftig während des Krieges mit seinen verstärkten Anforderungen an den Nachschub von Menschen, Geschützen, Munition, Pulver usw. ihre Leistungen fortzusetzen und dabei gleichzeitig aktive Kriegsaktionen gegen die feindliche Flotte sowie gegen deren Stützpunkte und die Küstenbefestigungen zu unternehmen[100].

---

95 HHStA, Rapport 3c St. Petersburg 1854 I Affaires d'Orient 16.10.1854.

96 Über die Kriegführung im Orient, S. 35.

97 Kinglake, Bd. 2 S. 184; Fay, S. 40.

98 Fortescue, S. 50 f.

99 Der Feldzug in der Krim, Bd. 1 S. 1.

100 MacMunn, S. 48; Clowes, S. 409.

## *Die Russen in Sewastopol*

Nach[101] der Vereinigung der Krim mit Rußland im Jahre 1783 berichtete ein mit der kartographischen Aufnahme der Krimufer beauftragter russischer Offizier über die Möglichkeit, in der Achiar-Bucht eine große Flotte sicher unterzubringen. Daraufhin befahl Katharina II. im Jahre 1784 dem Konteradmiral Mackenzie, dort einen Kriegshafen nebst Admiralität, Schiffswerft, Festung und Militärstadt anzulegen. Diese Stadt erhielt von der Kaiserin selbst den Namen Sewastopol, d.h. »berühmte Stadt«. Seit dieser Zeit wurde Sewastopol, das die Kaiserin im Jahre 1787 besuchte, die ständige Basis der russischen Schwarzmeer-Flotte. Der Krieg von 1787 bis 1791 verschaffte dieser die erste Gelegenheit, sich mehrfach hervorzutun. Im Jahre 1798 verließ sie, nachdem sie sich mit der türkischen vereint hatte, zum ersten Male die Gewässer des Schwarzen Meeres und beteiligte sich an der Befreiung der Jonischen Inseln und des Königreichs von Neapel von der französischen Herrschaft. Später nahm ein Teil der Schwarzmeer-Flotte an den Seekriegen im Mittelmeer teil. Während der Türkenkriege von 1807 bis 1812 und 1828/29 zeichnete sie sich erneut aus. Im Frieden von Adrianopel erhielt Rußland das gesamte östliche Ufer des Schwarzen Meeres, das nun fast ein gänzlich russisches Meer war.

Außer in der Bucht von Sewastopol, welche wie zahlreiche andere Buchten auf der Erde als der vorzüglichste Ankerplatz bezeichnet worden ist, lagen Teile der russischen Schwarzmeer-Flotte noch in Kertsch, Nikolajew und an der Donau stationiert. Das Zentrum aller Flotten-Tätigkeit war und blieb aber immer Sewastopol, wo sich die Admiralität, Arsenale, Kasernen, ein Hospital, Magazine und Fabriken, seit 1852 auch große Docks befanden.

Gleichzeitig mit der Gründung von Sewastopol war mit dessen Befestigung begonnen worden. Bereits im Jahre 1783 wurden die ersten Feldbefestigungen errichtet, die man seit 1794 durch ständig wachsende permanente Werke ersetzte. Ein 1834 entstandenes Projekt zur Verstärkung der Befestigungen der Reede wie der Landseite wurde zur See hin bis zum Frühjahr 1852 verwirklicht, während die Anlagen der Landfront noch sehr unvollständig waren, als der Krimkrieg ausbrach, da man stets in erster Linie mit einem Angriff der türkischen Flotte gerechnet hatte[102].

Beim Auftreten der politischen Spannungen und nach Beginn der Kriegshandlungen zwischen den Westmächten und Rußland wurde die Verteidigungsmöglichkeit der Reede von Sewastopol durch weitere Batterien verstärkt, so daß die Küstenbefestigungen von Sewastopol insgesamt auf eine Stärke von 657 Geschützen angewachsen waren. 571 Geschütze dieser Armierung bestrichen die Reede, nur 39 meist kleineren Kalibers waren der Landseite zugewandt. Dieser Schutz nach Land hin erschien unter den veränderten Verhältnissen unzureichend; daher stieg bis zum 14. September die Zahl der Geschütze auf der Landseite auf 145.

Die in Sewastopol zusammengezogene Schwarzmeer-Flotte bestand aus 14 Linienschiffen, 7 Fregatten, 11 Dampfschiffen und einer beträchtlichen Anzahl kleinerer Fahrzeuge. Diese

[101] Troude, S. 346, 352; Roncière et Clerc-Rampal, S. 267.
[102] Für diesen Abschnitt vgl. in erster Linie Todleben, S. 68 ff.

Flotte war mit ungefähr 2000, nach anderer Schätzung sind nur »ungefähr 1000« Geschützen armiert. Die Batterien zum Schutz der Reede und die Schiffe waren bei drohender Kriegsgefahr so gelagert, daß eine angreifende Flotte an den exponierten Stellen der Einfahrt zur Bucht jeweils mit einem Abwehrfeuer von 150 bis 250 Geschützen überschüttet werden konnte, welches nach allgemeiner Auffassung verderblich sein mußte. Außerdem standen Hafensperren zum Abhalten von Brandern, eine Ruderflottille sowie eigene Brander zur Verfügung.

Diese 4. und 5. Division der gesamten russischen Flotte ist von den Engländern, nicht von den Franzosen, wegen ihrer Schwäche an materieller und militärischer Qualität später verspottet und verhöhnt worden. Aber immerhin hat sie in Sinope die türkische Flotte vernichtet und durch diesen Sieg über einen allerdings schwachen Gegner wesentlich dazu beigetragen, daß der Krieg geführt werden mußte. Und als die Alliierten zur Krim segelten, erwartete der englische Admiral Dundas einen russischen Angriff mit großem Respekt.

Die Gesamtzahl aller am 13. September auf der Krim vereinigten russischen Landtruppen betrug etwa 51 500 Mann, die allerdings auf der ganzen Halbinsel so verteilt waren, daß beim Erscheinen des Feindes ihr Oberstkommandierender, Fürst Mentschikoff, nur 30 000 in der Umgebung von Sewastopol zusammenziehen konnte.

Außer über diese Landtruppen konnte Mentschikoff auch über den größeren Teil des Personals der in Sewastopol liegenden Schwarzmeer-Flotte verfügen. Die Schiffsmannschaften der Flotte zählten 18 500 Mann, darunter 2730 sogenannte Freimatrosen, welche in den Städten Nikopol und Alöschki Formationen zur Ausbildung von Matrosen bildeten.

Die Artillerie-Reserven der Festung bestanden außer den genannten Geschützen zur See- und Landseite hin aus 172 eigentlichen Reservegeschützen. Die Hauptreserve stellte jedoch die auf den Schiffen befindliche Marineartillerie dar. Denn von den in den Depots lagernden älteren oder in früheren Kriegen erbeuteten etwa 2000 Geschützen konnten mangels einer Gießerei in Sewastopol nur etwa 930 schießfertig gemacht werden.

Die Gesamtarmierung der Flotte in Sewastopol betrug am 13. September wahrscheinlich 1908, mit den Vorräten in den Depots also etwa 2840 Geschütze.

Die Vorräte an gebrauchsfähiger Artillerie-Munition und Pulver waren bedeutend, die Brotvorräte der Landtruppen reichten für 4 1/2 Monate, die der Flotte für fast 7 Monate.

Waren so die Zahlen für eine Verteidigung der Festung sehr beachtlich, so geht doch aus ihnen zugleich die verhältnismäßige Schwäche der russischen Flotte hervor. Sie war — der türkischen weit überlegen — bis zum Beginn des Krieges gegen die Westmächte stark genug gewesen, die Herrschaft Rußlands auf dem Schwarzen Meer aufrechtzuerhalten. Den alliierten Flotten stand sie jedoch zahlenmäßig wie durch die Tatsache, daß sie anders als jene über fast keine Schraubendampfer verfügte, sehr erheblich nach. Von einem Kampf der Flotten auf hoher See konnten die Russen also keine den Feldzug entscheidenden Erfolge erwarten, eher schon vom Einsatz des Personals und der Geschütze bei der Abwehr etwaiger Belagerer. Jedenfalls ist die Gegenprobe nie versucht worden, wobei neben dem quantitativen auch das unwägbare Element der Traditionsarmut auf der einen, des Nimbus der Unbesiegbarkeit auf der anderen Seite eine Rolle gespielt haben dürfte.

Die Russen standen also, als am 14. September mit der Landung der alliierten Truppen der Marsch auf Sewastopol begann, vor einer schwerwiegenden Entscheidung, welche den Ablauf des ganzen Feldzuges bestimmen mußte. Es war die Frage, ob sie ihre ganze Flotte einsatzbereit zum Kampf gegen die Engländer und Franzosen, eventuell zur Störung und Verhinderung des alliierten Nachschubes halten, oder ob sie sie abrüsten und abtakeln und Mannschaften und Geschütze von vornherein bei der Verteidigung Sewastopols verwenden, ob sie allein mit dem Heer oder auch mit der Flotte, und mit dieser dann zwangsläufig endgültig in die Verteidigung gehen sollten, was die Selbstbehauptung ermöglichen, also den Sieg der Gegner verhindern mochte, aber auch auf den eigenen ein für allemal verzichten hieß.

Das Problem wurde dringender, als die Alliierten nach dem Siege an der Alma den Marsch auf Sewastopol fortsetzen konnten. Sewastopol geriet in unmittelbare Gefahr, von der verhältnismäßig schwach befestigten Landseite her angegriffen zu werden, während die alliierten Flotten keine Anstalten zu einem Angriff von See aus machten. Unter diesen Umständen gab Mentschikoff am 21. September Vizeadmiral Korniloff den Befehl, »1. den Eingang zur Reede zu versperren und zu diesem Zweck die ältesten Linienschiffe und Fregatten zu versenken, deren Mannschaften aber beim Landtruppendienst zu verwenden; 2. die Verteidigung der Nordseite den Matrosen anzuvertrauen und die schon früher zum Landtruppendienst formierten Marine-Truppen noch durch einige Schiffsmannschaften von den zur Verteidigung der Reede bestimmten Fahrzeugen zu verstärken.«

Dieser Befehl stieß naturgemäß bei der Marine auf heftigen Widerstand und lebhaftes Bedauern — ein Beweis für den bei ihr vorhandenen Angriffsgeist. In einer Beratung Korniloffs mit den Flaggoffizieren und Kommandanten der Schiffe schlug er vor, mit der Flotte aufs Meer hinauszusegeln, die bei Kap Lukull stehenden Geschwader der Alliierten anzugreifen, sie entweder zu vernichten und zu zerstreuen, d.h. den Gegner seines Nachschubs zu berauben, oder beim Mißlingen dieses Planes sich an die feindlichen Schiffe anzuhaken und mit ihnen in die Luft zu sprengen, was gleichfalls die Alliierten in die größten Nachschubschwierigkeiten bringen mußte.

Korniloffs Vorschlag fand nach eingehender Beratung keinen Beifall, da die numerische und technische Überlegenheit der alliierten Flotten durch keinen noch so großen Heldenmut auszugleichen schien. Auch Mentschikoff schloß sich Korniloffs Vorschlag nicht an, sondern wiederholte seinen Befehl, in dessen Befolgung am 21. und 23. September 5 alte Linienschiffe und zwei Fregatten im Fahrwasser bei der Einfahrt zur Reede versenkt, die übrigen Schiffe am Südufer zum Eingreifen in einen zu erwartenden Kampf auf dem Nordufer bereitgestellt wurden. Als im Winter 1854/55 die künstliche Sperre durch Strömung und Wetter auseinandergerissen worden war und ihren Zweck nicht mehr mit Sicherheit zu erfüllen vermochte, wurden im Februar 1855 weitere 6 Fahrzeuge an dieser Stelle versenkt. »Somit verwandelte sich die berühmte ausgezeichnete Reede von Sewastopol einstweilen in einen Binnensee; die Schiffsmannschaften der Schwarzmeer-Flotte aber, notgedrungen ihrer direkten Bestimmung entsagend, betraten das für sie neue Tätigkeitsfeld des Landtruppendienstes«[103].

---

[103] Der Feldzug in der Krim, Bd. 2 S. 3.

Die Situation der Alliierten wurde durch diese unerwartete Maßnahme grundlegend verändert. Die Einnahme Sewastopols war ursprünglich durch enges Zusammenwirken von Heer und Marine vorgesehen gewesen. Nun stellte sich heraus, daß die Wirksamkeit der Marine sehr beschränkt, fast verhindert, die Aufgabe der Landtruppenteile aber erheblich vergrößert worden war. Das Problem der Belagerung und Eroberung Sewastopols erhielt plötzlich ein ganz neues, gewiß kein günstigeres Aussehen[104].

Ganz besonders aber wurde die Aufgabe der alliierten Flotten verändert, mehr noch begrenzt. »Die Rolle der alliierten Flotten als Kampfflotten schien ganz offensichtlich beendet zu sein«[105], da ein Gegner zur See nicht mehr vorhanden war. »Unter diesen Bedingungen konnte die Rolle der Marine nur noch die undankbare einer Dienerin sein«[106], einer Dienerin für die kämpfenden Truppen auf dem Lande. Die Flotte blieb nun für die Folgezeit fast ganz und gar, was sie schon bisher gewesen war: ein Transportmittel, dessen Verdienste — nicht anders als beim gewöhnlichen Train des Heeres, dem sie jetzt gewissermaßen als außergewöhnlicher und Fern-Train an die Seite gestellt wurde — nur Nachschubverdienste sein konnten, denn die Patrouillenfahrten an der Küste des Schwarzen Meeres und auch die noch zu erwähnende Expedition in das Asowsche Meer waren trotz allen schriftstellerischen Aufwandes der alliierten Historiker weder bedeutende Waffentaten noch Unternehmungen von entscheidender oder auch nur sehr spürbarer wirtschaftlicher Wirkung auf die Russen.

So begann also bald das Transportdasein der Flotten im Krimfeldzug. Die Landungsstellen an der Katscha und bei Kamiesch wurden den Franzosen, die bei Balaklava den Engländern zugeteilt, während die Reede von Eupatoria Sonderfällen vorbehalten bleiben sollte.

## *Die alliierten Flotten im Kampf um die Krim*

### Die Beschießung Sewastopols am 17. Oktober 1854

In den Anfängen des Kampfes um Sewastopol, als man auf der Seite der Alliierten seine Langwierigkeit noch nicht im entferntesten ahnte und die Zeitungen in London und Paris von Zeit zu Zeit den kurz bevorstehenden Fall der Festung als gewiß voraussagten, wurde die Flotte ein einziges Mal an der direkten Bekämpfung Sewastopols beteiligt: beim Bombardement vom 17. Oktober 1854. Bereits Ende September, als man einerseits die Selbstvernichtung bzw. -ausschaltung der russischen Flotte erlebt, andererseits den Mangel der Belagerer an schwerem Geschütz und ausgebildeten Bedienungen täglich vor Augen hatte, war angeordnet worden, daß die Flotte Geschütze und Mannschaften zum Landkampf abgeben sollte[107]. Jedes große Schiff gab 200, die kleineren eine entsprechende Anzahl von Offizieren und Mannschaften sowie Geschütze her. Außerdem stellte jedes Linienschiff seine gesamten Seesoldaten bis auf einige wenige Wachgänger sowie die besten Geschützbedie-

[104] Todleben, S. 224 f.
[105] Troude, S. 354.
[106] Farrère, S. 349.
[107] Jouan, S. 231 f.

nungen mit ihren Ausrüstungen und der Hälfte der Munition für den Landkrieg zur Verfügung. So wurden von der englischen Flotte rund 2400 Seeleute, 2000 Seesoldaten, 50 Schiffszimmerleute, 65 Offiziere und ungefähr 140 Geschütze gelandet und unter das Kommando von Kapitän Stephan Lushington gestellt. Die französische Flotte gab nur etwa 30 Geschütze und 1000 Mann ab[108].

Während diese neue Truppe in der ersten Oktoberwoche ihre Geschütze, Waffen, Munition, Proviant usw. von Balaklava aus in die Stellungen schaffte und diese selbst ausbaute, führte die Flotte einige unbedeutende Unternehmungen aus. Danach aber drängte sie, an dem großen Angriff auf Sewastopol beteiligt zu werden, der für Mitte Oktober vorgesehen war. Am 16. Oktober waren die Belagerungsgeschütze klar zum Einsatz. Am 15. fand bei Vizeadmiral Hamelin eine Besprechung der 3 englischen, französischen und türkischen Flottenbefehlshaber über die Frage statt, wie man das Heer bei der Eröffnung des Bombardements unterstützen könnte[109]. Der Engländer Dundas war gegen eine solche Hilfe, hätte am liebsten den Kampf mit der feindlichen Flotte gesehen und scheute auf Grund langer englischer Erfahrung den Einsatz hölzerner Schiffe im Kampf gegen steinerne Geschützstellungen und Bastionen. Der Franzose Hamelin gab ihm im Grunde recht, hob aber die unglückliche Lage des Heeres hervor und versprach sich außerdem von der Beteiligung am Bombardement einen günstigen Einfluß auf die Stimmung der Flotte, die nach einem Kampf drängte, selbst wenn es nur eine Kanonade der Landbefestigungen war. Außerdem würde der Feind gezwungen werden, seine seeseitigen Batterien voll zu besetzen und so die auf der Landseite zu schwächen. Dundas gab in der Besprechung diesen Gründen umso eher nach, als er sich mit Hamelin grundsätzlich in Übereinstimmung wußte.

Nach dieser Beprechung und Verabredung verlangte aber nun der französische Oberstkommandierende Canrobert, daß die Flotten nicht in ständiger Bewegung auf die russischen Batterien feuern, sondern zum Schießen vor Anker gehen sollten, weil die Ausfälle der Besatzungen durch Cholera und andere Krankheiten sowie Verwundungen und außerdem durch die Abgabe von Besatzungsteilen an Land, welche bei den Franzosen insgesamt 25 % der ursprünglichen Besatzung ausmachten, kein sicheres Manövrieren und besonders nicht die abwechselnde Bedienung beider Breitseiten erlaubten. Auch diese Forderung Canroberts wurde nach schweren Bedenken von den Engländern erfüllt. Das Bombardement, das dann am 17. Oktober stattfand, war in Hinsicht auf die Flotten ein völliger Fehlschlag. Während die von den Schiffsgeschützen in den Felsstellungen hervorgerufenen Schäden verschwindend gering waren, jedenfalls auf die Kampfkraft der einzelnen Anlagen wie Sewastopols überhaupt ohne jeden Einfluß blieben, haben in dem Kampf, der am frühen Morgen beginnen sollte, aber nur von 12.30 bis 18.30 dauerte, die englischen Schiffe zum Teil sehr schwere Schäden erlitten, so daß zwei in das Arsenal von Konstantinopel geschleppt werden mußten. Auch zählte die englische Flotte 44 Tote und 266 Verwundete. In der französischen Flotte gab es 217 Verwundete und Tote und 10 beschädigte Schiffe.

»Die Marine hatte eine Diversion gemacht, aber eine unangebrachte Diversion«[110]. Nach dem 17. Oktober 1854 hat man niemals wieder daran gedacht, die von der Natur in jeder

[108] Clowes, S. 435 ff.
[109] Chevalier, S. 196 f.
[110] Clowes, S. 437; Chevalier, S. 202 ff.; Kinglake Bd. 3 S. 368 ff.; Wheeler, S. 183.

Weise begünstigten und vorzüglich ausgebauten Stellungen Sewastopols mit Hilfe der Flotte zu bekämpfen und zu überwältigen. Schon an der Fortsetzung der Kanonade am folgenden Tage haben die Schiffe nicht mehr teilgenommen.

Aber wie Kinglake hervorgehoben hat:[111]Die Alliierten hatten in diesem kurzen Zweikampf zwischen ihren Flotten und den russischen Küstenbatterien nicht nur Verluste an Menschen und Material erlitten — auch der Ruf ihrer Unwiderstehlichkeit, ihr Ruhm der Unschlagbarkeit war nach sechs Stunden dahin. Vor dem 17. Oktober war die Seeherrschaft der Alliierten von den Russen, deren Flotte versenkt oder in Sewastopol verborgen lag, wie eine schwer lastende Tatsache hingenommen worden, die auf die Dauer wohl auch auf die Stimmung der russischen Truppen einen schweren Druck ausgeübt und obendrein ständig als Möglichkeit einer Landung und Bezwingung der Forts gedroht hätte. Am 17. Oktober wurde dieser Nimbus vernichtet. Die russischen Forts hatten bewiesen, daß an eine Niederkämpfung Sewastopols von der Seeseite her durch die alliierten Flotten nicht zu denken war. Nach dieser Seite hin konnten die Russen unbesorgt sein. Das war das Hauptergebnis der Flottenbeteiligung am Bombardement vom 17. Oktober 1854 — ein tragisches für die russische Marine, die ohne Zwang demontiert worden war und fortan keine Möglichkeit mehr fand, sich auf offener See mit einem Gegner zu messen, dessen Überlegenheit nun nicht mehr ohne Zweifel vorausgesetzt wurde.

## Der Orkan vom 14. November 1854

Seit dem 17. Oktober hielten sich die Schiffe der vereinigten Flotten wohlweislich außerhalb der Reichweite der russischen Küstenbatterien. Außerdem war aber auch die Jahreszeit, welche man im allgemeinen schon einen Monat vorher als zu spät und ungünstig für ein Landungsunternehmen beurteilt hatte, so weit vorgeschritten, daß an Operationen größeren Stils nicht mehr zu denken war. Nur die Transportleistungen mußten ununterbrochen, ja, mit Rücksicht auf die besonderen Erschwernisse des Winters in eher noch verstärktem Umfange, fortgesetzt werden. Diese Aufgabe zwang auch zahlreiche Fahrzeuge, sich trotz der unsicheren Wetterlage ständig auf den ungeschützten Reeden der alliierten Krimhäfen aufzuhalten, wenn sie sich nicht im Schwarzen Meer befanden. Längst wäre unter normalen Verhältnissen wenigstens die Segelschiffsflotte in einen sicheren Hafen eingelaufen — hier aber, wo sie noch immer zahlenmäßig das Rückgrat der gesamten Transportflotte bildete, war an Winterruhe nicht zu denken. Dieser rücksichtslose Einsatz der Schiffe sollte schließlich am 14. November 1854 zu schweren Verlusten der englischen wie der französischen Flotte durch einen Orkan führen[112].

Seit dem 30. Oktober hatte im Schwarzen Meer ein Nordsturm geherrscht, der für die drei alliierten Flotten bereits sehr unheilvoll gewesen war. Ein ägyptisches Linienschiff und eine ägyptische Fregatte mit 600 Verwundeten und Kranken waren gescheitert. Von diesen hatte man fast keinen Menschen, von der 2740 Köpfe zählenden Besatzung nur 40 retten

111 Chevalier, S. 214.
112 Kinglake, Bd. 3 S. 454 f.

können. Außerdem waren in 6 Tagen 14 Transporter, darunter 5 englische Dreimaster, bei Kap Karaburnum verloren gegangen.

Während die Pariser und Londoner Journale gerade in diesen Tagen die Einnahme von Sewastopol als sehr einfach und nahe bevorstehend bezeichneten, während sie die Russen als feige und schlechte Soldaten bezeichneten, das Leben der eigenen Truppen in ihren Lagern als komfortabel und vergnüglich hinstellten, machte die Transportflotte verzweifelte Anstrengungen, diesen Soldaten wenigstens das Allernotwendigste an Nahrung, Kleidung, Kriegsmaterial und Pferden für die Artillerie und Transporte zuzuführen, erwiesen sich die Russen bei der Verteidigung von Sewastopol als Gegner, die man in jeder Beziehung weit unterschätzt hatte[113]. Nicht die Einnahme Sewastopols, wohl aber der Zusammenbruch der Belagerer war um diese Zeit zu erwarten. Alles hing vom Nachschub ab, von der Transportflotte, deren Besatzungen, wie auch die der Kriegsschiffe, nun schon unter Skorbut zu leiden hatten.

Da verstärkte sich in der Nacht zum 14. November der seit zwei Wochen herrschende Sturm zum Orkan, der die Küsten des Schwarzen Meeres mit vernichtender Kraft erreichte[114]. Ein Teil der englischen Flotte lag vor der Katscha-Mündung. In der Bucht von Balaklava hatte man trotz des Barometersturzes keine Vorsichtsmaßnahmen getroffen. Um 10 Uhr früh überfiel das Unwetter mit aller Macht die dort versammelten Fahrzeuge. In schneller Folge waren 14 Transporter mit einem großen Teil ihrer Besatzungen fast unmittelbar vor Balaklava verloren. Unter ihnen befand sich die »Prince« mit dem größten Teil der Winterausrüstung für die englischen Truppen, großen Mengen Lazarettmaterials und 1/2 Millionen Pfund Sterling in Gold an Bord[115]. Weiter wurden zwei Kriegsschiffe schwer, viele andere leichter beschädigt. Vor Eupatoria, dessen Reede besonders schlecht war, verloren die Engländer 5 Transporter und ein Kriegsschiff, die Franzosen den »Pluton« und ihr Linienschiff »Henri IV.«, das auf Strand getrieben wurde und als Schiff nicht mehr zu retten war, wohl aber gewissermaßen als ein Fort in die Abwehr russischer Angriffe, die bereits während des Sturmes begannen, erfolgreich eingreifen konnte. Ein Teil seiner Geschütze wurde später an Land gebracht und auf die Batterien verteilt.

Außerdem hatten die Franzosen und Türken bei Kamiesch und vor der Katscha zahlreiche Havarien zu verzeichnen[116]. Insgesamt wurden bei der Katschamündung und bei Eupatoria rund 40 Handelsschiffe auf den Strand geworfen. Rund 500 Menschen kamen ums Leben.

»Der 14. November wäre beinahe der Untergang der verbündeten Armee geworden; er erregte in allen Gemütern eine ganz natürliche Besorgnis. Wenn der Winter mit seinem Schnee und seinen eisigen Stürmen oft ähnliche Hindernisse auf diesem von den alten ge-

---

113 Über ihn am ausführlichsten Russel, der ihn miterlebt hat, S. 102 ff.

114 KMA, 1854 M/b XXII 104 Konstantinopel 6.11.1854.

115 Clowes, S. 448 f.; Bazaucourt, Bd. 2 S. 98 ff.; Geffcken, S. 132; Ulthorpe, S. 178 ff.; MacMunn, S. 144.

116 Der nächste Transport mit Winterkleidung für die Engländer scheint erst unmittelbar vor dem Weihnachtsfest in Balaklava angekommen zu sein. Die Hauptschwierigkeit bestand darin, das ausgeladene Gut vom Hafen an die Front zu bringen. Ulthorpe, S. 205.

nuesischen Seefahrern so gefürchteten Meere in den Weg legte, so war an eine regelmäßige Verproviantierung nicht zu denken[117].

Von diesem Tage ab beschränkten die Engländer und Franzosen ihre militärische Aktivität zur See auf die notwendigste Beobachtung der Reste der russischen, im allgemeinen sicher und untätig in Sewastopol liegenden Flotte. Im Dezember 1854 war Leo Tolstoi in Sewastopol. Er blickte dort von den Festungswällen auf die beiden Flotten: auf die versenkten russischen Schiffe im Vordergrund, »deren schwarze Mastspitzen hier und da traurig hervorragen, und auf die feindliche Flotte in der Ferne, die sich am kristallklaren Horizont des Meeres hin und her bewegt«.[118]

Wie es gegen Ende des Jahres infolge des dauernd schlechten Wetters bei den alliierten Geschwadern aussah, beschrieb am 25. November der Times-Korrespondent anschaulich seinen Landsleuten: »Wird man es glauben, daß trotz aller unserer Seeoffiziere in Balaklava, die weiter nichts zu tun haben, trotz unseres embarras des richesses von Capitainen, Commandeurs und Lieutenants für die Fahrzeuge in Balaklava nicht mehr Sorge getragen wird, als wenn es Kohlenschiffe in einem Sturm vor Newcastle wären? Die Schiffe fahren in den Hafen ein und gehen vor Anker, wo sie Lust haben, Alles nach der alten Regel: Bunt durcheinander und drunter und drüber gehts am besten. In der Kamiesch-Bucht liegen dagegen zehn mal mehr Schiffe als in Balaklava, und doch bildet die Ordnung und Regelmäßigkeit, die in der französischen Marine herrscht, den peinlichsten Gegensatz zu der Verwirrung, der in unserem Transportdienst zu bemerken ist. Der Hafenkapitän behauptet, unsere Kauffahrtei-Kapitäne gehorchten ihm nicht.«

Der Winter erwies sich auf und vor der Krim wie immer als Rußlands bester Verbündeter. Im nächsten Jahre wurden in Erinnerung an die Verluste vom 14. November 1854 die Segelflotten der Alliierten von Anfang Oktober ab zur Überwinterung nach Bujukdere geschickt[119].

## Die Expedition nach Kertsch und in das Asowsche Meer

Als am 21. Dezember 1854 Admiral Hamelin »Admiral von Frankreich« wurde, trat er das Kommando über die französische Schwarzmeer-Flotte an Vizeadmiral Bruat ab. Dieser entschloß sich sofort, aktiver als es bisher geschehen war, an den Operationen gegen Sewastopol teilzunehmen, mußte jedoch dazu die bessere Jahreszeit abwarten[120]. Insbesondere erkannte er, daß Sewastopol, welches ja keinesweg vollständig eingeschlossen war, zahlreiche Zufuhren an Getreide und anderen Lebensmitteln aus dem Asowschen Meer erhielt.

---

117 Chevalier, S. 220 f.

118 Bazaucourt, Bd. 2 S. 100 f.

119 Tolstoi, S. 145.

120 KMA 1855 M/c22 57, 64 und 65 vom 7.10., 26.11. und 3.12.1855. HHStA XII 50 Konstantinopel 15.11.1855. Am 18. Februar 1855 war zwischen Sardinien und Korsika die französische Dampffregatte la Sémillante, eines der größten und schönsten französischen Kriegsschiffe, mit 1650 Mann an Bord völlig verloren gegangen.

Diese Lieferungen vermochte allein die alliierte Flotte wirksam zu verhindern, wozu sie allerdings in das Asowsche Meer eindringen, d.h. an Kertsch vorbei sich den Weg durch die Meerenge in einer solchen Weise erzwingen mußte, daß die unbehinderte Rückkehr nach der Unternehmung nicht in Frage gestellt war.

Die ganze Aktion konnte nur im Zusammenwirken englischer und französischer See- und Landstreitkräfte erfolgreich durchgeführt werden. Sie hatte in dieser umfassenden Form außerdem den Vorteil, sowohl die beiden Flotten in einem seit langem erwünschten Kriegsgeschehen zu beschäftigen, als auch die Landstreitkräfte an ihm unmittelbar teilnehmen zu lassen, d.h. dafür zu interessieren[121].

Der Umstand, daß Anfang April das Eis aus dem Asowschen Meer in das Schwarze Meer getrieben wurde, verzögerte zwar den Beginn der Expedition [122], sollte sich jedoch später als eine wesentliche Hilfe erweisen, da die zur Sperrung der Enge versenkten russischen Schiffe vom Treibeis mit fortgerissen wurden und durch eine andere Sperre ersetzt werden mußten, die dann im Ernstfall gänzlich wirkungslos blieb.

Die Fahrzeuge der Expedition stachen schließlich am Abend des 3. Mai in See [123]. Zur Irreführung schlugen sie zunächst die Richtung auf Odessa ein und wandten sich erst nach Einbruch der Dunkelheit und in gehöriger Entfernung von Sewastopol gegen Kertsch. In der Nacht zum 4. Mai traf plötzlich unmittelbar von Napoleon aus Paris der Befehl ein, alle Kräfte der Truppen vor Sewastopol zu einem entscheidenden Angriff auf die Festung zu konzentrieren. Canrobert sah sich durch diesen Befehl veranlaßt, den Abbruch des Unternehmens gegen Kertsch und das Asowsche Meer unter Umständen zu erzwingen, welche künftighin sein ganzes Verhältnis zu Lord Raglan bestimmen sollten. Durch ein schnelles Schiff wurde der Flotte unweit der Meerenge von Kertsch der Befehl zur Umkehr überbracht. Am 6.Mai lag sie — 40 Schiffe mit fast 12000 Mann an Bord — für jedermann überraschend wieder im Hafen. Die Expedition war zunächst aufgegeben, und die Engländer hatten eine Gelegenheit mehr, über Wert und Unwert absoluter Herrscher zu höhnen. Aber, wie der Times — Korrespondent seinen Lesern schrieb, der englische »Admiral Lyons war nicht in der Lage, den ruhmgekrönten Ungehorsam Nelsons nachzuahmen«, da der Oberbefehl über dieses Unternehmen bei den Franzosen lag.

Doch bewies der hartnäckige Widerstand der Verteidiger von Sewastopol sehr bald, daß das Telegramm Napoleons, dem nach einigen Stunden Angriffsbefehle gefolgt waren, welche das Ende des Krieges innerhalb weniger Tage erzwingen zu wollen schienen, verfrüht gewesen war. Und daher brach die Expedition nach mehrtägigen »geheimen« Vorbereitungen am 23.Mai ein zweites Mal auf, diesmal ohne vor Erfüllung ihrer Aufgabe wieder zurückgerufen zu werden[124]. Sie bestand aus 7000 Franzosen, 5000 Türken und 3000 Engländern[125], die sich wie überall auch hier zahlenmäßig zurückhielten, später aber in der Geschichtsschreibung die Dinge mit Vorliebe so darstellten, als ob Initiative und erfolgrei-

---

121 Jouan, S. 233; Troude, S. 396 f.
122 Bazaucourt, Bd. 2 S. 219.
123 Der Feldzug in der Krim, Bd. 3 S. 15.
124 Bazaucourt, Bd. 2 S. 237 f.; Kinglake, Bd. 7 S. 257 ff.
125 Bazaucourt, Bd. 2 S. 274.

che Durchführung ihrer eigenen Tüchtigkeit, etwaige Fehlschläge und Verzögerungen allein der Unfähigkeit ihrer Bundesgenossen zugeschrieben werden müßten. Diese Truppen, zu denen mehrere Batterien und eine halbe Schwadron englische Husaren gehörten, wurden in der Kamieschbai und in Balaklava auf 9 Linienschiffe und etwa 50 kleinere Schiffe verteilt, die schon am 24.Mai, vom Nebel gegen frühzeitiges Gesichtetwerden durch die Russen begünstigt, vor Kertsch erschienen. Damit begann die erste Aufgabe des Geschwaders: Sie bestand in der Besetzung von Kertsch und einer so gründlichen Vernichtung aller die Durchfahrt sperrenden Anlagen, daß die Rückkehr in keiner Weise mehr gefährdet erscheinen konnte.

Die Russen hatten die Bedeutung der Meerenge von Kertsch sehr wohl erkannt[126]. Sie deckte die Verbindung Sewastopols zu Lande längs der Landzunge von Arabat und die zur See mit den Häfen des Asowschen Meeres, in welchen große staatliche wie private Getreidevorräte aufgehäuft waren. Außerdem enthob der Besitz der Meerenge die Russen der Notwendigkeit, zum Schutz der Küsten des Asowschen Meeres Truppen zu detachieren. Endlich konnten die Alliierten durch Besetzung der Halbinsel von Kertsch die russische Verbindung zwischen Sewastopol und der Überfahrt bei Tschongar bedrohen. Um diesen Gefahren vorzubeugen, hatten die Russen zunächst ein Geschwader mit insgesamt 77 Geschützen am Eingang der Meerenge zusammengezogen, außerdem aber auch, da diese 14 kleineren, schwach armierten Fahrzeuge keineswegs ausreichten, 7 Batterien mit 62 Geschützen erbaut. Diese Batterien waren aber sowohl schwach armiert wie auch über einen großen Raum verteilt — obendrein waren sie der ursprünglichen Befestigung von Sewastopol insofern ähnlich, als sie zur Landseite hin gänzlich ungedeckt standen. So mochte man wohl die Meerenge durch eine Balkensperre schließen, die im Winter 1854/55 fortgetrieben wurde, danach durch die Versenkung von 53 Fahrzeugen mit 200 Ankern, welche aber dasselbe Schicksal ereilte, und schließlich im Frühjahr 1855 durch 100 Minen einen weiteren Versuch machen — die Position von Kertsch blieb schwach, weil Stadt, Hafen und Bucht auf der Landseite nahezu überhaupt nicht verteidigt werden konnten.

Als die Alliierten ihre Truppen an Land setzten, mußten Kertsch und Jenikale von den Russen geräumt, die Vorräte, etwa 4 Millionen Pfund Getreide und 500 000 Pfund Mehl, vernichtet werden. Von den 14 Schiffen wurden 10 versenkt; die restlichen 4, welche Dampfer waren, entkamen zunächst in das Asowsche Meer. Eine Eisengießerei mit wertvollen Maschinen, die unbeschädigt verlassen werden mußte, wurde später von den Engländern zerstört. Alle Sperrmittel hatten sich innerhalb weniger Stunden als unwirksam erwiesen. Mit der ohne eigene Verluste gelungenen Einnahme von Kertsch am 24.Mai hatten die Alliierten den ersten beachtlichen Erfolg auf dieser Expedition errungen. Abgesehen von der strategischen Bedeutung des Platzes für die weitere Unternehmung waren einige Handelsschiffe, größere Getreidevorräte und 17 000 Tonnen Kohle, welche von größtem Wert waren, in die Hände der Eroberer gefallen. Das Wichtigste aber blieb die Öffnung der Straße von Kertsch, durch welche schon am Tage der Einnahme 14 englische und 4 französische Schiffe der Flottille in das solange »verschlossene« Asowsche Meer fuhren. Für die feindlichen Schiffe in diesem Meer, auch für den geflüchteten Rest der in Kertsch

---

126 Canonge, S. 64; Troude, S. 398; Kinglake, Bd. 8 S. 39 f.; Clowes, S. 453.

gelegenen Fahrzeuge, gab es von diesem Augenblick ab kein Entrinnen mehr. Sie mußten über kurz oder lang, auf jeden Fall innerhalb weniger Tage, den Alliierten zur Beute fallen oder von den Russen selbst vernichtet werden.

Auch Jenikale fiel, ohne Widerstand zu leisten. Der Times-Korrespondent beendete seinen Bericht mit dem Satz: »Der Erfolg der Expedition ist zu Lande und zu Wasser vollständig, schnell und glorreich gewesen.« Wenn er aber meinte, Kertsch und Jenikale gehörten »in einem kleinen Maßstabe zu jenen hochbegünstigten Stätten, welche die Natur zu Sitzen des Handels und der Macht bestimmt zu haben scheint, und gleichen in gewissem Sinne Konstantinopel«, dann gehörte das eben zu jenen vielen Übertreibungen, die den Zeitungslesern vormachen sollten, dieser außerordentlich verlustreiche Feldzug rechtfertige die vielen Toten vor Sewastopol. Das Erscheinen der alliierten Flottille im Asowschen Meer machte auf die Bewohner der Küstenstädte tiefen Eindruck[127]. Die Schiffe nahmen nun zunächst Kurs auf Berdiansk, den bedeutendsten Hafenort des Asowschen Meeres, wo man, da keine Truppen und nur wenige Einwohner zurückgeblieben waren, keinen Widerstand fand und am 27.Mai ein Proviant-Magazin mit 40 000 Tschetwert Weizen in Brand steckte sowie die im Hafen liegenden 60 mit Getreide beladenen Schiffe und selbst die Fischerboote vernichtete[128]. In Berdiansk endete auch die Flucht der 4 aus Kertsch ausgelaufenen kleinen russischen Kriegsschiffe, die von den Engländern versenkt wurden.

Am folgenden Tage erschien die Flottille vor Arabat, wo man nach zweistündigem Artilleriegefecht mit den Küstenbatterien von einer Landung absehen mußte[129]. Gleichzeitig waren von Berdiansk aus einige Fahrzeuge in das Faule Meer eingedrungen und nach Genitschesk gelangt. Sie vernichteten die dort liegenden wie die dahin aus Berdiansk geflüchteten zahlreichen kleinen Schiffe nebst beträchtlichen Getreidevorräten.

Mit diesen beiden Angriffen auf Arabat und Genitschesk war wieder ein gewisser Abschnitt des Unternehmens erreicht. Die Franzosen fuhren zurück nach Kertsch, um zu kohlen. Innerhalb von 4 Tagen hatte man bisher nach englischer Berechnung 4 Kriegsschiffe und 246 allerdings meist sehr kleine Handelsschiffe zerstört, sowie Korn und Mehl für die Verpflegung von 100 000 Mann auf 4 Monate, d.h. also bedeutende Kriegs- und Geldwerte vernichtet.

In Taganrog, wo die ersten Teile der alliierten Flottillen am 1. Juni anlangten, hatte man nach Todlebens Darstellung[130] wohl mit einer Landung und Vernichtung der Vorräte und kriegswichtigen Anlagen, nicht aber mit einem Bombardement gerechnet, da die Russen den Ort als eine offene Stadt betrachteten, in welcher sich viele ausländische Handelshäuser befanden. Todleben gibt aber selbst zu, daß der Kommandant von Taganrog der Aufforderung der Alliierten, die Stadt zu übergeben und die in ihr liegenden Truppen in Stärke von 3500 Mann zurückzuziehen, nicht entsprochen habe. Nach dieser Ablehnung blieb kaum etwas anderes als Gewaltanwendung übrig. Die Alliierten hatten diese Möglichkeit von

---

[127] Todleben, Bd. II, 1 S. 263 ff., Der Feldzug in der Krim, Bd. 3 S. 15; Kinglake, Bd. 7 S. 250; Sayers, S. 178.

[128] Todleben, S. 284.

[129] Todleben, S. 286; Der Feldzug in der Krim, Bd. 3 S. 17; Troude, S. 401; Sayers,S. 182; Kinglake, Bd. 8 S. 64.

[130] Clowes, S. 454 ff.; Troude, S. 401 f.

vornherein vorgesehen. Sie hatten auch aus Kertsch zwei Dampfer und zwölf Barkassen der in Kertsch liegenden großen Schiffe sowie Haubitzen und Raketen nachkommen lassen[131]. Vor Taganrog stießen diese Fahrzeuge zur Flottille. Auf die Weigerung des russischen Befehlshabers, die Stadt zu räumen, eröffneten am 3. Juni die größeren Schiffe das Feuer, unter dessen Schutz die kleinen Boote mit ihren Haubitzen und Raketen so nah an das Ufer vorliefen, daß sie in direktem Schuß die russischen Lagerhäuser in Brand schießen konnten. Besonders die Engländer waren in Taganrog bemüht, den Schaden so groß wie möglich werden zu lassen, weil sie hier die donabwärts geschafften und für Sewastopol bestimmten Vorräte vernichtend treffen wollten. Als sich nämlich herausstellte, daß auf die geschilderte Weise die Vernichtung nicht total sein würde, landeten sie außerdem noch ein kleines Spezialkommando, das viele Lagerhäuser und andere Baulichkeiten in Brand steckte. Schließlich soll die Feuersbrunst sogar größere Ausmaße angenommen haben, als ursprünglich in der Absicht der Engländer gelegen hatte: Ein großer Teil der Stadt wurde vernichtet, während auf der Seite der Alliierten, die bis 15 Uhr 6½ Stunden lang in den Ort hineingeschossen hatten, nur ein Verwundeter gezählt wurde. Die russischen Verluste betrugen 1 Soldat und 11 Einwohner tot, 14 Soldaten und 47 Einwohner verwundet, 2 Staats-, 17 Privatgebäude und 77 Magazine mit Getreide oder anderen Waren vernichtet, 4 Kirchen, 4 Staats- und 52 Privatgebäude beschädigt[132].

Nach der Vernichtung der wichtigeren Stadtteile von Taganrog blieb nur noch Mariupol als letzter Verbindungsplatz zwischen dem Dongebiet und Sewastopol. Vor Mariupol erschienen die Alliierten am 5. Juni[133]. Die Stadt wurde zur Freigabe der Vernichtung des Staatseigentums aufgefordert und nach der Weigerung beschossen. Die Russen überließen die Stadt 5 Stunden lang unverteidigt den Alliierten, konzentrierten ihre Kräfte zum Schutz der im Fluß Kalmius liegenden Schiffe und konnten diese retten, jedoch nicht verhindern, daß etwa 20 Häuser und Speicher durch Feuer vernichtet wurden.

Auf der asiatischen Seite erlitt am folgenden Tagen Jeisk, wo große Mengen von Korn und Heu vernichtet wurden, das gleiche Schicksal[134], während gleichzeitig detachierte Fahrzeuge Temriuk und Kiten überfielen.

Damit war die eigentliche Expedition in das Asowsche Meer beendet. Der leichte Teil der Flottille fuhr nach Kertsch zurück, die größeren Fahrzeuge nahmen vom 15. Juni ab ihre Stationen vor Sewastopol wieder ein, nachdem sie vorher noch versucht hatten, Noworossisk und Anapa vom Gegner zu säubern. Doch mußten sie feststellen, daß die Russen nach dem Verlust von Kertsch diese beiden Posten unter Sprengung der Befestigungen schon geräumt und den nachdrängenden Türken überlassen hatten.

Betrachtet man das Ergebnis dieses für die Alliierten mit Ausnahme eines einzigen Verwundeten verlustlosen Unternehmens, so stößt man auf zwei Urteile, das der Alliierten und das der Russen, die nicht miteinander in Übereinstimmung zu bringen sind. Für die Alliierten war die Expedition in das Asowsche Meer nach langen Monaten des Stillstandes

131 Todleben, S. 288.
132 Clowes, S. 456.
133 Der Feldzug in der Krim, Bd. 3 S. 18; Troude, S. 402; Kinglake, Bd. 8 S. 68.
134 Clowes, S. 456; Todleben, S. 288; Kinglake, Bd. 8 S. 73.

das erste erfolgreiche Unternehmen, für ihre Flotte war sie mit Ausnahme der unseligen Beteiligung an der Beschießung von Sewastopol das einzige größere See-Unternehmen während des Krimfeldzuges überhaupt. Unter diesen Umständen ist es natürlich, daß die Historiker der alliierten Staaten lange Zeit die Expedition in das Asowsche Meer als ein Ereignis von erheblicher, ja, von großer Bedeutung hingestellt haben. Im ganzen Asowschen Meer habe es kein Schiff mehr gegeben und die Versorgung Sewastopols aus dem Dongebiet sei von nun ab »nahezu unmöglich«[135], mindestens auf den einzigen Weg über Perekop beschränkt gewesen. Lord Raglan[136] sprach schon am 5. Juni von gallant exploits der Flotte, welche im ganzen Heer lebhafte Befriedigung hervorgerufen hätten. Auch blickte man mit größter Genugtuung auf die Totalität der Zerstörung, welche man in den Hafenstädten zurückgelassen hatte, wo kein ernsthafter Widerstand geleistet worden war. Und Kinglake, der Verherrlicher des englischen Anteils am Krimkrieg, hat gar über viele Seiten die großen Erfolge der Expedition aufgezählt. Danach[137] hatte Lyons, der Befehlshaber der Flottille, zu der übrigens auch französische Schiffe gehörten, einen großen Bezirk »kriegswichtiger Industrie« verwüstet, mit der Zerstörung der unzähligen Speicher und von Hunderten von Schiffen die »Grundlagen aller feindlichen Aktivität« vernichtet; die Offiziere und Mannschaften hätten Wundertaten an seemännischer Tüchtigkeit, Mut und Pflichterfüllung vollbracht. Noch viel größer als der materielle sei aber der moralische Erfolg dieser naval invasion direkt ins Stammland (»trunk«) des Zarenreiches hinein gewesen. Durch den Schlag auf das Zarenreich »at home« sei die Loyalität der Bewohner gegenüber dem Zaren in Frage gestellt und der Glaube verbreitet worden, der Herrscher sei nicht mehr in der Lage, seine Untertanen zu beschützen. Die Flottille hätte danach also auch mit Erfolg einen Schlag gegen die Kriegsmoral der Bevölkerung geführt, wie die Engländer das auch in anderen Kriegen versucht haben[138], wenngleich Kinglake es so darstellt, als hätte sich die Flottille ein Verdienst um die Befreiung der unterdrückten Donkosaken von der Zaren-Despotie erworben. Neben solchen Erfolgen tritt der Hinweis auf die Vernichtung von rund 340 Geschützen und nahezu 500 Schiffen sowie ungeheurer Verpflegungsvorräte beinahe in den Hintergrund. Und Kinglake vergißt nicht darauf hinzuweisen, daß das ganze Unternehmen nicht etwa eine Überraschung dargestellt habe, sondern auch von den Russen lange erwartet gewesen sei, so daß das »Phänomen« so großer Erfolge bei so geringen Verlusten einfach »unerklärlich« sei — wenn man nicht eben die Überlegenheit der Alliierten zur See als eine ausreichende Erklärung ansehen wolle. Schließlich geht Kinglake so weit, zu behaupten, daß diese Expedition, wenn sie wenige Wochen früher, d.h. im Anschluß an den ersten Aufbruch durchgeführt und nicht von Napoleon verhindert worden wäre, die Verhandlungen in Wien beherrscht »und den Krieg zu einem Ende gebracht hätte«.

Derartige Übertreibungen sind nur aus dem Verlangen der Engländer zu erklären, sich selbst und ihre Flotte in den Vordergrund zu stellen und gleichzeitig den absoluten Herrschern in Paris wie in St. Petersburg ihre Unfähigkeit vorrechnen zu können. Auch hatte der zunächst gleichfalls überaus begeisterte Times-Korrespondent bereits am ll. Juni ge-

---

135 Troude, S. 402; Kinglake, Bd. 8 S. 73.
136 Troude, S. 403; Delord, S. 609; Jouan, S. 233 f.
137 Sayers, S. 186.
138 Kinglake, Bd. 8 S. 62, 74 ff, 81 ff.

meint, »die meisten Zerstörungen« hätten die Russen, die auch hier die Taktik des widerstandlosen Rückzuges angewandt hatten, selber verursacht: »Lodernde Kornhäuser, in die Luft gesprengte Magazine und Forts und geplünderte und in Brand gesteckte Lager bieten nur wenig Abwechslung im Detail dar. Wir haben dem Feinde großen Schaden zugefügt, aber er hat mit unseren besten Bemühungen, seine Niederlassungen zu zerstören, gewetteifert. Unser Eifer anzugreifen, hat seine Eile, sich zurückzuziehen, nicht übertroffen.« Vor einer weniger voreingenommenen Geschichtsbetrachtung haben alle diese Urteile denn auch nicht bestehen können. Farrère hat die ganze Frage wieder ins rechte Licht gerückt, als er die Expedition eine »ganz nebensächliche Affaire« nannte[139]. Dem entspricht auch Todlebens Urteil, das zwar als ein russisches verdächtig erscheinen könnte, jedoch den Vorzug besitzt, mit der Entwicklung der russischen Versorgungslage auf der Krim in Übereinstimmung zu stehen[140]. Er gesteht die moralische Stärkung der alliierten Truppen vor Sewastopol durch den Verlauf der Expedition und den nachteiligen Eindruck auf die Russen ein. »Im Wesentlichen veränderten jedoch die vom Feinde errungenen Vorteile nicht im Geringsten unsere Lage bei Sewastopol, da dieselben nicht unsere Kräfte von diesem letzteren Punkte abzulenken vermochten«. Mit Lebensmitteln war die Festung schon vor dem Beginn der Expedition für das ganze Jahr 1855 versehen. Ob Todlebens Angabe zutrifft, daß die Vorräte an den Ufern des Asowschen Meeres Getreide- und keine Mehlvorräte, also durch das Fehlen von Mühlen in Sewastopol für die Belagerten wenigsten in dieser Form wertlos waren, kann dahin gestellt bleiben. In jedem Fall bleibt es bei Todlebens Schlußurteil: »Das Eindringen der feindlichen Flotte in das Asowsche Meer verhängte demnach über unsere Krim-Armee keinen Mangel in der Verpflegung und verursachte dem Staate, besonders aber Privatleuten, nur in den Punkten, welche dem Bombardement ausgesetzt waren, materielle Verluste«.

Damit aber hatte das Unternehmen seinen Hauptzweck verfehlt und das ihm gesteckte Ziel nicht erreicht.

Eine gewisse Fortsetzung fand die Expedition in das Asowsche Meer während der folgenden Monate bis zum Fall von Sewastopol durch kleinere Überwachungsfahrten. Dabei wurden von Zeit zu Zeit neu errichtete Vorräte, einige Häuser und Baracken, ein paar Fahrzeuge, Fischereianlagen usw. zerstört, während bei den Engländern ein Schraubenkanonenboot auf Grund lief und — wahrscheinlich übereilt — gesprengt wurde, das einzige Schiff, das auf alliierter Seite im Asowschen Meer verloren gegangen ist.

---

[139] In diesem Zusammenhang interessiert das zusammenfassende Urteil von Clowes, S. 465 f aus dem Jahre 1901 — also nach den Erfahrungen im amerikanischen Bürgerkrieg — über den Krieg gegen die Zivilbevölkerung. Es heißt dort: »In 1855 the Russian people had still less nominal influence than they have now upon the policy of their rulers; yet, in despotism as well as in constitutional lands, the people have ever been the supreme arbiters; and that which they have willed with determination has almost invariably been the policy which the government has ultimately deemed it wise to pursue. It is foolish therefore to pretend that war is made upon governments and not upon peoples, and that distinction ought to be made between the two. Humanity and civilisation demand that women and children should not be wilfully or directly exposed to the actual ravages shot and shell; but they demand also that womeen and children, as well as men and actual fighters, should be made to feel the general pressure of war as acutely as possible, for the sooner the majority of a people agree that the situation has become intolerable, the sooner submission and peace will come.«

[140] Farrère, S. 349.

## *Die Beschießung von Kinburn*

Es war vorgesehen gewesen, daß die Flotte noch einmal an einem Bombardement Sewastopols beteiligt werden sollte — am letzten, entscheidenden. Als aber am 9. September die Russen ihre Stellungen räumten und ihre Flotte bis auf das letzte Schiff versenkten, verhinderte ein heftiger Nordwest-Sturm die alliierten Flotten am Eingreifen in die letzten Kämpfe. So war die erste große Beschießung der Stadt mit Hilfe der Flotte unglücklich oder doch wenigstens wirkungslos, die letzte ohne deren Beteiligung verlaufen.

Noch aber sollte das Kriegswerk der Kriegsschiffe der alliierten Staaten nicht beendet sein. Im Gegenteil. Nun, da die Bewachung Sewastopols von der Seeseite aus fortfallen konnte, weil es tatsächlich weder im Schwarzen Meer noch im Asowschen Meer ein russisches Kriegsschiff gab, besaß die alliierte Flotte völlige Freiheit, um an einer anderen Stelle der Küste dem Feinde Schaden zuzufügen. Im Kriegsrat vom 30. September 1855 wurde beschlossen, daß sie Kinburn angreifen sollte.

Das Fort Kinburn lag am westlichen Ende einer schmalen Landzunge, welche die südliche Grenze eines großen, als Liman des Dnjepr bezeichneten Bassins bildet. In dieses Bassin fließen Dnjepr, Bug und Ingul. Am Zusammenfluß von Bug und Ingul, etwas von der See entfernt, lag das wichtige Flotten-Arsenal Nikolajew, und nahe der Mündung des Dnjepr eine der reichsten Handelsstädte Rußlands, Cherson. Die enge Durchfahrt in den Liman verlief zwischen Fort Otschakoff und Fort Kinburn, etwas näher an dem letzteren vorbei. Der Besitz von Kinburn mußte also den Alliierten erlauben, die Schiffahrt auf Bug und Dnjepr vollständig zu sperren sowie den Verkehr mit der russischen Krimarmee und deren Rücken ständig zu bedrohen.

Im Verhältnis zu ihrer Bedeutung war die Festung Kinburn nur schwach bestückt, sie verfügte nur über etwa 80-85 gebrauchsfähige Geschütze.

Die Flottenexpedition[141], welche den Admiralen Lyons und Bruat unterstand, war bei weitem größer, als zur Niederkämpfung einer solchen Befestigung nötig gewesen wäre. Ihr Sieg war so keinen Augenblick zweifelhaft. Sie zählte 10 Schraubenlinien- und 80 andere Schiffe — Fregatten, Schaluppen, Kanonenboote, Mörserboote, Tender, Transporter usw. — mit über 8000 englischen und französischen Soldaten an Bord. Außerdem nahmen an dieser Expedition — und darum ist sie recht eigentlich interesserant und als Besonderheit in die Seekriegsgeschichte eingegangen — zum ersten Male die drei französischen schwimmenden Panzerbatterien »Tonnante«, »Lave« und »Devastation« teil, welche für den Angriff auf Sewastopol gebaut, aber erst wenige Tage nach dessen Fall auf der Krim eingetroffen waren. Diese Batterien, welche in ihren allerersten Anfängen zwar auf Pläne aus dem Jahre 1842 zurückreichten, waren schließlich 1855 auf persönliches Eingreifen Napoleons gebaut worden, sie stellten die ersten gepanzerten Dampfschiffe dar — und damit eine der wichtigsten Stufen kriegsschiffbaulicher Entwicklung in der Neuzeit. Von ihnen führte der Weg über die »Monitor« und »Merrimac« des amerikanischen Bürgerkrieges[142] zu den Panzerflotten des 20. Jahrhunderts.

---

[141] Todleben, S. 293.

[142] Clowes, S. 470 ff.; Todleben, Bd. II, 2 S. 332 ff.

Am 14. Oktober trafen die Geschwader, welche sich auf der Höhe von Odessa vereinigt hatten, vor Kinburn ein. Am 15. begann das Artilleriegefecht, die Truppen wurden ausgeschifft, um den Russen den Rückzug über Land abzuschneiden; aber erst am 17. griffen die 3 französischen Panzerbatterien mit je 12 Geschützen in den Kampf ein. Auf eine Entfernung von weniger als 900 Meter richteten sie großes Unheil an, während sie selbst unverwundbar waren. Da auch die anderen Schiffe sich, wenngleich auf größere Distanz, auf beiden Seiten der Festung am Kampf beteiligten, war Kinburn bald niedergekämpft. Nach Verlust von 45 Toten und 130 Verwundeten und nach Zerstörung der meisten Anlagen kapitulierten die Russen.

Am folgenden Morgen sprengte die Besatzung die Festung Otschakoff. Ein Vorstoß zu den Mündungen von Bug und Dnjepr brachte den Alliierten keine wesentlichen Erfolge. Kinburn blieb von den Alliierten besetzt, welche hier auch die französischen schwimmenden Batterien stationierten. Die übrigen Schiffe der Expedition kehrten nach Sewastopol zurück, wo sie am 3. November eintrafen.

Die Einnahme von Kinburn, welche Farrère wie die Expedition in das Asowsche Meer mit Recht eine »ganz nebensächliche Affaire« genannt hat — denn in der Tat war auch hier nicht das geringste für die Kriegsentscheidung wichtige Ereignis zu verzeichnen —, ist außer durch die Teilnahme der 3 französischen schwimmenden Batterien am Kampf auch noch dadurch bemerkenswert, daß sich hier durch das Zurücklassen aller Segelfahrzeuge aus dem Kampf auf englischer wie auf französischer Seite endgültig entschied, daß die Segel-Kriegsschiffe, mit welchen die Alliierten 1854 noch in das Schwarze Meer und in die Ostsee eingelaufen waren, ihre Rolle ausgespielt hatten. Sie hatten weder gegenüber den Dampfschiffen eine Erfolgsaussicht, noch konnten sie im Zusammenwirken mit diesen künftig Aufgaben von Bedeutung durchführen. So fügte es ein Zufall, daß bei der Beschießung von Kinburn gleichzeitig über die Einführung eines neuen und die Überwindung eines veralteten Schiffstyps entschieden wurde. Beides stellte, neben der Erhärtung des alten Grundsatzes, daß Schiffe keine gut befestigten Landstellungen angreifen sollen — Sewastopol war der Beweis dafür und Kinburn kein Gegenbeweis — seekriegsgeschichtlich wohl die bedeutendsten Ergebnisse des Krieges im Schwarzen Meer dar.

## *Die Transportleistungen der alliierten Flotten*

### Die französische Flotte

Als sich seit dem Frühjahr 1854 die russische Flotte, welche bei Sinope im November 1853 noch aktiv gegen die türkische vorgegangen war, gegenüber der überlegenen englisch-französischen Flotte völlig zurückhielt und vollends, nachdem sie einen erheblichen Teil ihrer Kampfkraft durch Selbstversenkung im September vernichtet hatte, stand es für die alliierten Flotten fest, daß ihre Aufgaben auf das Heranführen von Menschen und Vieh, Waffen und Munition, Verpflegung und Kleidung, auf den nahezu überflüssigen Geleitschutz von Transportern und schließlich auf den kaum kriegerisch zu nennenden Wachdienst vor Sewastopol beschränkt bleiben würden. Die Expedition in das Asowsche Meer und die Beschießung und Einnahme von Kinburn waren — ganz abgesehen von ihrem Kriegswert —, wie allein chon die Geringfügigkeit der dabei eingetretenen Verluste deutlich zeigt, keine kriegerischen Ereignisse im eigentlichen Sinne. Es fehlte der Gegner, der sich zum Kampf stellte, der an irgendeiner Stelle Widerstand leistete und von dort aus die Entwicklung zu beeinflussen entschlossen war. Nur die gelandeten Artilleristen der Marine und die Seesoldaten lernten den Krieg vor Sewastopol mit allen seinen Anstrengungen, Schrecken, Entbehrungen und Epidemien im Sommer und im Winter kennen.

Die Flotte selbst war fast ausschließlich eine Transportflotte geworden, oder besser: geblieben. Die Aufgabe, welche sie bei Beginn des Krieges hatte übernehmen müssen und als einzige hatte übernehmen können, die Beförderung der Expeditionsarmee in die Nähe des voraussichtlichen Kriegsschauplatzes, diese Aufgabe hat sie bei den weiteren Transporten von Gallipoli und Skutari nach Varna und von Varna nach Eupatoria in ständig steigendem Umfange erfüllen müssen. Es war eine undankbare Aufgabe, und der Dienst, der viel Entsagung verlangte, ist den Flotten eigentlich nur von der Nachwelt, von der Geschichtsschreibung gedankt und anerkannt worden. Die Zeitgenossen, die Soldaten voran, haben mehr getadelt als gelobt und dabei häufig genug vergessen, daß unzählige Mißstände nicht im Transportwesen, also nicht in der Marine, sondern bei der Kriegsleitung ihren Ursprung hatten.

Die Geschichtschreibung hat immer wieder darauf hingewiesen, wie die Flotten Frankreichs und Englands ganz plötzlich durch die Entwicklung des Krieges vor die unerwartete Aufgabe gestellt wurden, Transporte in einem für die damalige Zeit riesenhaften Umfange durchzuführen — und wie sie diese Aufgabe im Großen und Ganzen vorzüglich erledigt haben. Es steckt eine gewisse Ungerechtigkeit in der Bemerkung, die Dienstleistung der Flotte sei »über die Transportfahrt kaum hinausgegangen«[143]. In dieser Formulierung ist eine Abwertung der Leistung enthalten, die völlig fehl am Platze ist. Wenn auch die eigentliche Aufgabe einer Flotte der Kampf oder die Erringung und Behandlung der Seeherrschaft ist, so braucht doch die Transportaufgabe dem Kampf gegenüber noch nicht minderwertig zu sein, sondern ihre mustergültige Ausführung verdient umso höhere Anerkennung, je überraschender diese Aufgabe der Marine übertragen worden ist.

Wohl waren die Flotten in diesem Kriege nur die »Hilfskräfte« der Armeen, aber sie waren *unentbehrliche* Hilfskräfte[144]. Wenn im Krimkriege gesagt worden ist: »Die Dampf-Transportflotten sind die Eisenbahnen der Armeen geworden«, so wurde damit ein durchaus zutreffendes und die hohe Bedeutung der Transportmittel hervorhebendes Urteil ausgesprochen: Tatsächlich haben ja die Eisenbahnen in den Kriegen, welche wenige Jahre später in größerer Zahl geführt wurden — der amerikanische Bürgerkrieg, der dänische Krieg, der preußisch-österreichische, der deutsch-französische Krieg — bewiesen, daß von ihnen in der Zeit vor der Motorisierung des Krieges die moderne Kriegführung in stärkstem Maße abhängig war, daß sie das strategische Denken der Heerführer tiefgehend zu beeinflussen vermochten.

Gewiß, ihre Selbständigkeit gab die Marine auf, als sie Transportflotte des Heeres wurde;

---

[143] Treue »Von den Seekriegen«, S. 237-264.

[144] Batsch und Meuß, S. 53.

denn nun bestimmte der Bedarf der Landtruppenteile Ziel und Ausmaß der Schiffsbewegungen. So ergab es sich, daß, solange es nicht zu Kämpfen kam, die Flotten die einzigen tätigen Teile der englischen und französischen Wehrmacht waren. Sie beförderten die Truppen mit allem Zubehör und Nachschub von England und Frankreich nach Gallipoli, Varna und Eupatoria. Man kann ohne Übertreibung sagen, daß in dem ersten Halbjahr des Kriegszustandes der Westmächte gegen Rußland von Mitte März bis zur Schlacht an der Alma der Krieg ein Aufmarsch — auch ein Nachmarsch — der westeuropäischen Truppen gewesen und dieser von den Flotten durchgeführt worden ist[145].

Als dann der Kampf vor und um Sewastopol entbrannte, war jedes Geschütz und jedes Pferd, jede Granate und jedes Gewehr, jeder Mantel und jeder Sandsack, jedes Stück Brot und jedes Pfund Fleisch wiederum von der Flotte herangeschafft: »On ne saurait trop le répéter, la vraie base d'opérations de l'armée expéditionnaire, soit en présence de l'ennemi, soit dans les campements, sur les différents points du littoral de la mer de Marmara et de la Mer Noire, a toujours été sur ces boulevards flottants, base mobile, se prétant à toute la rapidité des mouvements d'une armée en campagne, et tenant constamment à sa portée, avec une activité infatigable, les ressources inépuisables des arsenaux«[146].
Und selbst als die schlechte Jahreszeit die Kämpfe vor Sewastopol zu einem gewissen Stillstand kommen ließ, sanken die Anforderungen, welche an die Flotten gestellt wurden, nicht, sondern sie stiegen. Während die gefürchteten Stürme des Schwarzen Meeres die Schiffahrt mehr und mehr gefährdeten, während z.B. im November 1854 große Verluste an Schiffen durch Unwetter eintraten und man zeitweise an die Einstellung von Postdampfer-Linien dachte, um den Schiffsmangel zu beheben[147], mußten nicht nur Winterausrüstungen — Kleider, Baracken, Öfen, Holz und Kohlen — herangeschafft, sondern zugleich für die Vorbereitungen einer Frühjahrsoffensive unendliche Mengen an Munition usw. sowie Ersatztruppen zur Krim befördert werden.
»Le rôle ingrat de la servante« ist die Rolle der Marine im Krimkriege genannt worden[148] — man darf über diese Diener-Rolle nicht vergessen, daß ohne die Flotte der Krieg überhaupt nicht möglich gewesen, in jedem Fall aber noch ergebnisloser ausgegangen wäre, als es ohnehin geschehen ist.

*

Versucht man, sich ein klares Bild über die zahlen- und mengenmäßige Transportleistung der französischen Marine während des Krimfeldzuges zu verschaffen, so steht dafür fast allein der offizielle Bericht des Kriegsministers Marschall Vaillant an Napoleon III. zur Verfügung[149]. Ihm entstammen in erster Linie die im Folgenden gemachten Angaben.

Die meisten französischen Truppen- und Materialeinschiffungen wurden in den beiden Häfen Toulon und Marseille vorgenommen. Dorthin gelangten von allen Seiten des Kaiserreiches das Material und die Truppen, vorwiegend mit der Eisenbahn; und *grundsätzlich* ach-

---

[145] Grivel, S. 5.
[146] Troude, S. 352.
[147] Troude, LS. 368.
[148] PGStA, Türkei I A Bq 45 vol. VI London 22.11.1854.
[149] Jouan, S. 232.

tete man darauf, daß die Häfen nicht durch früh angekommene, tagelange wartende Menschen- oder Materialmengen verstopft wurden, sondern planmäßig Ankunft mit der Eisenbahn, Einschiffung und Abfahrt des Schiffes glatt aufeinander folgten. Die in den Berichten an Napoleon hervorgehobenen Maßnahmen zur verhältnismäßig bequemen Unterbringung von Mensch und Vieh, sind, wie bereits früher angedeutet, in Wirklichkeit mindestens zuerst ebenso häufig vernachlässigt worden wie die beabsichtigte gemeinsame Einschiffung zusammengehöriger Formationen. Später, als man die unangenehmsten Erfahrungen bei der Ausschiffung in Gallipoli gemacht hatte, mag alles sich gebessert haben, vorbildlich scheint es bis zum Ende des Krieges nicht geworden zu sein. Das dürfte verschiedene Gründe haben. Einmal fehlte den Franzosen, wenngleich sie seit 1830 ständig Truppen- und Materialverkehr mit Algier und neuerdings auch bis nach Südostasien durchführen mußten, doch die Erfahrung in großen Truppentransporten nach Übersee, über welche die Engländer seit langer Zeit verfügten. Sodann lag unbedingt eine große Behinderung und Erschwerung gegenüber diesen darin, daß die Franzosen ihre Kriegsschiffe zu Transporten heranzogen. Die notwendig auf diesen entstehende Beengung, das Fehlen aller Einrichtungen für die Versorgung einer so großen zusätzlichen Menschenmenge an Bord mit allen Bedürfnissen des täglichen Lebens über mehrere Wochen hinweg, — das alles hatte zur Folge, daß Menschen und Tiere häufig keineswegs kampffähig an ihrem Bestimmungsort ankamen, wo wiederum keinerlei Vorsorge für ihren Empfang getroffen war. Eine weitere Erschwerung lag darin, daß dieser Transportkrieg (oder Kriegstransport) gerade in den Jahren geführt wurde, als sich der Übergang von den Segelflotten zu den Dampfflotten vollzog. Auch der genaueste und sorgfältigste Terminkalender bot keine Gewähr dafür, daß Segeltransporter, welche die Geschütze einer Batterie trugen, deren Menschen und Pferde auf einem Dampfer eingeschifft waren, bei rechtzeitiger Abfahrt von Toulon gleichzeitig mit dem Dampfer in Gallipoli ankamen und entladen werden konnten. Es ereignete sich vielmehr häufig genug, daß die Segeltransporte wochenlang von widrigen Winden im Mittelmeer aufgehalten wurden und schließlich von Dampfschiffen — zuweilen versagten sogar deren damals noch geringe Pferdestärken[150] — eingeschleppt werden mußten, deren eigene Reisepläne auf diese Weise durchkreuzt wurden. Die Franzosen waren in diesen Punkten den Engländern, welche keine Kriegsschiffe als Transporter benutzten und über mehr Dampftransporter verfügten, unbedingt unterlegen.

Weiterhin traten besondere Schwierigkeiten, die allerdings die Engländer nicht minder trafen als die Franzosen, bei der Aus- und Einschiffung in der Türkei und auf der Krim auf. Sowohl Gallipoli wie Varna, Eupatoria, Balaklava und erst recht auch die anderen kleinen Fischer- oder Handelsstädte, welche plötzlich die Ankunft einer ganzen Invasionsarmee erlebten, waren mit ihren Lade- und Entladeeinrichtungen auf einen solchen Ansturm innerhalb kurzer Zeit nicht eingerichtet. Fast überall war von einem direkten Entladen des Schiffes auf einen Kai keine Rede, so daß Flöße und Boote herangeschafft, vielfach auch neu gebaut werden mußten. Die Landung auf der Krim, bei der man mit feindlichem Widerstand rechnen mußte, wurde gerade in Bezug auf das Ausbooten und Anlandbringen der Artillerie sorgfältig vorbereitet und geübt.

---

[150] Vaillant.

Mengen- und zeitmäßig hatte die Marine zunächst mit einem Stoßbedarf zu rechnen. Der Transport nach Gallipoli war die erste starke Beanspruchung, die Weiterbeförderung nach Varna die zweite. Erst von der Ausschiffung in Varna ab, noch stärker seit der auf der Krim, bildete sich dann das »ständige Hin- und Her«, das »ununterbrochene Kommen und Gehen« der Transporter heraus, von dem die Darstellungen immer wieder voll Bewunderung berichten: Die Ankünfte mit Mensch und Material und die Abfahrten mit Kranken und Verwundeten folgten einander mit viel bewunderter »unglaublicher« Geschwindigkeit[151].

In der Tat handelte es sich während dieser zwei Jahre um Schiffsbewegungen, welche nicht nur für das östliche Mittelmeer und das Schwarze Meer einzigartig, sondern auch für den westeuropäischen Verkehr ohne Beispiel waren. Der österreichische Internuntius in Konstantinopel, die österreichischen Konsuln in den verschiedenen Hafenstädten und die Kommandanten der österreichischen Kriegsschiffe haben über diesen Verkehr ausführliche Berichte eingesandt, aus denen wir eine gute Vorstellung gewinnen können. Es seien daher kurz einige wenige Berichte zitiert, die ein Bild von dem Umfang des Verkehrs zu vermitteln vermögen; doch muß dabei bedacht werden, daß zwischen den angeführten zahlreiche andere Berichte liegen, die hier fortgelassen werden mußten.

| | |
|---|---|
| 25.10.1853: | [152]„Englische und französische Schiffe verkehren fortwährend in großer Zahl zwischen hier (Bujukdere) und Beschika". |
| 27.11.1853: | [153]„Französische Transportfregatten von Toulon sind angelangt". |
| 19.12.1853: | [154]„Vom 18. bis 19.12. sind über 100 Handelsschiffe in Konstantinopel eingelaufen". |
| 9. 2.1854: | [155]Starke türkisch-englisch-französische Transporte aus Konstantinopel nach den türkischen Häfen der asiatischen Schwarzmeer-Küste. |
| 23. 3.1854: | [156]Die ersten 2500 Mann nach Varna eingeschifft. |
| 3. 4.1854: | [157]2 Schiffe mit französischen Truppen in Gallipoli angekommen. |
| 10. 4.1854: | [158]Englische Truppen in Gallipoli angekommen. |
| 17. 4.1854: | [159]Englische und französische Truppen angekommen, bisher 21 000, in Gallipoli drängen sich die Soldaten. |
| 5. 5.1854: | [160]Täglich kommen englische Truppen in Gallipoli an, in wenigen Tagen wird ein Teil nach Varna verschifft werden. |

151 Bazaucourt, Bd. 1 S. 46.
152 Troude, S. 339, 355 f.; du Casse, Précis Historique, S. 72, 81.
153 KMA, 1853 M/c2-a 25.10.1853.
154 KMA, 1853 M/b XX 106 27.11.1853.
155 KMA, 1853 M/c2-r 19.12.1853.
156 HHStA, XII 50 9.2.1853.
157 HHStA, XII 50 23.3.1854.
158 HHStA, XII 48 3.4.1854.
159 HHStA, XII 50 10.4.1854.
160 HHStA, XII 48 17.4.1854.

| | |
|---|---|
| 9. 5.1854: | [161]Am 7.5. sind 112 Kauffahrer aus Algier, Oran und Marseille in Gallipoli angekommen. |
| 1. 6.1854: | [162]Abtransport aus Gallipoli nach Varna hat begonnen. |
| 5. 6.1854: | [163]Schiffsverknappung bei Transport von Gallipoli nach Varna. |
| 12. 6.1854: | [164]Alle englischen Truppen sind nach Varna verschifft. |
| 19. 6.1854: | [165]Alle französischen Truppen sind nach Varna verschifft; die französischen Dampffregatten sind zuweilen fast bis zum Sinken mit Truppen überladen — fast stündlich fahren weitere Dampffregatten nach Varna. |
| 3. 7.1854: | [166]Von den über 90 englischen Transportern über 1000 Tonnen ist $1/3$ schon wieder zurück in Bujukdere. |
| 10. 7.1854: | [167]Englische Schiffe sind nach England unterwegs, um neues Material zu holen. |
| 7. 8.1854: | [168]In Baltschik liegen schon 300 Transporter, vom Bosporus fahren weitere dorthin. |
| 14. 8.1854: | [169]Die Franzosen mieten alle kleinen Dampfer und Schlepper für die Landung auf der Krim.<br>Bei der Landung auf der Krim waren in vorderster Linie etwa 400, im ganzen rund 600 Kriegsschiffe und Transporter eingesetzt. |
| 11.10.1854: | [170]Täglich kommen englische und französische Transporter leer von der Krim nach Konstantinopel zurück. |
| 6.11.1854: | [171]Im Nordsturm sind seit dem 30.10. im Schwarzen Meer 16 Kriegsschiffe und Transporter verloren gegangen. |
| 4.12.1854: | [172]Ein Teil der erwarteten Verstärkung von 21 000 Mann ist aus Europa eingetroffen. |
| 11.12.1854: | [173]Fortwährend gehen Truppentransporte nach der Krim, der Hafen von Konstantinopel liegt voller Schiffe, deren dauerndes Ein- und Auslaufen zahlreiche Havarien verursacht; das Bauholz für Reparaturen wird im Arsenal knapp. |

161 KMA, M/b XXI 56 ad. 5.5.1854.
162 HHStA, XII 50 9.5.1854.
163 HHStA, XII 50 1.6.1854.
164 HHStA XII 50 5.6.1854.
165 KMA, 1854 M/b XXI 83 12.6.1854.
166 KMA, 1853 M/b XXI 86 19.6.1854; PGStA, Türkei I A Bq 45 vol III Konstantinopel 19.6.1854.
167 KMA, 1854 M/b XXI 95 3.7.1854.
168 KMA, 1853 M/b XXI 103 10.7.1854.
169 HHStA, XII 50 7.8.1854.
170 KMA, 1854 M/b XXII 14 14.8.1854.
171 KMA, 1854 M/b XXII 78 11.10.1854.
172 KMA, 1854 M/b XXII 104 6.11.1854.
173 KMA, 1854 M/b XXII 130 4.12.1854.

Das englisch-französische Geschwader läuft zum Ankern am 26.3.1854 auf der Reede von Karavarna ein (Gemälde von M.L. Roux, Leutnant an Bord des französischen Linienschiffs »Marengo«).

Bombardierung von Odessa am 22. April durch die englisch-französische Flotte. Hierbei war nur die Zerstörung der Kaiser-Mole ein Erfolg (zeitgenössischer Holzschnitt).

◁ Oben: Auslaufen des baltischen Geschwaders, um die Alandinseln zu forcieren. Mitte: Beschießung Sewastopols im Oktober 1854 durch die alliierte Flotte (Zeitgenössischer Stich) Unten: Als Grund für die Beschießung Odessas wurde das Feuer der russischen Batterien auf das französische Schiff »Vauban« angegeben. Von den Alliierten wurden viele Raddampfer eingesetzt (zeitgenössischer Holzschnitt).

Die Bombardierung von Sewastopol verursachte schwere Schäden an den blockierten Schiffen und Festungswerken, aber die Stadt fiel nicht (zeitgenössischer Stich).

Das Flaggschiff der Schwarzmeerflotte, die »Agamemnon«, unter Admiral Sir Edward Lyons, war am 17. Oktober 1854 an der Beschießung des Forts Constantine beteiligt.

Diese zeitgenössische Illustration zeigt die Ausschiffung alliierter Truppen auf der Halbinsel Kertsch. Im Hintergrund beschießen alliierte Einheiten die St. Pauls-Batterie.

Die englisch-französische Flotte verließ im Winter 1854/55 die baltischen Gewässer. Im Schwarzen Meer aber wurde die Blockade Sewastopols fortgesetzt, wobei die Schiffe schwer unter den Winterstürmen litten. Die zeitgenössische Darstellung zeigt das englische Linienschiff »Royal Albert« im Schneesturm vor Sewastopol.

Nach gelungener Landung. Französische und britische Schiffe im Hafen von Balaklawa, aufgenommen im Jahre 1855.

Die französische schwimmende Batterie »Tonnante« von 1855. Die »Tonnante« und ihre vier Schwesterschiffe, die ersten gepanzerten Schiffe der Geschichte, verdrängten 1.800 t, waren 52 m lang und führten 18 Kanonen. Außer ihrem Schmiedeeisengürtel hatten sie bereits einen gepanzerten Kommandoturm. Ihre Geschwindigkeit betrug nur 2,5 Knoten, weshalb sie vor Kinburn auf ihre Gefechtsstationen geschleppt werden mußten.

Die baltische Flotte hatte 1854 unter dem Befehl von Admiral Sir Charles Napier gestanden. Aber im Jahre 1855 wurde er durch den — siehe Bild — Viceadmiral Sir J.W. Dundas abgelöst, der vorher im Schwarzen Meer seine Flagge geführt hatte.

Beschießung von Sewastopol (zeitgenössische Darstellung).

Auf dem englischen Linienschiff »Wellington«, dem Flaggschiff von Admiral Dundas, wurde das Bombardement von Sweaborg als Sie gefeiert (zeitgenössischer Holzschnitt).

Unter Admiral Dundas wurde eine Bewachung des baltischen Hafens Sweaborg durchgeführt. Der Hafen war vorher blockiert gewesen, aber ohne viel Erfolg. Admiral Dundas segelte auf »Merlin« direkt zum Hafen. Die Russen setzten gegen sein kleines Schiff alle Batterien ein.

Es ist bemerkenswert, daß die Alliierten im Krimkrieg nicht nur im Schwarzen Meer und in der Ostsee, sondern auch in Nordost-Asien gegen Rußland operierten.

Die Bucht von Awatscha liegt an der Ostküste Kamtschatkas mit dem Hauptort Petropawlowsk. Auf dem Bild sieht man im Hintergrund den tätigen Vulkan Awatschinskaja Sopka. Kamtschatka, eine 1.200 km lange und bis zu 450 km breite Halbinsel in Nordost-Asien zu besetzen, konnte für den Feldzug selbst nur von minimalem strategischem Nutzen sein, bot aber offenbar den im Fernen Osten befindlichen alliierten Kriegsschiffen die Gelegenheit zum Einsatz gegen Rußland mit dem Ziel einer moralischen Disziplinierung des Gegners.

Der Stich wurde von dem Grafen René de Kerret gefertigt, der an Bord des französischen Flaggschiffs, der Fregatte »La Forte«, Dienst tat.

Das baltische alliierte Geschwader war 1854 ein aus den verschiedensten Typen zusammengesetzter Verband: reine Holzlinienschiffe, hölzerne Schraubenschiffe und eiserne Raddampfer (zeitgenössischer Holzschnitt).

| | |
|---|---|
| 18.12.1854: | [174]Fast täglich kommen große englische Transporter mit französischen Truppen durch Konstantinopel. |
| 25.12.1854: | [175]In den letzten Tagen sind 8 englische Transporter und ein französischer Zweidecker mit Truppen durch Konstantinopel zur Krim gekommen. |
| 12. 2.1855: | [176]In den letzten Wochen fahren fortwährend Truppentransporter zur Krim. |
| 3. 4.1855: | [177]Fortwährend werden Mannschaften, Pferde, Waffen, besonders Gewehre, aus Frankreich über Konstantinopel in die Krim geschafft. |
| 12. 4.1855: | [178]In Alexandrien sind englische Truppen aus Indien eingetroffen und zur Krim verschifft worden; 7 weitere indische Kavallerie-Regimenter sollen folgen; die Tätigkeit der französischen Marine läßt nicht nach, täglich gehen Transporte von Mensch und Material über Konstantinopel zur Krim, leere und mit Kranken und Verwundeten beladene Schiffe kehren von dort zurück. |
| 16. 4.1855: | [179]In Konstantinopel stehen 10000 Mann bereit zum Abtransport zur Krim, weitere Truppen werden erwartet. |
| 3. 5.1855: | [180]Am 28.4. sind 1000 Mann englische Kavallerie mit Pferden aus England nach der Krim an Konstantinopel vorübergefahren; fast täglich kommen sardinische Truppen an. |
| 5. 5.1855: | [181]Eine ägyptische Abteilung von 9500 Mann wurde in die Krim befördert, dauernd passieren französische Transporte von Soldaten und Material Konstantinopel. |
| 9. 5.1855: | [182]900 Sardinier sind mit der Schraubenfregatte »Carl Albert« angekommen. |
| 21. 5.1855: | [183]Das Trockendock in Konstantinopel ist ständig von alliierten Schiffen besetzt, so daß österreichische Schiffe trotz des Wohlwollens der türkischen Verwaltung recht lange warten müssen. |
| 24. 5.1855: | [184]Täglich kommen neue alliierte Truppentransporte. |

Diese Liste könnte bis zum Rücktransport der alliierten Truppen von der Krim nach dem Friedensschluß gleichmäßig fortgesetzt werden, ohne daß, wie noch einmal betont sei, die kleineren Transporte und Schiffsbewegungen Erwähnungen finden.

---

174 HHStA, XII 50 11.12.1854; KMA, 1854 M/b XXII 134 11.12.1854.
175 KMA, 1854 M/b XXII 140 18.12.1854.
176 KMA, 1854 M/b XXII 145 25.12.1854.
177 KMA, 1854 M/b XXIII 19 12.2.1855.
178 KMA, 1854 M/b XXIII 90 3.4.1855.
179 KMA, 1854 M/b XXIII 106 und 114 12.4.1855.
180 KMA, 1854 M/b XXIII 110 16.4.1855.
181 KMA, 1854 M/b XXIII 138 3.5.1855.
182 KMA, 1854 M/b XXIII 95 5.5.1855.
183 KMA, 1854 M/b XXIII 157 2.5.1855.
184 KMA, 1854 M/b XXIII 171 21.5.1855.

Was die Transportflotten auf diesen unzähligen Fahrten mengenmäßig geleistet haben, mag aus folgenden Zahlen des großen Rechenschaftsberichts an Napoleon hervorgehen.

Die Franzosen beförderten mit Schiffen ins Schwarze Meer:

| | | |
|---|---|---|
| aus Frankreich | 257 324 Mann und | 35 777 Pferde |
| aus Algerien | 47 983 Mann und | 5 967 Pferde |
| aus Korsika | 1 998 Mann und | — Pferde |
| aus Italien | 1 963 Mann und | 230 Pferde |
| insgesamt | 309 268 Mann und | 41 974 Pferde |

Es wurden nach Frankreich und Algerien zurückbefördert:

| | |
|---|---|
| als Rekonvaleszenten oder Urlauber | 65 069 Mann |
| Truppenteile vor Friedensschluß | 20 388 Mann |
| nach Friedensschluß | 141 676 Mann |
| insgesamt | 227 133 Mann |

Nach dem Austausch des Friedensvertrages am 27. 4. 1856 standen für die Räumung der von den Alliierten besetzten Gebiete 6 Monate zur Verfügung. Die Räumung begann am 11. April und war bereits am 5. Juli beendet; aus Konstantinopel zogen am 18. August die letzten französischen Truppen ab. Die Mehrzahl der Pferde wurde von der Krim in die Türkei überführt und dort der osmanischen Regierung überlassen. Im ganzen wurden etwa 9000 Pferde nach Frankreich und Algerien zurückgebracht. Daß viele Pferde infolge unsachgemäßen Transportes verloren gingen, wurde bereits erwähnt.

Das Artillerie-Material, über das die französische Orientarmee verfügte und das zur Krim befördert worden war, umfaßte 1676 Geschütze aller Kaliber, 2083 Lafetten, 2748 Wagen, 2,18 Millionen Geschosse, 4 Millionen kg Pulver, ein Gesamtgewicht von mehr als 50 Millionen kg. Nach Frankreich zurückgebracht wurde wiederum Material im Gesamtgewicht von 50 Millionen kg, davon waren allerdings 12 Millionen kg russisches Beutematerial. Das französische Pioniermaterial, das zur Krim gelangte, wog 14 160 000 kg, zurückgebracht wurden davon 2,4 Millionen kg. Außerdem wurden z.B. rund 3000 Holzbaracken, 20 000 Bohlen und 100 000 Bretter zur Krim geliefert.

An Lebensmitteln, Verpflegungsmaterial und Fourage wurden 500 000 Tonnen zum Kriegsschauplatz, 1/10 davon, rund 50 000 Tonnen, wieder nach Frankreich zurückgebracht. Allein um diese Lebensmittel und diese Materialien in den Orient zu schaffen, waren 1800 Schiffsreisen nötig, davon 460 aus Frankreich, 566 aus Algerien, 4 aus Spanien, 77 aus England, 5 aus Belgien, 600 aus Italien, 88 aus Ägypten und Syrien.

Das Gewicht der Bekleidungen, Feldausrüstungen und Pferdegeschirre, die zum Kriegsschauplatz befördert wurden, betrug rund 12 000 Tonnen außer den üblichen Vorräten der Truppe an diesen Dingen im Gewicht von 7300 Tonnen. Von diesen Gegenständen wurden nach Frankreich und Algerien ungefähr 8000 Tonnen zurückgebracht. Das Lazarettmaterial ist gewichtsmäßig nicht erfaßt worden. Das militärische Fuhrwesen wog 8000 Tonnen; etwa 7000 Tonnen, u.a. ein großer Teil der in der Türkei für Frankreich gebauten Wagen, wurden wieder zurückbefördert.

An den Seetransporten war die französische Kriegsmarine mit 11 gemischten Schiffen und Dampfern, 21 Korvetten und 17 Avisos, insgesamt mit 139 Fahrzeugen beteiligt, welche 905 Reisen machten und für die Landarmee allein im Hin- und Rückweg 273 780 Mann, 4266 Pferde und 116 661 Tonnen Material transportierten.

Die englische Regierung, die anfangs sogar Subsidienzahlung angeboten haben soll[185], stellte zur Verfügung Napoleons 8 Schiffe der Armee sowie 42 durch die Admiralität gemietete Handelsschiffe, die insgesamt 38 353 Mann, 1972 Pferde und 6624 Tonnen Material zum Orient beförderten.

Die französische Kriegsverwaltung mietete 1854 und 1855 66 Dampfer und 1198 Fahrzeuge aller Größen. Die 66 Dampfer bildeten zusammen mit 22 Klippern eine Flotte, welche bis zum Kriegsende »ein beständiges Hin- und Herfahren zwischen dem Orient und jenen Häfen vollzogen, wo der Proviant eingenommen wurde«.

Schließlich haben noch die Paketboote der kaiserlichen Paketpost zweimal wöchentlich Fußtruppen und Material befördert. So gelangte z.B. ein Teil der sardinischen Truppen auf diesen Dampfern nach Konstantinopel, während die Mehrzahl auf englischen Schiffen von Genua zur Krim transportiert wurde[186].

Zur Rückführung der Truppen nach dem Friedensschluß verwendete die Verwaltung wiederum 48 Dampfschiffe, 14 große Klipper und 239 andere Segelschiffe.

Insgesamt haben die französische Kriegsmarine, die französische Handelsmarine und die Messageries Impériales während des Krieges 498 050 Mann, 49 002 Pferde und 717 912 Tonnen Material aus der Heimat zum Kriegsschauplatz oder zurück befördert[187].

Die hier angeführten Zahlen können jedoch keineswegs Anspruch auf Vollsändigkeit erheben. Denn z.B. über die von Frankreich in der Türkei angekauften, gecharterten und gebauten Schiffe enthalten sie keine Angaben, während wir aus den verschiedensten Quellen darüber unterrichtet sind, daß zwischen den französischen und englischen Militärstellen beim Ankauf von Schiffen z.B. für die Landung auf der Krim in Konstantinopel ein gewisser, mit Preissteigerungen verbundener Wettstreit bestanden hat. Gar keine Erwähnung finden die zahlreichen österreichischen Schiffe, z.B. die des Österreichischen Lloyd, die durch die Transporte während der Jahre 1855/56 viel Geld verdient haben und nur gelegentlich einmal in österreichischen Berichten genannt worden sind: bei einem Schiffbruch, einer Havarie oder ähnlichen Zwischenfällen, niemals aber wegen ihrer regelmäßigen Fahrten. Ebenso sind verschiedentlich Schiffe von den nord- und ostdeutschen Küsten in französischen Diensten gefahren und haben z.B. Kohle für die französische Flotte von Newcastle nach Konstantinopel, Lebensmittel, Munition, Heu und Stroh von dort zur Krim gefahren[188].

---

185 KMA, 1854 M/b XXIII 180 24.5.1855.

186 PGStA, Frankreich I A Bc 42 Paris 22.11.1854.

187 HHStA, XII 52 Konstantinopel 12.2.1855; PGStA, Türkei I A Bq 45 vol. VII, VIII und IX Turin 6. u. 12.4., 10. u. 23.5., 1. u. 23.10.1855.

188 Vgl. auch Charliat, S. 138 f.

Die Transportleistungen der Engländer blieben hinter denen der Franzosen zurück, weil England eine wesentlich kleinere Expeditionsarmee in den Orient geschickt hat als Frankreich — sie sandten an eigenen Truppen 94 000, an deutschen und schweizer Legionären 3 700 Mann in den Orient, die Franzosen über 300 000 — und also auch der Nachschub und seine Ergänzungen bei weiten nicht den Umfang des französischen annahmen. Es traten aber im Verlauf des Krieges ganz allgemeine Schwächen den Franzosen gegenüber, auf, die nicht oder wenigstens nicht ausschließlich mit dem Hinweis auf das geringere Transportvolumen erledigt sind[189].

Zu keiner Zeit wurde bei den Franzosen so allgemein über ihr Transportwesen geklagt und Beschwerde geführt, wie das bei den Engländern seit den ersten Tagen des Krieges der Fall gewesen ist — wobei natürlich die größere Freiheit der Kritik im Verhältnis zu den französischen Bedingungen zu bedenken ist. Gewiß, der Lebensstandard des englischen Soldaten war weit höher als der des französischen, so daß gewisse Mangelerscheinungen in der Versorgung mit Nahrungsmitteln, Kleidung, Zelten usw. von ihm viel schneller und schwerer empfunden wurden. Wenn aber über den »unglaublichen Amateurismus«, der dem Ansehen der britischen Verwaltung so sehr geschadet habe, Klage geführt wurde, wenn die Engländer »die französische Verachtung für die Unfähigkeit der britischen Stäbe« als berechtigt anerkennen mußten, dann lag der Fehler tiefer.

Es war der in der Politik von den Engländern so viel gelobte und als das Kennzeichen wahrer Staatskunst ebenso gepriesene wie im Kriege von den unter ihm leidenden Soldaten geschmähte Geist der Improvisation, der schuldig daran war, daß eigentlich alles, was organisiert werden mußte, schlecht organisiert wurde: der Nachschub wie das Medizinalwesen[190], die Versorgung mit warmen Kleidern wie die Zubereitung der Speisen, das Werbesystem wie der Transport von Menschen und Pferden zu Lande und auf dem Meer. Dagegen gelang es ihnen zur Überraschung der Franzosen, bei besonderen Gelegenheiten die englischen Truppen weit reichhaltiger und geradezu verschwenderisch zu versorgen. So gingen zum Weihnachtsfest 1854 allein 50 000 Plumpuddings von London über Southampton nach dem Orient — »zwei vollständige Schiffsladungen mit entsprechender Quantität Gin und Whisky, Spielkarten und Kautabak wurden gleichfalls nicht vergessen«[191].

Wo aber sonst eine an Termine gebundene Transportleistung verlangt wurde, da gerieten die Engländer gegenüber den Franzosen regelmäßig ins Hintertreffen. Es wurde bereits erwähnt, daß sie in Gallipoli größere Schwierigkeiten hatten, daß sie aber insbesondere auf der letzten Etappe zur Krim sowohl beim Aufbruch wie bei der Landung trotz ihrer zahlenmäßigen Vorteile erhebliche Verzögerungen verursacht haben, ohne daß dafür andere Gründe als der Mangel an Überlegung und Planung angeführt werden könnte.

Daß die Versorgung des englischen Kontingents über Balaklava niemals ausreichend funk-

---

189 Vgl. Sandmann, S. 90, 91, 94; auch PGStA, Türkei I A Bq 45 vol. VIII Galatz 26.7.1855.

190 Ebeling, S. 310; Sayers, Appendix.

191 Der Feldzug in der Krim, Bd. 2 S. 35, 43; Bazaucourt, Bd. 1 S. 46; Bd. 2 S. 117 f.; Lysons, S. 15; Airlie, S. 36.

tionierte, haben die Engländer selbst auf die Unzulänglichkeit dieses »engen kleinen Fischerortes«[192] zurückgeführt. Zwar hatten englische Ingenieure, um die Entladungen zu erleichtern, allen Schwierigkeiten zum Trotz einige Kais gebaut; aber diese besaßen nur eine Gesamtlänge von 75 Fuß. So kam es vor, daß die Schiffe oft mehrere Wochen lang im Hafen oder gar davor auf die Entlademöglichkeit waren mußten. Die Regierung hat gerade für die nach Balaklava bestimmten Schiffe sehr große Summen an Liegegeld zahlen müssen. Zuweilen mußten die Schiffe halbentladen Balaklava verlassen, um weiteren Verpflichtungen nachzukommen.

Über das Verhältnis des vorhandenen englischen Schiffsraumes zum Bedarf ist keine wirkliche Klarheit zu erlangen. Kinglake[193] hat erklärt, daß der Bedarf stets viel größer gewesen sei als das Angebot. Es sei bald deutlich geworden, daß die gesamte Handelsschiffahrt von England und Frankreich sowie aller neutralen Staaten nicht genügen würde, um in kurzer Zeit den ständig wachsenden Anforderungen des Feldzuges zu entsprechen. Lange Zeiten hindurch hätten Truppen, Munition und andere Vorräte aller Art in den Häfen Europas gelegen, weil kein Schiffsraum für ihren Transport zur Verfügung gestanden habe. Die Charterung von Fahrzeugen in der Levante war fast nur in der guten Jahreszeit möglich, denn nach der Beendigung der Gutwetter-Periode weigerten sich die Besatzungen, welche häufig Mitbesitzer der Fahrzeuge waren, Eigentum und Leben den Stürmen des Schwarzen Meeres auszusetzen.

Besonders groß war der Bedarf an Dampfschiffen. Von den Dampfschiffen hing in einem erheblichen Ausmaße die Gesundheit der Expeditionsarmee ab. Frisches Fleisch und frisches Gemüse konnten fast ausschließlich auf Dampfern transportiert werden. Der Versuch, Schlachtvieh auf Seglern über das Schwarze Meer zu befördern, endete damit, daß »enorme« Mengen von Tieren unterwegs eingingen — selbst bei verhältnismäßig günstigem Herbstwetter mehr als ein Drittel der Ladung[194]. So bestand nach Kinglakes Quellen ein ständiger Kampf um die Beschaffung ausreichenden Dampfschiff-Raumes, der für eilige Munitionstransporte oder für leichtverderbliche Nahrungsmittel benötigt wurde, aber nur für den einen oder den andern Zweck ausreichte.

Unter diesem Gesichtspunkt des Mangels an Schiffsraum haben die Engländer die Verluste durch den Sturm vom 14. November 1854 sehr schwer empfunden[195]. Aber neben dem Totalverlust von 21 und der Beschädigung von 8 Schiffen war kaum weniger empfindlich der Verlust der Güter auf diesen Schiffen. Unter den Totalverlusten befanden sich außer der »Prince« mit der Winterausrüstung für die englischen Truppen auch die »Resolute«, welche der beste englische Munitionstransporter war und u.a. 10 Millionen Schuß Minié-Munition geladen hatte. Außerdem versank z.B. eine Heumenge, welche den Verbrauch des englischen Korps für 30 Wochen gedeckt hätte. Dadurch trat eine solche Heuverknappung ein, daß die eingetretenen Pferdeverluste nicht einmal ersetzt werden durften, weil das Futter gefehlt hätte.

---

[192] Ebeling, S. 310.
[193] Kinglake, Bd. 6 S. 101, 104 f.
[194] Kinglake, Bd. 6 S. 99 f.
[195] Kinglake, Bd. 6 S. 102.

Soll sich so überall ein Mangel an Schiffen bemerkbar gemacht haben, so waren die Engländer andererseits doch wieder durchaus in der Lage, ihre französischen Verbündeten mit Schiffen zu unterstützen. Truppentransporter hätten niemals gefehlt, heißt es in einer neueren Darstellung[196]. Und es wurde bereits darauf hingewiesen, daß die englische Regierung der französischen 50 Transportschiffe für die Dauer des Krieges zur Verfügung gestellt hat. Die Engländer haben dann, als ihnen die Franzosen vor Sewastopol mit Wagen und Gespannen behilflich waren, weiteren Schiffsraum für französische Transporte freimachen können[197] und z.B. die gesamte 7. und 8. französische Division nebst weiteren 3000 Mann von Toulon und Marseille zur Krim befördert. Sie haben aber auch im Juni 1854 4 Schrauben-Linienschiffe, 4 Raddampfer und 8 Transporter für französische Truppentransporte in die Ostsee von Dover nach Calais gesandt und noch im Herbst 1855 den Transport fast des ganzen französischen Mannschaftsersatzes von 30 000 Mann auf ihren Schiffen durchgeführt[198]. Zu dieser Möglichkeit, schnell und reichlich Hilfe an Schiffen zu leisten, kam die Tatsache, daß die Engländer während des ganzen Krieges an ihrer alten Regel festhielten, niemals durch Verschiffung von Heeresteilen auf Kriegsschiffen Disziplin und Kampftüchtigkeit ihrer Flotte zu beeinträchtigen. Es wäre doch eigenartig, wenn man diesen an sich richtigen Grundsatz nicht wenigstens in besonders dringenden Fällen beim Vorhandensein einer Schiffsverknappung durchbrochen hätte. Jedenfalls lassen alle diese Angaben darauf schließen, daß Kinglakes Behauptung einer allgemeinen Schiffsraumnot nicht den Tatsachen entspricht, vielmehr nur dazu dienen sollte, die Unterlegenheit des englischen Transportwesens zur See wie zu Lande zu entschuldigen und zu erklären. Die Leistungen der ersten Seemacht auf dem Gebiete des Seekrieges und des Seetransportwesens sind im Krimkrieg tatsächlich so schwach gewesen, daß ein englischer Historiker, wenn er sie loben wollte, zu ungenauen Angaben greifen oder die Tatsachen verdrehen mußte, wie Kinglake es bei den verschiedensten Gelegenheiten getan hat. Heute scheint uns die Hauptleistung der Engländer bei den Transporten über See darin bestanden zu haben, daß sie die Schiffe zur Verfügung stellten. Die weitaus größte Menge der Transporte ist dann von den Franzosen und für die französischen Truppen durchgeführt worden.

### *Die Versorgung der Armeen auf Grund des Transportwesens der Alliierten*

Die Angaben über das Transportwesen allein geben kein ausreichendes Bild von den Leistungen, insbesondere nicht in Bezug auf das Verhältnis von Leistung und Anforderung. Es ist daher nötig, zur besseren Beurteilung der Transportflotten die Versorgungslage der Landtruppenteile kurz zu streifen.

Grundsätzlich läßt sich dabei von vornherein feststellen, daß die Engländer stets viel schlechter versorgt waren als die Franzosen und daß Mangel und Klagen nicht etwa ausschließlich in dem gewohnten höheren Lebensstandard des englischen Soldaten ihre Erklärung finden. Es kam doch häufig vor, daß die Engländer an gewissen Dingen nicht nur we-

[196] Kinglake, Bd. 6 S. 160 ff.
[197] MacMunn, S. 35.
[198] Bazaucourt, Bd. 2 S. 118; HHStA, IX 46 Paris 6.12.1854.

niger hatten, als sie gewohnt waren, sondern weniger als die Franzosen oder buchstäblich gar nichts.

So hatten sie z.B. noch bei der Landung auf der Krim, als der Krieg und das Lagerleben also schon seit Monaten zur Gewohnheit geworden waren, keine Zelte[199]. Später, als sie im Winter nicht nur große Zelte, sondern sogar solche mit Öfen besaßen, litten sie doch mehr unter den Unbilden der Witterung als die Franzosen[200]. Das lag dann jedoch vielfach weniger an der schlechteren Versorgung als z.B. an der Ungeschicklichkeit und dem Individualismus, mit dem in Essensfragen verfahren wurde.

Ganz besonders schlecht war bei den Engländern lange Zeit die Versorgung mit allen Einrichtungen, Instrumenten und anderen Hilfsmitteln zur Kranken- und Verwundetenpflege. Das Wirken von Florence Nightingale[201] hätte niemals ein solches Aufsehen auf der Krim wie in Europa und in der ganzen Welt erregen können, wenn die Zustände in den Hospitälern nicht wirklich skandalös gewesen wären. Häufig blieben Erkrankte und Schwerverwundete mehrere Wochen ohne ein Dach über dem Kopf im Freien liegen, oder, wenn sie untergebracht wurden, kamen sie nach Balaklava, wo ohnehin alles überfüllt war und zeitweise die Arbeitskräfte zur Beseitigung von Menschenleichen und Tierkadavern fehlten[202]. Übrigens hatten die Engländer infolge ihrer Eßgewohnheiten und ihrer ungeschickten Diensteinteilung auch sehr viel mehr Kranke als die Franzosen[203].

Bis tief in die schlechte Jahreszeit hinein entbehrten die Engländer warme und regenfeste Kleidung in stärkerem Maße als die Franzosen. An diesem Übel war allerdings der Verlust der »Prince« im Sturm vom 14. November 1854 zumindest mitschuldig, die ja fast ausschließlich mit warmen Wintersachen beladen gewesen war. Bei den Entfernungen, welche die Transporter von Europa bis Balaklava zurücklegen mußten, war an vollen Ersatz erst nach vielen Wochen zu denken[204]. Als dann endlich unmittelbar vor dem Weihnachtsfest und Anfang Januar 1855 große Mengen von warmen Sachen in Balaklava ankamen, ergaben sich neue Schwierigkeiten beim Entladen und Verteilen. Die Soldaten erfroren oder erkrankten; die Schiffe mit warmer Kleidung aber lagen zuweilen viele Tage im Hafen, ohne entladen zu werden, wobei man bedenken muß, daß die englischen Truppen auf der Krim ohne Tuchhosen und nur mit 1 Paar Stiefeln je Soldat eingetroffen waren[205].

Und hier tritt uns wieder die Unfähigkeit der englischen Intendantur entgegen, so daß der Eindruck durchaus bestätigt wird, den man bei der Behandlung des Transportwesens gewonnen hat — was z.B. Florence Nightingale in ihren »Notes on Matters affecting the health, efficiency and hospital administration of the British army« sehr detailliert darstellt. Die Verteilung, bei der die Engländer viele Beweise »einer beklagenswerten Unfähigkeit« ablegten, versagte an allen Stellen[206]. Lord Raglan selbst hat bestätigt, daß die englischen

199 Schweinitz, S. 16 f.; HHStA, IX 45 Paris 3.8.1855.
200 Kriegführung im Orient, S. 34.
201 Bazaucourt, Bd. 2 S. 117 f.
202 Der Feldzug in der Krim, Bd. 2 S. 35; HHStA, XII 52 Konstantinopel 29.1.1855.
203 Bazaucourt, Bd. 2 S. 118; Geffcken, S. 132.
204 Geffcken a.a.O. S. 174.
205 Sayers, LS. 205, 217; Pflug, Bd. 1 S. 122; PGStA, Türkei I A Bq 45 vol. III Pera 2.10.1854.
206 PGStA, Türkei I A Bq vol. III Pera 2.10.1854.

Transportmittel zu Lande ihren Aufgaben nicht gewachsen waren[207]. Von der ersten Landung in Gallipoli bis zum letzten Tage versagten die für die Verteilung zuständigen Stellen nahezu bei jeder Gelegenheit. Vor allem aber war der englische Train völlig unzureichend[208]. Die englischen Darstellungen bestätigen selbst, daß der für dieses Fach zuständige Generalkommissar wohl geringere Mengen von Waren aller Art vorteilhaft einzukaufen wußte und seine Mitarbeiter auf diesem Gebiet nicht untüchtig waren, daß man aber die Verteilung nicht in seine Hände hätte legen dürfen[209]. So kam es, daß in Balaklava in den Schiffen oder bereits ausgeladen größere Mengen von Kleidung, Lebensmitteln und Kriegsvorräten lagerten, niemand aber sich darum kümmerte, sie zu ordnen; niemand wußte, wie sie an die Front gebracht werden konnten oder für welchen Truppenteil sie bestimmt waren. Man vertat die Zeit mit Büro-Formalitäten, statt mit allen Mitteln die Versorgungslage der Front zu bessern.

Dieser Unzulänglichkeit der Intendantur trat ein Umstand zur Seite, der das Los der englischen Soldaten noch erheblich verschlechtern und auch hier einen deutlichen Unterschied gegenüber den französischen Zuständen zeigen sollte. Das Verhältnis der englischen Offiziere zu ihren Mannschaften scheint sehr schlecht und weitgehend von der Interesselosigkeit der Offiziere bestimmt gewesen zu sein. Berichte über diesen Übelstand von der Krimfront werden bestätigt durch eine österreichische Meldung aus Alexandrien, wo im April englische Truppen aus Indien auf der Durchreise zur Krim angekommen waren. Es fiel allgemein auf, daß bei diesen Truppen, ebenso wie bei denen der englischen Mittelmeergarnisonen, kein Zusammenhalt von Offizieren und Mannschaften bestand. »Das scheint wohl auch«, heißt es in dem Bericht[210], »einer der größten Krebsschäden der englischen Armee zu sein, den die vernünftigeren Offiziere wohl selbst eingestehen. Daraus läßt sich auch die Tatsache erklären, daß die Disziplin keine sehr große ist und daß, wie es in Kairo und Alexandrien geschehen, allerlei Exzesse und grobe Verletzungen der öffentlichen Ruhe und Sittlichkeit vorkommen.«

Solche Interesselosigkeit der Offiziere für ihre Untergebenen mußte sich naturgemäß im Winter zu ungunsten der Soldaten besonders fühlbar machen und schließlich im Absinken der militärischen Leistung ihre Folge haben. Tatsächlich hielten die Russen von den englischen Soldaten nicht viel — sie schätzten sie 1855 »beinahe für noch geringer als die Türken« — während sie die Franzosen als gleichwertige Soldaten anerkannten. Ein deutscher Arzt, der den Feldzug auf russischer Seite mitgemacht hat, erblickte den Grund für diese Übelstände in der Art, wie in der englischen Armee die Offizierstellen vergeben wurden[211].

Es ist nicht möglich, die Schuld an der schlechten Versorgung der englischen Truppen von den zuständigen militärischen Transport- und Verteilungsstellen ab und etwa auf die schlechte Leistung der englischen Industrie zu wälzen. Die Franzosen, welche ja ihre Soldaten viel besser versorgten als die Engländer die ihrigen, haben nämlich einen großen Teil ih-

207 Bazaucourt, Bd. 2 S. 117.
208 Geffcken, S. 132.
209 MacMunn, S. 7.
210 KMA, 1854 M/b XXIII 114 12.4.1855.
211 Pflug, Bd. 1 S. 123; Bd. 2 S. 2 f.

rer Waren aus England bezogen[212]. Von den rund 3000 Holzbaracken, welche zur Krim gelangten, waren fast 2/3 in England bestellt und von Southampton aus verschifft worden. Von den 260 000 Kisten Zwieback, welche die Franzosen zur Krim sandten, stammte ein beträchtlicher Teil von dem englischen Hause Packam, das gesalzene Fleisch fast ausschließlich aus England, ebenso eine große Menge von Reis und Kaffee. Der ganze Bedarf an eingedostem Fleisch wurde aus England bezogen, ebenso alle Steinkohlen, viel Rum, Gerste und Hafer. Diese Mengen dürften erheblich größer gewesen sein als die 77 Schiffsladungen, welche bei insgesamt 1800 direkt von England zu den französischen Truppen gesandt worden sind; denn viele Güter werden zunächst über den Kanal und dann von Marseille oder Toulon aus auf französischen Schiffen befördert worden sein.

Ganz allgemein muß man sagen, daß in Frankreich die Herzensteilnahme an den Beschwerden der durch die allgemeine Wehrpflicht erfaßten Soldaten weit größer war als die Sympathie des englischen Volkes für seine geworbenen, obendrein vielfach ausländischen Söldner. Die Anteilnahme des Volkes sorgte dann auch dafür, daß die Franzosen wesentlich früher mit warmen Sachen versehen wurden als die Engländer. Bereits einige Wochen nach den ersten Meldungen über die Entbehrungen der Soldaten auf der Krim gingen ganze Schiffsladungen von Liebesgaben an Betten, Decken, Kleidern und Lebensmitteln, Zigarren, Tabak und Pfeifen, Weinen und Likören, freiwilligen Ärzten mit Apotheken und Lazaretten an die Front[213]. Ende November wurden dort ausreichende Mengen von warmen Sachen verteilt. Und wenngleich die großen Zelte stets sehr knapp blieben, war doch die Gesamtversorgung in Bezug auf Kälteschutz immer viel besser als die der Engländer und Türken[214]. Die Franzosen besaßen auch viel früher als jene eine ausreichende Zahl von Regenmänteln[215]. Und ebenso waren sie besser und reichlicher ausgestattet mit Hospitälern und deren Zubehör, die Kocherei war vernünftiger geregelt, und sie waren ausreichend mit Pferden und Wagen ausgerüstet[216]. Alles dies mußten die vielen in Paris wohnenden Engländer mit stets wachsender Beschämung beobachten[217].

Auch hier erwies sich erneut, daß nicht die Menge der Vorräte entscheidend war, sondern ihre zeit- und sachgemäße Verteilung. Die rechtzeitige Ausgabe von warmen Uniformen und ausreichenden Nahrungsmitteln vor Einbruch der kältesten und schneereichsten, die Transporte behindernden Zeit hob General Wimpffen im Dezember 1854 als wesentlich hervor. Die Engländer mußten die der ihrigen weit überlegene sachgemäße Einteilung der Ladungen zugeben[218], und ihre Führer erkannten durchaus, daß die Vorzüge der französischen Verteilung zuweilen auf ebenso einfachen wie zugleich praktischen Erwägungen beruhten. Wenn die Franzosen außer ihren Zelten auch noch Proviant für 4 Tage bei sich führten, so waren sie nicht nur in diesem gewiß sehr wichtigen Punkt den Engländern überlegen, die das nicht taten, sondern man errechnete im englischen Hauptquartier zugleich, daß die Einführung dieses Brauches außerdem noch die Einsparung von je einem

[212] Vaillant, S. 21 ff.
[213] Der Feldzug in der Krim, Bd. 2 S. 36; Ebeling, S. 308.
[214] Canonge, S. 47; HHStA, IX 46 Paris 22.11.1854.
[215] Bazaucourt, Bd. 2 S. 137.
[216] Der Feldzug in der Krim, Bd. 2 S. 36; Bazaucourt, Bd. 2 S. 117 f.
[217] HHStA, XII 49 Paris 23.1.1855.
[218] du Casse: La Crimée, S. 63; Lysons, S. 15.

Pferd auf 4 Mann erlauben, d.h. für andere Transportaufgaben freimachen würde. Aber wie die Engländer beim Bau ihrer dringend nötigen Pferdeställe lieber auf die aus Konstantinopel bestellten türkischen Arbeiter warteten, als selbst Hand anzulegen, so fanden sie auch hier nicht den einfachen Weg, sondern blieben bei der Anerkennung stehen, alle Einrichtungen der französischen Armee seien »kriegerisch, tüchtig und praktisch«, insbesondere ihre Verpflegungswesen »schnell und gut geordnet«[219].

*

Übersehen wird im allgemeinen, daß im Januar/Februar 1855 zwei Regimenter Indische Dragoner mit 1600 Männer und 1400 Pferden ohne Zwischenfälle über Ägypten, zur Krim transportiert wurden. Bei Kriegsende schickte man die Pferde nach Europa, die Soldaten, wieder über Ägypten nach Indien zurück[220].

An sich war weder die Bedeutung der beiden Regimenter für die Kämpfe auf der Krim noch die Transportleistung bemerkenswert groß. Aber die Tatsache der Truppenentsendung aus Asien nach Europa als solche öffnete Politikern und Militärs die Augen für diese Möglichkeit in beiden Richtungen. Und schon ein Jahr später erhielt sie Bedeutung, als englische Regimenter ebenso aus Indien wie aus England um das Kap der Guten Hoffnung zum Persischen Krieg geschickt wurden. Dann zeigte sich im Mai 1857, daß die Engländer der Meuterei in Indien mit 8000 bis 9000 Soldaten unterhalb der Normalstärke ihrer Truppen gegenüberstanden. Die Information per Telegraph und Schiff über diesen Sachverhalt brauchte von Kalkutta nach London die Tage vom 18. bis zum 28. Mai. Sofort dachte man in London an die im Krim-Krieg erprobte Überlandroute für Hilfstruppen, dann aber entschied man sich trotz immer dringenderer Bitten um Verstärkung im Juli und August nicht für den schnellsten, sondern für den eindeutig langsamsten Weg um das Kap der Guten Hoffnung. Zunächst wollte man sogar unter ausdrücklicher Bezugnahme auf die Erfahrungen mit großen Transporten über sehr weite Strecken, als es noch keine Dampfschiffe gegeben hatte, ausschließlich Segelschiffe benutzen. Nach ruhigeren Überlegungen charterte man schließlich neben den an Zahl überwiegenden Segelschiffen auch einige Dampfschiffe — aber ausdrücklich Raddampfer, nicht Schraubendampfer. Im Gegensatz zu den langsamen und sonderbaren Entscheidungen schickte man aus Kanada, vom Kap der Guten Hoffnung, von Mauritius, Ceylon und anderen Garnisonen sofort alles, was man entbehren konnte. Die Regierung in Bombay hatte es sich gar nicht anders vorstellen können, als daß die Hilfe per Schiff nach Ägypten und von dort über Land eintreffen würde, und schickte daher sofort ein Schiff nach Suez. Die Peninsular and Oriental Company bot der Londoner Regierung ihre große Dampfer-Flotte an — und wurde durch eine danklose Ablehnung sehr überrascht. Englische Gesandte und Konsuln in der Türkei und in Ägypten, die wiederholt betonten, daß der Landweg zur Vergügung stünde, zumal der Sultan ausdrücklich einen Spezial-Firman in dieser Hinsicht unterzeichnet und erklärt hatte, es dürften, wenn nötig, 20000 bewaffnete Soldaten durch sein Reich marschieren, und er werde sie wie eigene Truppen mit Fahrzeugen aller Art versorgen, wurden nachdrücklich darauf

[219] Sayers, S. 326; PGStA, Türkei I A Bq 45 vol. IV Pera 2.10.1854.
[220] Hoskins, S. 399.

hingewiesen, daß man auf seine Benutzung verzichte. Selbst die Erklärung Napoleons, er stelle wie 1854 die französische Eisenbahn nach Marseille zur Verfügung, änderte nichts an dieser Entscheidung.

Endlich Ende September 1857 besann man sich eines Besseren und beauftragte die P & O westlich und östlich Ägyptens und die Eisenbahn in Ägypten von Alexandria bis Kairo mit dem Transport, so daß nur noch 25 Meilen mit sechsitzigen Wagen in zehn Stunden zurückgelegt zu werden brauchten, womit der Transport einer Einheit durch Ägypten insgesamt nicht mehr als 50 Stunden beanspruchte. Bis Ende Februar 1858 wurden 5000 Offiziere und Mannschaften auf diesem Wege befördert — von 40000 aus England insgesamt. Nach der Niederschlagung der Meuterei hat eine 1858 eingesetzte Kommission festgestellt, daß ausschließlich das Britische Kabinett an der Verzögerung der Hilfssendungen schuldig gewesen ist, nachdem englische Offiziere aller Ränge seit Jahren den Weg über Ägypten ohne Beanstandung oder Behinderung benutzt hatten. Allerdings war der Weg um das Kap natürlich bis zur Eröffnung des Suezkanals im Jahre 1869 billiger als der durch Ägypten.

Es ist offenbar nicht leicht, aus der Geschichte zu lernen. Das britische Kabinett hat sich 1857 bei seinen Entscheidungen ausdrücklich auf historische Erfahrungen berufen, sogar wohlüberlegt und betont auf vielfältige, einander bestätigende Erfahrungen. Aber diese waren seit einigen Monaten durch kaum weniger zuverlässige Erfahrungen, die freilich nicht eben so lange geschichtlich gesichert und wiederholt worden waren, überholt. Wie alt müssen, dürfen also Erfahrungen sein, wenn man aus ihnen lernen will?

# *VI. Der Krieg in der Ostsee*

## *Die Baltische Expedtion des Jahres 1854*

### Ihre Entstehung

Während des Krieges der mit der Türkei vereinigten Westmächte gegen Rußland und erst recht später nach dem trotz höchster Blutopfer unbefriedigenden Verlauf der Kämpfe ist immer wieder die Frage aufgetaucht, ob es richtig war, die Russen hauptsächlich an einem von England und Frankreich so entfernten Ort anzugreifen, wie es Sewastopol war, und ob die Einnahme dieser Festung wirklich einen so großen Erfolg bedeutete, wie es immer dargestellt worden ist. Napier, der erste Befehlshaber der englischen Flotte in der Ostsee, hat diese Art der Kriegführung von vornherein als völlig falsch hingestellt und die Konzentration aller Kampfmittel gegen die russische Ostseeküste, eine Invasion und die Einnahme von Petersburg gefordert. Er hat dabei übersehen, mindestens unerwähnt gelassen, daß während dieser Kämpfe, die gewiß nicht leicht und durchaus nicht von vornherein erfolgversprechend gewesen wären, die Russen wahrscheinlich mit ihrer Schwarzmeer-Flotte Konstantinopel angegriffen und möglicherweise eingenommen hätten. Dann wäre genau das eingetreten, was man mit dem ganzen Krieg verhindern wollte: Die Unterwerfung des »Kranken Mannes am Bosporus« unter die Oberhoheit des Zaren, während die Alliierten mit Petersburg nichts hätten anfangen und es daher wieder hätten aufgeben müssen.

Wenngleich also Napiers Abneigung gegen den Krimfeldzug in dieser Unbedingtheit gewiß nicht berechtigt war, so bleibt doch seine Forderung richtig, daß auch in der Ostsee etwas gegen die Russen unternommen werden mußte, wenn man sie nicht durch die eigene Untätigkeit zu einer Offensive herausfordern wollte. Daß die Russen ihre Ostseeflotte ebenso wenig zum Einsatz bringen würden wie die Schwarzmeer-Flotte, konnte man um die Wende der Jahre 1853/54 nicht wissen — es ist obendrein auch heute noch ungewiß, ob sie nicht bei passivem Verhalten der alliierten Flotten eine Entscheidung zur See gesucht hätten. Napier hat jedenfalls mit dieser Möglichkeit durchaus gerechnet. Bereits am 3. Juli 1853[1] sandte er an Lord Aberdeen einen Brief, in welchem er nicht nur den Ausbruch eines Krieges gegen Rußland mit Gewißheit voraussagte, sondern zugleich auf die wahrscheinlichen, sich ihnen nach dem Urteil des britischen Admirals geradezu aufdrängenden Seekriegs-Pläne der Russen einging. Napier ging bei seinen Überlegungen von dem schlechten Verteidigungszustand der englischen Küsten aus. Er sah auf der Gegenseite bei den Russen eine Kriegsflotte von 27 Segel-Linienschiffen sowie zahlreichen Fregatten und

[1] Napier, S. 1 f.; MacMunn, S. 14 f.

anderen Fahrzeugen neben einer großen, sofort einsatzbereiten Armee in der Umgebung von Petersburg. Mit solchen Machtmitteln konnte nach Napiers Ansicht die englische Küste aufs schwerste zu einem Zeitpunkt bedroht werden, da der bessere Teil der englischen Flotte im Mittelmeer auf den Einsatz im Orient wartete und in der Heimat also mehr oder weniger nur Wach- und Sperrschiffe zur Verfügung standen, die obendrein nicht einmal voll bemannt werden konnten. Napier traute dem Zaren ein Maß von kriegerischer Unternehmungslust zu, welches den Angriff einer russischen Invasionsflotte und -armee auf die englische Küste ebenso möglich erscheinen ließ wie die Landung englischer Kräfte bei Konstantinopel. In diesem Fall aber würde die Verwirrung ungeheuer, die entscheidende Niederlage Englands durchaus nicht unwahrscheinlich sein.

Napier hat damals den Invasionsgedanken überspannt. Er hat den weiten Weg von Kronstadt zu den britischen Küsten nicht hoch genug als Schutz Englands eingeschätzt und ebensowenig das erhebliche Risiko, welches für die Russen mit einem Landungsversuch verbunden gewesen wäre. Der etwaige Verlust der ganzen Invasionsflotte z.B. konnte für die Russen nicht so gleichgültig sein, wie Napier glaubte. Denn selbst wenn er erst nach der Landung der Truppen eingetreten wäre, hätte Rußland doch keine Nachschubmöglichkeit behalten und seine Landungsarmee auf feindlichem Gebiet höchst wahrscheinlich verloren. Damit wäre es zugleich aus der Reihe der seefahrenden Nationen ausgeschieden und außerdem so schwer getroffen gewesen, daß der Ausgang des Krieges nicht mehr zweifelhaft sein konnte. Schließlich wies Napier selbst darauf hin, daß die Vereisung der Ostsee einen russischen Angriff bis in das späte Frühjahr 1854 unmöglich machen mußte, die Engländer also eine verhältnismäßig lange Frist hatten, Heer und Flotte auf den Kampf vorzubereiten. Im übrigen rechneten die Russen ihrerseits im März 1854 durchaus mit dem baldigen Verlust von Oesel, Dagö, der Alandinseln und sogar Revals, weil es im Verhältnis zu seiner exponierten Lage als schwach befestigt galt[2].

Wenngleich Napier also die Invasionsgefahr überschätzte, so schien es doch nötig, die Russen an der Ostseefront anzugreifen. Der Orient würde stets Hauptkriegsschauplatz bleiben; aber in der Ostsee mußten die russische Flotte überwacht, die Seeverbindungen zu den neutralen Staaten, besonders zu Preußen, gestört und, wenn möglich, wirksam unterbrochen sowie an den Küsten Truppen gebunden werden, welche sonst für den freilich sehr weit entfernten Orient frei würden[3]. Ob an diese Maßnahmen eine Offensive gegen die russische Flotte und ihre Häfen, vielleicht eine Landung an der russischen Küste, die Bedrohung von Petersburg angeschlossen werden würde, das mußte eigentlich bei der allgemeinen Unkenntnis der westeuropäischen Flotten in Bezug auf die nicht einfachen navigatorischen Verhältnisse der Ostsee der Zukunft überlassen bleiben.

Von vornherein aber ergab sich aus der engeren Zielsetzung einer Expedition in die Ostsee, daß auch hier, wie im Orient, wenigstens zunächst das Schwergewicht bei der Flottenaktion liegen mußte, d.h. bei England, das wie im Osten so auch im Westen das lebhafteste Interesse an der Ausschaltung der russischen maritimen Bestrebungen hatte.

---

[2] HHStA, IX 49 Petersburg 9.3.1854.

[3] Troude, S. 371 f.; längere Ausführungen über die Fragen, ob Rußland in der Ostsee verwundbar sei, entscheidende Schläge der Flotte ohne sehr große Landungskorps möglich seien — in England viel diskutierte Fragen — enthält ein Bericht aus Paris nach Wien. HHStA, IX 45 Paris 30.3.1854.

## *Der Aufbruch der Expedition*

Der englische Teil[4] der Expediton verließ Spithead bereits am 11. März 1854, also vor Ausbruch des Krieges. Es handelte sich um 9 Schrauben-Linienschiffe, 5 Schrauben-Fregatten und 3 Raddampfer. Noch niemals war ein Geschwader so ausschließlich aus Dampfschiffen zusammengesetzt worden — und obendrein aus den damals noch sehr jungen Schrauben-Dampfschiffen. Nicht ein einziges Schiff war für seine Bewegung allein auf den Gebrauch der Segel angewiesen. Von den mehr als 1000 Geschützen wurden 977 durch Schraubendampfer und nur 40 durch Raddampfer getragen.

Schon nach kurzer Zeit folgte dieser ersten englischen Abteilung eine zweite, welche aus 4 Schrauben-Linienschiffen, 3 Schraubenfregatten, 8 Raddampfern und 7 Segel-Linienschiffen bestand. So zählte das englische Geschwader schließlich 44 Schiffe mit zusammen 2022 Geschützen und 21 800 Matrosen und Marinesoldaten.

Die zeitgenössische Literatur und die französischen Historiker haben diese englische Armada stets als ein »Muster an fortschrittlicher Schiffbauweise« beurteilt und hervorgehoben, daß die Engländer sehr richtig gerade in die schwierig zu befahrende Ostsee so viele Dampfschiffe geschickt haben[5]. Auf der englischen Seite sind nach dem unrühmlichen Ausgang einer so modernen Expedition eher die Schwierigkeiten und Nachteile, welche sich im Laufe der Zeit bemerkbar machten, betont worden, als die Vorzüge der englischen Schiffe gegenüber den französischen. Und dieser Nachteile gab es in der Tat eine ganze Reihe. Das Kommando des Baltischen Geschwaders erhielt Admiral Sir Charles Napier. Er war ohne Zweifel ein Mann von großen Verdiensten und konnte auf eine glanzvolle Vergangenheit zurückblicken; aber es schien doch zweifelhaft, ob ein 68jähriger Admiral so schnell in der Entscheidung und so sehr Draufgänger sein konnte, wie es notwendig werden mochte[6].

Ein weitere Schwierigkeit, auf die bereits hingewiesen wurde, ergab sich in der Bemannungsfrage der Flotte. So schön und modern die Schiffe waren, so schwer war es, die nötigen Mannschaften für sie zusammenzubringen. Napier selbst hat in der »History of the Baltic Campaign« gerade diese Seite immer wieder beleuchtet[7]. Von überall her wurden Menschen verschiedenster Herkunft und Berufe zusammengetrieben, um nur die nötigsten Hände an Bord zu haben. Dabei hat die Küstenschutz-Organisation verschiedentlich mit Abstellung eigener Mannschaften einspringen müssen. Einigen Schiffen fehlten 370 Mann, vielen 10 % ihrer Sollstärke. Und einer der Lords der Admiralität äußerte über das Baltische Geschwader insgesamt, er wolle zufrieden sein, wenn auf jedem Schiff 300 wirklich brauchbare Seeleute seien.

So begann mit den ungeübten Mannschaften, von denen ein großer Teil noch niemals auf einem Kriegsschiff oder überhaupt auf einem Schiff Dienst getan hatte, das Exerzieren mit den Gewehren und an den Geschützen, das während der ganzen Zeit der Überfahrt in die

---

[4] Schweinitz, S. 5.
[5] Troude, S. 373 f.
[6] Sulivan, S. 120 f.
[7] Sulivan, S. 120 f; Napier, S. 18 f.; Paget, S. 78, 83.

Ostsee fortgesetzt wurde und nicht einmal an den Sonntagen unterbrochen werden durfte, wenn die Schiffe mit Aussicht auf Erfolg den Russen entgegentreten wollten.

Aber es war nicht nur der Mangel an Besatzung, welcher die Flotte aufs schwerste behinderte. Auch die sonstige Ausrüstung der an sich vorzüglichen Schiffe war unfertig und unvollkommen. Von den Kommandanten wurde mehrfach erklärt, daß sie eigentlich 3 bis 6 Monate Zeit für eine sachgemäße Ausrüstung brauchten, bevor sie auf eine Begegnung mit der russischen Flotte einigermaßen vorbereitet wären[8].

Wenn gleichwohl die englische Expedition am 11. März sogar mit ungenügenden Munitionsvorräten Spithead verließ — weitere Munition sollte nachgesandt werden[9], und die erste englische Dampffregatte, die schon am 14. 3. in Kopenhagen lag, hatte so eilig England verlassen müssen, daß der Kommandant erst in Dänemark » eine Masse noch fehlenden Mobiliars und Inventarstücke kaufen« sollte — , so mußte diese Eile besondere Gründe haben. Es war nämlich inzwischen bekannt geworden, daß im Januar die russische Flotte im Finnischen Golf auf 27 Segel-Linienschiffe angewachsen war und daß sie außerdem 8 oder 10 Fregatten, 7 Korvetten und Briggs, 9 Raddampfer, 15 Schoner und 50 bis 60, nach einem früheren Bericht des englischen Botschafters sogar 180 Kanonenboote mit insgesamt 3160 Geschützen zählte[10]. Von den russischen Linienschiffen lagen am Tage vor dem Aufbruch des englischen Geschwaders von Spithead 18 in Kronstadt. Und man erfuhr in England, daß die Russen Anstrengungen machten, einige der besten Linienschiffe durch das Eis nach Sweaborg zu schaffen. Das sollte Napier verhindern. Weiter besagten seine Instruktionen, daß er das Eindringen russischer Schiffe in die Nordsee, also Überaschungsangriffe auf die ungeschützten englischen Küsten unterbinden, sein Interesse den Alandinseln zuwenden, wenn nötig, die Neutralität Dänemarks und Schwedens mit den Waffen schützen, gegen Reval und die anderen befestigten russichen Häfen aufklären, sich aber in keine unsicheren und verzweifelten Kämpfe einlassen sollte[11].

Die Russen befürchteten dagegen, daß die Engländer nicht nur einen Angriff auf Kronstadt und die finnischen Häfen, sondern auch eine Landung in Libau und Polangen versuchen würden, um die eben in Litauen und Westrußland ausgebrochenen Bauernunruhen auszunutzen und zu unterstützen. Wie man aus Mißtrauen die Zahl der polnischen Großgrundbesitzer in den Westprovinzen und in der Ukraine beschränkte, so wurde damals anscheinend auch in der Nähe des Zaren der Plan diskutiert, alle Gutsbesitzer nicht russisch-orthodoxer Konfession in den Ostseeprovinzen durch Güter im Inneren des Reiches zu entschädigen und sie dorthin umzusiedeln[12]. Allerdings haben diese Übrlegungen keine Folgen gehabt, weil der Zar gerade seinen »Ostseerittern« besonderes Vertrauen schenkte und sie in jeder Weise begünstigte, da er ihre monarchische Gesinnung mit Recht für den stärksten Wall gegen die westlichen Demokratien und das demokratische Gedankengut überhaupt hielt.

---

[8] Sulivan, S. 121.
[9] MacMunn, S. 15 f.; PGStA, Türkei I A Bq 45 vol. II Kopenhagen 15.3.1854.
[10] Clowes, S. 413 f; Napier, S. 28.
[11] Napier, S. 51 ff.
[12] Schiemann, S. 333.

Inzwischen traf das englische Geschwader am 19. März im Wingo-Sund an der schwedischen Küste ein, dampfte am 23. von dort weiter und erreichte am 27. das damals noch dänische Kiel, nachdem man die Belte ohne Lotsen passiert und sich unterwegs mit einigen weiteren englischen Linienschiffen vereinigt hatte. Zur Erfüllung seiner Aufgabe der Sperrung der Belte und des Sundes für die Russen hielt Napier als Stützpunkt seiner Flotte Kjöge Bai, in der Nähe von Kopenhagen, für am besten geeignet. Dort kam seine Flotte am 1. April an. Am 4. erhielt er die Nachricht vom Kriegsausbruch.

Französische Kriegsschiffe waren während dieser ganzen Zeit in der Ostsee nicht zu sehen. Im April traf ein französisches Schrauben-Linienschiff ein, das aber erst am 1. Mai die Verbindung mit Napier aufnahm[13]. Das eigentliche französische Baltische Geschwader verließ die Heimat erst fast 6 Wochen später als das englische, am 20. April. Es bestand aus 8 Segel-Linienschiffen, 6 Segelfregatten und 3 Dampfern und trug außer den Besatzungen 2500 Marine-Infanteristen und -Artilleristen. Dieses Geschwader, welches von Vizeadmiral Parseval-Deschênes geführt wurde, vereinigte sich zu einem Teil am 5. Mai, in der Masse erst am 12./13. Juni mit dem englischen im Baro-Sund[14].

### *Die Blockade der russischen Küsten*

Die Kriegserklärung vereinfachte die Situation für das englische Geschwader, das sich nun seinen Kriegsaufgaben zuwenden konnte. Sofort[15] wurden einige britische Fregatten mit kleineren Einheiten zur Blockade, welche man am 14. April verhängte, gegen Riga, Libau und andere russische Häfen sowie zur Bildung einer Sperre zwischen Bornholm und der Südküste der Ostsee eingesetzt. Ein »fliegendes« Dampfergeschwader klärte gleichzeitig an der Einfahrt zum Finnischen Golf auf. Am 12. April verließ die gesamte Flotte die Kjöge-Bucht und befand sich am 15. vor Gotska Sandö. Ein Vorstoß gegen Hangö und Sweaborg am folgenden Tag blieb ergebnislos, und der Nebel sowie Napiers Unentschlossenheit verhinderten das Vordringen bis in die Umgebung von Helsingfors. Diese vorzeitige Rückkehr hat dann später Napier den bis heute weder als richtig noch als falsch nachgewiesenen Vorwurf eingetragen, er habe die Vernichtung eines wesentlichen Teiles der russischen Flotte sofort bei Kriegsbeginn versäumt. Tatsächlich widersprechen sich die Angaben völlig, welche über die Frage bekannt geworden sind, ob die russische Flotte sich, vom Eise behindert, außerhalb von Helsingfors befunden oder im Hafen gelegen habe.

Die Flotte hat dann in den folgenden Monaten verschiedene, verhältnismäßig unbedeutende, zuweilen gänzlich unnütze oder nur der Beschäftigung der Besatzungen dienliche Kreuzfahrten unternommen. Am 16. Mai wurde Libau eingenommen; in Brahestad und Uleaborg zerstörte man am 30. Mai und 14. Juni Schiffe, Lagerhäuser, in Bau befindliche Kanonenboote und Baumaterial für diese[16]. Ein Versuch, die Werft von Gamla Karleby zu

[13] Clowes, S. 415.
[14] Schweinitz, S. 5 f.; Jouan, S. 235.
[15] Clowes, S. 415; Schweinitz, S. 6.
[16] PGStA, Türkei I A Bq 45 vol. III Stockholm 12. und 15.6.1854.

zerstören, schlug fehl, weil das Unternehmen unrichtig angelegt war; ebenso wenig Überlegung zeigte am 22. Mai eine Beschießung von Fort Gustavsvaern durch einige wenige Schiffe. Wurden bei diesen Kreuzfahrten an den Küsten entlang immerhin einige Tausend Zentner Pech und Hanf sowie eine ganze Anzahl von im Bau befindlichen Küstenfahrzeugen, große Vorräte an Schiffbauholz, Werften und Magazingebäude vernichtet, so bestand die Hauptaufgabe der Flotte während dieser Zeit doch in der Störung und Verhinderung des russischen Seeverkehrs mit neutralen Staaten, d.h. in erster Linie der Zufuhr von kriegswichtigen Waren aus diesen nach Rußland.

Dieser Blockadebruch-Handel scheint zeitweise einen ganz erheblichen Umfang angenommen zu haben[17]. Schon am 16. April wurde Napier vom ersten Lord der Admiralität darüber unterrichtet, daß versucht worden sei, englische Kohle nach Memel und von dort heimlich nach Kronstadt zu verschiffen. Napier erhielt den Befehl, solche Transporte zu verhindern — unglücklicherweise fehlten ihm flachgehende Schiffe, welche den Verkehr von Memel nach Kronstadt, der im flachen Wasser dicht unter der Küste vor sich ging, wirksam unterbrechen konnten. Aus Paris wurde fast gleichzeitig gemeldet, daß Kaufleute und Reeder der deutschen Hansestädte mit Rußland große Geschäfte in Konterbande-Waren betrieben. Obgleich die französischen Behörden bei den Hansestädten sofort Vorstellungen dagegen erhoben, schien es doch zeitweise, wie Napier schreibt, »als ob jeder Hafen von Ostende bis Memel unablässig in russischem Interesse tätig, alle Schiffe Belgiens und Hollands sowie die ganze Küste Deutschlands mit diesem Handel beschäftigt waren«. So entdeckte der englische Konsul in Antwerpen, daß dort zwei neutrale Schiffe mit Waffen für Rußland beladen wurden, während ein holländisches, gleichfalls mit Waffen beladenes, bereits den Hafen mit russischem Ziel verlassen hatte. Welche Ausdehnung die Verschiffung von belgischen Waffen aus Antwerpen nach Rußland annahm, geht daraus hervor, daß innerhalb kurzer Zeit 14 solche Schiffe, darunter übrigens 3 englische, namentlich festgestellt werden konnten. Gerade diese Waffentransporte sollen nach Napiers Darstellung vorwiegend unter hanseatischen Flaggen ausgeführt worden sein. Zuweilen war auch ein hanseatischer Konsul der Vermittler für Fahrzeuge anderer Staaten, z.B. Hannovers.

In Lübeck, Memel und Libau hatten sich nach der Meldung des französischen Konsuls in Lübeck zwecks Umgehung der Blockade einige Handelshäuser zusammengeschlossen. Für Rußland bestimmte Waren sollten von Lübeck mit neutralen Schiffen nach Memel und von dort auf flachgehenden Dampfschiffen nach Libau gebracht werden. Die Gesellschaft verließ sich bei diesem Blockadebruch auf den Mangel der Engländer an flachgehenden Fahrzeugen, welcher sie daran hinderte, die flachen und unsicheren Küstengewässer zu überwachen. Es war nicht selten, daß die Transporte sich in Sicht der englischen Flotte bewegten und diese doch unfähig war, die Fahrzeuge aufzubringen.

Belgische Waffen wurden auch auf amerikanischen Schiffen nach Rußland gebracht. Blei gelangte in großen Mengen auf schwedischen Schiffen von Lübeck nach russischen Häfen. Wenn zeitweise der Seetransport doch einmal zu gefährlich erschien, ließ Rußland sich mit Schießpulver oder den zu dessen Herstellung nötigen Rohstoffen über Danzig, die Weichsel aufwärts nach Warschau oder von Memel zu Land über die preußisch-russische Grenze

[17] Napier, S. 83 ff., 148 ff, 198 f.

versorgen; oder russische Schiffe, die eigentlich in Reval und Viborg beheimatet waren, gingen für Kriegsdauer — wohl auch endgültig — in hanseatischen Besitz über: In Lübeck wurden einmal 13, in Hamburg 19, in Bremen 6, in Kiel 1, in Altona 13, insgesamt also 52 solche Schiffe genannt.

Gleichzeitig spielte sich ein entsprechender Besitzwechsel zwischen russischen und schwedischen Reedern ab. Dann fuhren die Schiffe unter schwedischer Flagge von Lübeck angeblich nach Haparanda. Von dort konnten aber leicht die Waren nach Rußland gebracht werden, wenn die Schiffe es nicht überhaupt vorzogen, an Haparanda vorbei zu den finnischen Häfen Christianstadt oder Jakobstadt zu fahren. Die einzige Möglichkeit zur Unterbindung dieses Blockadebruchs bestand in der Stationierung flachgehender Dampfer an der Mündung des Torneå-Flusses — aber diese gab es eben im Baltischen Geschwader nicht in genügender Anzahl.

Die Blockade war durch diesen Mangel so wirkungslos, daß sogar in England selbst im Juni 1854 eine British Steam Navigation Company gegründet wurde, welche zwischen Dünkirchen und Memel verkehren und gewissermaßen den Zubringerdienst für die Blockadebrecher erledigen sollte. Auch französische Industrielle machten auf solchen Wegen gute Geschäfte mit Rußland[18].

Rußlands Handel wurde also mengenmäßig fast gar nicht getroffen. Die Schiffe befanden sich eigentlich nur dann in Gefahr der Aufbringung, wenn sie, verlockt durch hohe Frachtraten, direkt von russischen Häfen aus über die Ostsee fuhren. Bei solchen Schiffen befanden sich auffällig viele unter dänischer, einige auch unter der Lübecker Flagge.

Die Russen störten und erschwerten die Blockade ihrerseits wenig — aktiv durch den Einsatz von Kriegsschiffen überhaupt nicht, da sie es für überflüssig halten mochten, wohl aber durch andere Maßnahmen, welche die Orientierung der englischen Schiffe erschwerten. So[19] beseitigten sie alle Seezeichen und Tonnen sowie den Leuchtturm von Dünamünde und legten damit die Schiffahrt z.B. im Litauischen Golf fast gänzlich lahm. Sie sorgten außerdem mit allen Mitteln dafür, daß diese Niederlegung des Leuchtturmes unbekannt blieb. In den Rigaer Zeitungen wurde eine Anordnung veröffentlicht, welche die Annäherung an die Orte Bolderau und Dünamünde auf mehr als 6 Werst untersagte. Auch soll die russische Regierung geplant haben, einen neuen Leuchtturm, welcher dem von Dünamünde gleichen sollte, an einem anderen Ort zu errichten, um so die feindlichen Fahrzeuge irrezuleiten. Hier offenbarten sich also Fragen des Seekriegsrechts, die mit zur Konferenz von 1856 führen sollten.

Die größte Behinderung der Blockade schufen sich jedoch die Engländer selbst, indem sie, wie bereits bemerkt wurde, es unterließen, ihrem Geschwader eine ausreichende Zahl von flachgehenden Dampfschiffen beizugeben. Durch diesen Mangel wurden sämtliche Aktionen der Engländer aufs schwerste beengt, verschiedentlich geradezu zur Wirkungslosigkeit verurteilt[20]. Die Gestaltung der russischen Ostseeküsten erforderte für die wirksame Blockade und Unterbrechung des Seeverkehrs der Häfen untereinander Linienschiffe und

[18] Napier, S. 99 f., PGStA, Türkei I A Bq 45 vol. IV London 29.9.1854.

[19] Earp, passim.

[20] Clowes, S. 415.

Fregatten fast nur als Rückhalt einer großen Zahl von Kanonen- und Spezialbooten, viel weniger für den direkten Einsatz beim engeren Blockadedienst[21].

Napiers Kriegführung und noch mehr seine Kritik an den Maßnahmen seiner vorgesetzten Dienststellen ist durch einige Argumente bestimmt gewesen, die sich im Laufe der Jahre bis zu fixen Ideen ausgewachsen haben. Sie hießen: Mangel an seemännischem Personal, Mangel an Lotsen und Mangel an Kanonenbooten. Diese drei Mängel sind nach Napiers Auffassung in erster Linie dafür verantwortlich, daß die Baltischen Expeditionen so unglücklich und ergebnislos verlaufen sind. Wenngleich diese Argumentation überspitzt ist und insbesondere die in Napiers Alter und Charakter beruhenden Schwierigkeiten bei der Führung des Geschwaders wie bei der ebenso wichtigen Verständigung mit der Admiralität in London völlig außer acht läßt, so läßt sich doch nicht bestreiten, daß jeder der drei genannten Punkte sehr erheblich für den ungünstigen Ausgang der Ereignisse mitverantwortlich war, ganz besonders aber das Fehlen der Kanonenboote.

Napier hat von vornherein auf diesen Mangel aufmerksam gemacht und seine Forderungen mit einer Beständigkeit und Hartnäckigkeit wiederholt, die nicht wenig zu seiner Unbeliebtheit bei den Londoner Vorgesetzten beigetragen haben mögen. Als alle seine Bitten und Begründungen erfolglos blieben, wandte er seinen Blick alter englischer Tradition getreu auf die Flotten benachbarter Staaten, die für den Einsatz gegen Rußland vielleicht in Frage kamen. Gerade an den in England so knappen Kanonenbooten hatte Schweden auf Grund seiner eigenen Küstengestaltung eine besonders große Zahl, nämlich 328 neben 10 Linienschiffen, 16 Fregatten und Korvetten, 21 Briggs und 14 Dampfern[22]. Napier gab sich die größte Mühe, Schweden zur Teilnahme am Kriege auf englischer Seite zu bewegen und damit die so dringend nötigen Kanonenboote zur Verfügung zu bekommen: er legte als Druckmittel seine Flotte nach Elgsnabben. Aber die Schweden, die einerseits sehr hohe Subventionen forderten und andererseits von den Leistungen der Alliierten nicht sonderlich beeindruckt waren, verweigerten energisch jede Beteiligung am Kriege auf einer der beiden Seiten, wie sie später auch die Übernahme der Alands-Inseln ablehnten, um nicht in den Konflikt hineingezogen zu werden. Die Situation zwischen den zwei als rücksichtslos bekannten Großmächten Rußland und England war in der Tat auch wenig verlockend und die Position keines der beiden Staaten während des ganzen Krieges so stark, daß das Überschwenken auf dessen Seite nicht mit einem ganz erheblichen Risiko verbunden blieb.

Für den englischen Admiral aber wurde die Lage immer bedrängter. Während er selbst weder englische noch schwedische Kanonenboote erhielt, erfuhr er, daß die Russen in Abo und anderen finnischen Häfen eine beträchtliche Anzahl von Kanonenbooten bauten, somit ihre Stellung gegenüber den Engländern immer besser, die Blockade immer bedeutender wurde. Und ebenso wenig konnten die Russen beim Bau ihrer Kanonenboote gestört werden, weil man auch dafür wieder außer Truppen, die nicht zur Hand waren, kleine Transporter und Kanonenboote gebraucht hätte. Auf diese Weise wurde also jedes Angriffsunternehmen von vornherein unmöglich gemacht[23]. Der Vorteil, welchen man

---

21 MacMunn, S. 212 f.

22 Napier, S. 128 f.

23 Napier, S. 144.

dem Gegner so in die Hand spielte, wurde schließlich auch der »Times« klar. Sie schrieb am 16. August 1854: »Es leuchtet ein, daß in dem flachen Wasser und in den schwierigen Passagen dieser Inlandsee unsere Dreidecker kaum jemals nahe genug an die Befestigung des Feindes herangebracht werden können, um wirksam zu werden«.

Aber England schickte keine Kanonenboote. Erst als Napoleon am 16. Mai 1854 in einem Schreiben an die englische Regierung den beschleunigten Bau flachgehender und gepanzerter Dampfer forderte, kam etwas Bewegung in den Bau solcher Fahrzeuge. Und tatsächlich traf Mitte September, als die französische Flotte eben im Begriff war, zur Überwinterung heimzukehren, und alle Operationen für das Jahr 1854 beendet waren, ein einziges, das erste Kanonenboot bei Admiral Napiers Flotte ein[24]. Insgesamt sollen während des Krieges in England 150 Kanonenboote von 200 bis 300 t Größe gebaut worden sein, von denen aber höchstens 50 zum Einsatz gekommen sind. Der Bau dieser Schiffe wird als erstes Beispiel für eine Massenproduktion von Schiffen bezeichnet[25].

Ebenso schwierig stand es vom Aufbruch des englischen Geschwaders an um die Lotsenfrage[26]. Bereits bei der Abfahrt von Spithead konnten nur halb so viele Lotsen beschafft werden, wie Napier angefordert hatte. Später verweigerte die englische Regierung aus falsch verstandener Sparsamkeit die Gestellung von Spezial-Lotsen für die Flotte, obgleich Napier darauf hinwies, daß der Verlust eines einzigen Schiffes viel teurer sein würde, als die Anstellung einer großen Anzahl von Lotsen. Als er außerdem bemerken mußte, daß seine Lotsen die Ostsee kaum kannten, bemühte er sich wie um schwedische Kanonenboote, so auch um schwedische Lotsen[27]. Nur Kapitän Sulivans Umsicht scheint schließlich den ungeduldigen Napier davor bewahrt zu haben, daß er von den Russen bestochene schwedische Lotsen anwarb, welche seine Flotte unermeßlichen Schaden hätten zufügen können. Die dänische Regierung untersagte ihren Lotsen überhaupt, in die Dienste der Kriegführenden zu treten[28].

Und schließlich fehlte es an Truppen, die man Napier bei seinem Aufbruch verweigert hatte[29]. Ohne Truppen konnte aber eine Landung ebenso wenig durchgeführt werden wie ohne flachgehende Dampfschiffe. Da fanden sich die Franzosen bereit, 11 000 Mann in die Ostsee zu senden, wenn England den Transport übernehmen wollte. So verließen zwischen dem 15. und 20. Juli französische Truppen, die mit einer Überwinterung auf russischem Gebiet rechneten, auf englischen Schiffen Calais in Richtung Rußland[30]. Der preussische Gesandte in Paris, v. Hatzfeld, bemerkte dazu: »Früher hätte man wohl kaum geglaubt, daß französische Soldaten für längere Zeit auf englischen Schiffen transportiert werden würden«[31]. Unmittelbar nach der Einnahme von Bomarsund verließen diese Truppen jedoch wieder das Baltische Geschwader. Schon Anfang September passierten sie die Kjöge

[24] S. 445.
[25] Osbon, S. 103 ff, 211 ff.
[26] Clowes, S. 415; Napier, S. 35.
[27] Sulivan, S. 134.
[28] Napier, S. 89.
[29] Clowes, S. 415.
[30] MacMunn, S. 213 f.; Napier, S. 60.
[31] HHStA, IX 45 Paris 7.7.1854; PGStA, Türkei I A Bq 45 vol. III Paris 21.7.1854.

Bucht auf dem Heimweg. Die Einnahme der finnischen Hafenplätze, an denen die Russen ihre Kanonenboote bauen ließen, wurde damit endgültig unmöglich[32].

Allen diesen sachlichen Hindernissen gegenüber darf jedoch nicht die schwere Belastung verkannt werden, die in der Person Napiers selbst lag. »Es muß daran erinnert werden, daß Napier damals ein alter Mann war, sehr verschieden von dem Napier jener Tage der Einnahme von Ponza«[33]. Jetzt war er nicht mehr imstande, einen Seekrieg so zu führen, daß er das Verlangen der Admiralität nach Vorsicht und Behutsamkeit erfüllen und trotzdem entscheidende Siege erringen, ja, erzwingen konnte; denn die Russen machten ihm die Kriegführung wahrlich nicht leicht und kamen ihm in keiner Weise entgegen. Napier hat ohne Zweifel, so z.B. bei der Beschießung von Gustavsvaern, Fehler gemacht. Gerade in Bezug auf diese Aktion zitiert Sulivan[34] ein Urteil, in dem es heißt: »Der arme Chef ist wirklich zu unsicher, nervös und von der Verantwortung zu sehr bedrückt, als daß er solch eine Aufgabe übernehmen könnte. Er hat weder Pläne noch irgend ein System, ihn leiten allein Augenblicks-Einfälle ...«

Wo aber eine solche Persönlichkeit mit einer Admiralität zusammenstieß, die selbst kein ganz reines Gewissen hatte, und wo außerdem sachliche Schwierigkeiten, wie die hier behandelten, auftraten, da konnten große Erfolge kaum erwartet werden.

## *Einnahme und Räumung von Bomarsund*

Napoleon I. hatte erklärt, die Aland-Inseln bildeten den »Schlüssel zu Stockholm« , und sie 1808 dem Zaren überlassen, weil Schweden sich nicht seiner Kontinentalsperre anschloß. In Wien hatte Schweden sie mit dem Argument zurückgefordert, sie seien von jeher schwedisches Territorium gewesen, war aber über die Entgegnung des Zaren, es ginge nicht um alte schwedische, sondern um neue russische Grenzen, nicht hinweggelangt. Selbst die Bitte, die Inseln wenigstens nicht zu befestigen, war von Rußland als eine erniedrigende Zumutung nicht erfüllt worden.

Im Jahre 1834 begannen die Russen mit dem Bau von Befestigungen, die zu Beginn der 50er Jahre als eine aus Granit gebaute »formidable Festung« angesehen wurden: Bomarsund[35], was die schwedische Politik sowohl wie die Vorbereitungsmaßnahmen der Alliierten nachdrücklich beeinflußte.

Nach einer kurzen Aufklärung gegen Sweaborg am 18. Juni 1854 wurden am 20. zum ersten Male 3 Dampfschiffe mit der gleichen Aufgabe gegen Bomarsund gesandt[36]. Lotsen hatte man sich beschafft, indem zwischen den unzähligen Inseln der Alands-Gruppe Fischerfahrzeuge aufgebracht und deren Besitzer zum Lotsendienst gezwungen worden wa-

[32] Napier, S. 142; PGStA, Türkei I A Bq 45 vol IV Kopenhagen 9.9.1854.
[33] Clowes, S. 415.
[34] Sulivan, S. 158.
[35] Barros, S. 2 f.
[36] Schweinitz, S. 7 ff.; Clowes, S. 420.

ren. Am frühen Morgen des 21. Juni eröffneten die 3 Schiffe das Feuer gegen die Festung und zerstörten einige völlig bedeutungslose Schneedächer.

Danach wurde das Vorgehen gegen Bomarsund einstweilen wieder eingestellt. Es folgte zunächst eine Unternehmung gegen Kronstadt. Neun Segel-Linienschiffe, eine Fregatte und 5 oder 6 Dampfer sicherten gegen Sweaborg, als die beiden Admirale der vereinigten Geschwader mit dem Gros der Flotte gegen Kronstadt vorstießen. Während dieses vom 24. bis 26. bei der Seskar Insel vor Anker lag, drang ein fliegendes Geschwader unter Sulivan weiter vor. Nach seiner Rückkehr entschloß sich Napier auf Grund von Sulivans Bericht, von einem Angriff abzusehen. Da gleichzeitig auf der Flotte die Cholera ausgebrochen war und man die Gewässer von Kronstadt für verseucht hielt, lief die Flotte nach Baro Sund, wo sie am 6. Juli ankerte.

Inzwischen war es für die vereinigten Flotten höchste Zeit für ein Unternehmen geworden, wenn sie noch vor Beendigung der für die Schiffahrt günstigen Periode irgendeinen bemerkenswerten Erfolg erringen und sich nicht mit den bescheidenen Ergebnissen der Blockadetätigkeit zufrieden geben wollten. Da wurde aus politischen wie aus militärischen Gründen der Blick wieder auf die Besetzung der Alands-Inseln gelenkt. Ihr mußte der Fall von Bomarsund vorausgehen, einer Festung, welcher die Flotte leicht jede Unterstützung abschneiden konnte, so daß die Überwältigung mit Sicherheit zu erwarten war. Die »Eroberung« von Bomarsund — das konnte endlich im letzten Augenblick die in Paris und London laut gewordene Kritik an der bisherigen Kriegführung verstummen machen und Napoleon in die ersehnte Lage des Salutschießens versetzen.

Zwischen dem 21. Juli und 7. August versammelten sich in der Bucht von Ledsund die Flotte sowie alle Truppen-, Munitions- und Verpflegungstransporter, welche für die Eroberung von Bomarsund ausersehen waren. Auch die aus Frankreich herangeführten Truppen trafen ein. Sie hatten, als sie in Helsingör für ein paar Stunden an Land gewesen waren, auf die Dänen einen weit besseren Eindruck gemacht als die Engländer[37]. Am 7. August war alles für den Angriff bereit. Im Finnischen Meerbusen kreuzte außerdem ein Geschwader, um das Auslaufen russischer Schiffe aus Sweaborg zu verhindern.

Am 8. August um 3 Uhr morgens begann die Landung der Truppen. Sie wurde um 6.30 beendet, als 11 000 Mann ausgeschifft worden waren, ohne daß der Feind einer solchen Übermacht Widerstand entgegengesetzt hatte. In den folgenden Tagen wurde Artillerie ausgeschifft, auch kam es zu kleinen unwesentlichen Gefechten zwischen der Festung und einzelnen Schiffen. Als dann am 16. früh die Beschießung durch die Schiffe mit einiger Heftigkeit einsetzte, gab um 12 Uhr das Hauptfort den Widerstand auf. Zwar waren die Beschädigungen nicht sehr bedeutend, aber der Kommandant erkannte die aussichtslose Lage der abgeschnittenen Befestigung. Wenig später ergab sich auch das Fort Presto. Zur allgemeinen Überraschung erwiesen sich also die Festungsanlagen als schwach.

Mit dem General Bodisco gingen 2200 bis 2250 russische Offiziere und Mannschaften in die Gefangenschaft. Sie wurden auf englischen Fahrzeugen nach Ledsund gebracht und dort zwischen den Verbündeten als einzige Beute ehrlich geteilt, um am 5. September in

[37] PGStA, Türkei I A Bq 45 vol. III Helsingör 26.7.1854.

England bzw. in Frankreich mit ihnen den Ruhm der Westmächte verkünden zu können. Der französische Anteil an diesen Gefangenen bildete ein Jahr später beim Gefangenenaustausch mit Rußland fast das einzige Tauschobjekt gegenüber den vielen auf der Krim gefangenen Franzosen[38].

Erst nachdem Bomarsund gefallen war, tauchte die Frage auf, was mit dieser Festung geschehen sollte. Als das Unternehmen begonnen wurde, geschah es, damit etwas geschähe. Nun, da es siegreich geendet hatte, war es fast noch schwerer zu sagen, welcher Nutzen sich aus dieser Eroberung ergeben sollte. Zunächst wurde natürlich der Sieg, dessen Bedeutungslosigkeit unbefangene Beobachter alsbald erkannt hatten[39], gefeiert. Napoleon ließ Viktoria schießen und war glücklich, endlich den Sieg zu haben, welchen er für die Erhaltung der Kriegsbegeisterung der großen Massen so dringend brauchte. Unter diesen Umständen war es auch nur erwünscht, daß der Sieg etwas übertrieben dargestellt wurde. Die Zwecke der Propaganda heiligten ihre Mittel. Der einzige Nutznießer dieses Vorgehens war neben dem Kaiser der französische General Baraguay d'Hilliers, unter dessen Befehl der Sturm auf Bomarsund stattgefunden hatte: Er mußte nun, da der Sieg in der Presse immer größere Ausmaße annahm, einer solchen Waffentat entsprechend den Marschallstab erhalten und empfing ihn in Danzig, wo er 1813 einen Arm verloren hatte[40]. Da der Erfolg als fast ebenso leicht errungen wie großartig hingestellt wurde, war die Folge, daß man gerade in den Tagen, da die Krimexpedition sich in Varna zum Aufbruch gegen Sewastopol rüstete, in England und Frankreich die Überzeugung hegte, diese Festung werde ebenso schnell und nach ebenso geringen Verlusten fallen wie Bomarsund[41]. »Nachdem unsere Geschütze Bomarsund erledigt haben, erwarte ich mit Sicherheit dasselbe Ergebnis bei Sewastopol«, schrieb Lord Aberdeen am 30. August[42].

Noch immer schwebte die Frage, was mit Bomarsund geschehen sollte. Eine Besetzung durch England *oder* Frankreich kam nicht in Frage. Die ganze Baltische Expedition hatte unter dem Zeichen der Gemeinschaft gestanden. Englands Mangel an Landungstruppen und Frankreichs Mangel an Dampf-Linienschiffen, viel stärker aber noch politische Ursachen und die Ruhmsucht Napoleons drängten dahin, daß in der Ostsee kein Unternehmen von dem englischen oder dem französischen Teil des Geschwaders allein durchgeführt werden konnte bzw. durfte. Bei jedem Verstoß, bei jeder Aufklärung verlangten die Franzosen eine »Chance«, sich hervorzutun und Siege zu erringen. Admiral Parseval-Deschêsne soll einmal gesagt haben, alle Pflastersteine von Paris würden nicht zu seiner Steinigung ausreichend erscheinen, wenn er nicht die Beteiligung der französischen Schiffe bei jeder Gelegenheit zur Bedingung machte. Andererseits behinderten natürlich die Segelschiffe der Franzosen, welche oftmals geschleppt werden mußten, erheblich die Bewegungsfreiheit der englischen Schraubendampfschiffe[43]. Und auf der englischen Flotte hieß es bald, man hätte Bomarsund wohl auch ohne die französischen Landungstruppen nehmen können. Ja, Na-

[38] PGStA, Türkei I A Bq 45 vol. VIII Paris 6.8.1855.
[39] PGStA, Türkei I A Bq 45 vol. III Stockholm 21.8.1865.
[40] Ebeling, S. 295 f.; Schweinitz, S. 35 f.
[41] Paget, S. 125 f.
[42] Balfour, Bd. 2 S. 241.
[43] Clowes, S. 421.

pier erklärte am 6. Februar 1855 beim Lord Mayors-Bankett geradezu, *er* habe diese Truppen von vornherein für überflüssig gehalten und dies auch ausgesprochen[44].

So konnte also von der Besetzung Bomarsunds etwa nur durch die französischen Truppen nicht die Rede sein. Eine Besetzung durch Formationen beider Mächte kam aber ebensowenig in Betracht, da sich sehr bald herausstellte, daß das alljährlich erfolgende Zufrieren des Meeres zwischen den Inseln und der finnischen Küste die Position einem russischen Angriff mit überlegenen Kräften aussetzen würde, ganz abgesehen davon, daß das strenge Klima für die Besatzung eine sehr große Belastung darstellen mußte.

Da sich so nach der Einnahme der Festung ergab, daß England und Frankreich sie nicht halten konnten, kam man auf die Idee, Bomarsund den Schweden anzubieten, obgleich kaum anzunehmen war, daß die Russen auf lange Sicht den Schweden kampflos überlassen würden, was sie gegen Engländer und Franzosen verteidigt hatten und von ihnen zurückzuerobern entschlossen waren. So konnte das Angebot an Schweden nur dem erneuten Versuch gleichgesetzt werden, diesen Staat, insbesondere aber seine Flotte und seine Kanonenboote in den Krieg hineinzuziehen. Tatsächlich haben ja Allianz-Verhandlungen mit König Oskar stattgefunden, die an der Garantieforderung des schwedischen Königs und dem Verlangen nach hoher materieller Unterstützung gescheitert sind[45]. Auf jeden Fall erkannten die Schweden genau, daß die Besetzung der Alands-Inseln gegen den Willen Rußlands und selbst oder gerade unter dem Protektorat der Westmächte gefährlich werden konnte, und verweigerten die Annahme dieses Angebots[46]. Der Volkswitz von Kopenhagen aber erzählte, Baraguay d'Hilliers habe die Aland-Inseln schließlich seinem schwedischen Schneider geschenkt[47]. Es war schon viel, daß man — gegen Ende des Krieges — am 21. November 1855 zum englisch-schwedisch/norwegischen Vertrag gelangte, in dem der König versicherte, er werde bei einer Bedrohung durch Rußland englisch-französische Hilfe erbitten — einem praktisch bedeutungslosen Dokument[48].

Da die Eroberer die Festung nicht halten konnten und Schweden, das seit 1808 ein Kleinstaat geworden war, sie nicht einmal geschenkt nehmen wollte — mußte sie also wieder geräumt werden. Vom 28. August ab wurden die Befestigungen, soweit sie nicht bei der Eroberung zerstört worden waren, gesprengt. Am 2. September schifften sich die frnzösischen Expeditionstruppen ein; englische Nachhuten, welche in der englischen Geschichtsschreibung noch heute als Beschützer des Rückzuges lobend gegenüber den bereits abgezogenen Franzosen hervorgehoben werden[49], blieben noch rund 2 Wochen und verließen am 14. September ohne jede Behinderung durch die Russen als letzte Bomarsund.

Wenige Wochen später wehte wieder der russische Doppeladler über den Felsen der Insel. Der Sieg der Engländer und Franzosen war vergessen.

---

[44] PGStA, Türkei I A Bq 45 vol. III Stockholm 21.8.1854 und vol. VII London 7.2.1855; vgl. auch die »Morning Post« vom 7.2.1855.

[45] Delord, S. 617 f.

[46] Jouan, S. 236.

[47] PGStA, Türkei I A Bq 45 vol. IV Kopenhagen 2.10.1854.

[48] Halicz, S. 193 ff.

[49] Wheeler, S. 182.

Bereits[50] Ende August hatten Napier und Parseval-Deschèsne den Befehl zur Rückkehr aus der Ostsee erhalten. Eine Unternehmung gegen Ábo kam nicht mehr zustande, eine andere gegen Sweaborg, das General Niel sehr leicht nehmen zu können glaubte, ebensowenig. Am 17. September, als zwar bereits französische Schiffe auf dem Wege nach Frankreich waren, aber die »Times« eben heftige Angriffe gegen eine, wie sie erklärte, um 2 Monate verfrühte Rückkehr der Flotte gerichtet hatte[51], versuchte Napier noch einmal, die Franzosen zu einer Unternehmung gegen Sweaborg, das neben Kronstadt von der »Times« als Angriffsziel genannt worden war, zu bewegen — wiederum vergeblich. Ende September verließ auch der französische Admiral die Ostsee. Napier blieb noch, gewöhnlich bei Nargen; am 19. Oktober erhielt der Rest seines Geschwaders den Befehl, nach Kiel zu fahren. Ursprünglich hatte man anscheinend den Plan gehabt, einen Teil der englischen Flotte in Kiel oder Gotenburg überwintern zu lassen, da man die Kriegsschiffe nicht gerne nach England zurückkehren ließ. Hielt man nämlich dort die Besatzungen in den Häfen an Bord, so mußte man mit Meutereien rechnen, ließ man sie an Land, dann desertierten sie, wie 1853 vom »Duke of Wellington« 400 Mann[52]. Schließlich fürchtete man aber doch wohl den skandinavischen Winter und zog die ganze Flotte nach England zurück. Am 16. Dezember ankerte Napier in Spithead, wo er unmittelbar darauf das Kommando über sein Geschwader abgeben mußte. Die Baltische Expedition des Jahres 1854 war beendet.

Sie hatte den Erwartungen der Völker in England und Frankreich nicht entsprochen. Die Schuld an diesem Mißerfolg verteilte sich gleichmäßig auf Napier und die Admiralität, die sich obendrein nicht miteinander verständigen konnten. Das einzige kriegerische Ergebnis war die Zerstörung von Bomarsund gewesen — ein sehr fragwürdiges Ergebnis. Die Blockade war infolge des Fehlens von kleinen Dampfschiffen und Seesoldaten kaum erfolgreich gewesen. Mögen die Offiziere, welche die Expedition in die Ostsee verantworteten und leiteten, zu alt für diese Aufgabe, mögen die Informationen der Engländer über die Absichten des Feindes schlecht und unzutreffend gewesen sein — im ganzen glich doch die Baltische Expedition auffällig der Krimexpedition. Auf beiden Seiten von Anfang bis zum Ende die gleichen Mängel an sorgfältige Planung, an Vorbereitung, an Systematik. Auf beiden Seiten infolgedessen keine Initiative — welche dem Gegner ohne weiteres überlassen worden wäre, wenn dieser es nur für richtig gehalten hätte, sie zu ergreifen — sondern ein Anpacken bald hier bald dort mit zu schwachen Kräften oder ohne genügende Vorbereitung. Der preußische Gesandte in Petersburg erklärte dazu: »Die Einen gehen nicht ins Wasser, die anderen kommen nicht ans Land.« Die Bevölkerung von Petersburg nahm diese Art des Krieges überhaupt nicht ernst und vereinigte sich zu »Lustfahrten, um die feindlichen Schiffe zu sehen«[53]. So blieb in der Ostsee wie im Schwarzen Meer, abgesehen von den Transporten, welche viel Arbeit und Mühe schufen, schließlich die Blockade, verbunden mit kleinen Landungen und Zerstörungen von Fahrzeugen und Vorräten. Was in die-

[50] Clowes, S. 425.
[51] PGStA, Türkei I A Bq 45 vol. IV London 14.9.1854.
[52] Paget, S. 130.
[53] PGStA, Türkei I A Bq 45 vol. III Petersburg 30.6.1854.

ser Beziehung 1854 — 1855 in der Ostsee geschah, glich aufs Haar der Expedition in das Asowsche Meer im Mai 1855 — und war in Bezug auf seine Gesamtbedeutung ebenso wertlos.

Wenn man dies bedenkt, dann erscheint der Mangel an Kanonenbooten und kleinen Dampfschiffen fast wie eine nachträglich willkommen geheißene Erklärung für die Mißerfolge. Und es ist nicht unwahrscheinlich, daß die Erfolge beim Vorhandensein dieser Schiffe nicht größer gewesen wären — wofür außerdem die Expedition des Jahres 1855 spricht. Gewiß waren es die Admirale und die Admiralität, die ungenügende Rüstung und die schlechte strategische Vorbereitung, welche die Mißerfolge verursachten. Aber sie waren es nur insofern, als sie selbst einem größeren Irrtum zum Opfer fielen. England in erster Linie, danach auch Frankreich hatten den Krieg herbeigeführt, aber sie hatten sich geistig auf diesen Krieg nicht im geringsten eingestellt. Deshalb erlitten die Westmächte — im Verhältnis zu ihrem Vorhaben — im Westen wie im Osten während des ersten Kriegsjahres eine Niederlage.

Die Behauptung[54], die alliierten Geschwader hätten im Sommer 1854 »half of the Russian landforces idle in the Baltic area« gehalten, »when they were badly needed in the Crimea«, und die russische Flotte »humiliated«, die doppelt so groß gewesen sei wie die der Alliierten, ist in dieser Form unhaltbar.

Russische Truppen konnten nicht innerhalb kurzer Zeit von der Ostsee zur Krim marschieren und dabei obendrein ihre Kampfkraft bewahren. Solche Vorstellungen stammen aus dem Eisenbahn- und Kraftwagen-Zeitalter. Und warum sollte die russische Ostseeflotte sich zum Kampf stellen, wenn die Geschwader der Alliierten weit entfernt von ihren Basen, gefährdet bei An- und Abmarsch, sich auch ohne jeden russischen Einsatz erheblich abnutzten? Die Beschießungen und Zerstörungen an der Küsten waren, aufs Ganze gesehen, so unbedeutend wie die am Schwarzen und am Asow-Meer. Bomarsund bildete den besten Beweis für die Richtigkeit dieser Strategie: Lächerlich gemacht, zogen die »Eroberer« nach einigen Wochen wieder ab, da sie mit ihrem Gewinn nichts anfangen konnten. Nicht einmal als Geschenk war er verwendbar.

Alles in allem wandte Zar Nikolaus die gleiche Kriegführung an, die sich 1812 bewährt hatte. Daß ihr auch, aber nur zusätzlich, innenpolitische Schwierigkeiten wie die Unruhe unter der leibeigenen Bauernschaft zugrundlagen, steht außer Frage.

## *Die Baltische Expedition des Jahres 1855*

### Aufbruch und Blockade

Napier[55] kam für die zweite Baltische Expedition nicht mehr als Führer in Frage. Er hatte sich nicht nur mit der Admiralität überworfen, sondern war auch in dem so erfolglosen, durch ein ständiges Hin und Her gekennzeichneten Vorjahr in höchstem Maße unpopulär

[54] Anderson, S.267 und ältere Literatur.
[55] Clowes, S. 476 ff.

geworden und hatte schließlich beim Lord Mayors-Bankett im Februar 1855 eine Rede voll schärfster Ausfälle gegen die Admiralität gehalten, die sein Verbleiben im Dienst unmöglich machte. Sein Nachfolger wurde Konteradmiral Richard Saunders Dundas, welcher bis dahin zweiter Lord der Admiralität gewesen war.

Man hatte aus der Expedition des Jahres 1854 manches gelernt. Wenngleich England schon damals ein stattliches Dampf-Geschwader in die Ostsee gesandt hatte, so waren doch noch immer auch Segelschiffe in ihrer Begleitung gewesen. Die Zusammenarbeit mit diesen, insbesondere allerdings wohl mit dem großen franzsösischen Segelgeschwader, hatte sich als so schwierig, zeitraubend und die Operationen behindernd herausgestellt, daß England radikal aus jener Kampagne die Lehre zog, es dürften nur noch Dampfschiffe in der Ostsee auftreten. Diese Dampfschiffe wurden nun obendrein besser ausgerüstet, besser bemannt und besser exerziert als beim Baltischen Geschwader von 1854. Außerdem aber hatten Napiers Drängen und seine unglücklichen Erfahrungen, welche ihn z.T. seine Stellung gekostet hatten, nun doch dahin geführt, daß den großen Kriegsschiffen eine beträchtliche Anzahl von kleinen Dampfern, Mörser-Fahrzeugen und Kanonenbooten mitgegeben wurde, welche den Kampf in den engen und flachen Gewässern aufnehmen konnten. Als neueste Waffe führte das Geschwader 5 gepanzerte schwimmende Batterien — nach dem Morning Chronicle vom 18.12.1854 waren 40 geplant gewesen —[56] mit sich, welche den von den Franzosen in das Schwarze Meer gesandten sehr ähnlich waren. Aber während jene dort vor Kinburn ihr erstes Auftreten zu dem seekriegerisch größten Ereignis im Schwarzen Meer gestalten konnten, sollte es den zum englischen Geschwader gehörigen nicht gelingen, rechtzeitig zum Einsatz gegen Sweaborg in der Ostsee zu erscheinen.

Der erste Teil der aus rund 90 Schiffen bestehenden englischen Flotte verließ England am 20. März und erreichte Helsingör nach schwerem Kampf mit Treibeis am 2. April[57]. Das Gros brach am 4. April von Spithead auf. Rund 3 Wochen später, am 26. April verließ Konteradmiral Pénaud mit 5 Schiffen Brest, erreichte Anfang Juni die Ostsee und vereinigte sich bald darauf mit dem englischen Geschwader[58]. Er war mit Landungsgerät so gut versorgt, daß »Fachleute« schon im Oktober 1854 einen entscheidenden Erfolg innerhalb weniger Kampftage vorausgesagt hatten[59]. Aber die Franzosen, die auf der Krim in Englands Interesse und zu seinem Vorteil die Hauptlast zu tragen hatten, beteiligten sich am Einsatz in der Ostsee 1855 nur noch mit halbem Herzen. Offensichtlich durchschaute Napoleon III., daß hier der Krieg nicht zu gewinnen, höchstens zu verlängern war.

Das Erscheinen der zweiten Baltischen Expedition im Jahre 1855 mochte bei der russischen Regierung nun doch manches Bedenken hervorrufen. Von dieser modernen und zweckentsrechend zusammengesetzten Flotte mußten andere Leistungen als die Eroberung von Bomarsund und außerdem eine Intensivierung der Blockade, vielleicht auch eine Landung großen Stils befürchtet werden, welche, da ihr Ort nicht vorauszusehen war, erhebliche russische Truppenmassen an der Küste band. England war entschlossen, seinen Ruf als

[56] PGStA, England I A Bb 33 London 19.12.1854.
[57] PGStA, Türkei I A Bq 45 vol. VII London 22.3. und 2.4.1855, Kopenhagen 3.4.1855.
[58] Chevalier, S. 273 ff.
[59] HHStA IX 46 Paris 14.10.1854.

Erste Seemacht, den es 1854 in der Ostsee verloren hatte, durch eine äußerst energische Seekriegführung zurückzugewinnen[60].

Die Hauptaufgabe der Flotte bestand auch diesmal in der Blockade. Zunächst aber wurden verschiedene Erkundungsfahrten unternommen, um festzustellen, ob sich die russischen Befestigungen gegenüber dem Vorjahre verändert hatten. Reval und Sweaborg waren, wie man im Mai erkannte, seit dem Herbst 1854 erheblich stärker geworden. Reval schied für eine größere Unternehmung von vornherein aus. Eine Aktion gegen Kronstadt war unmöglich, solange die schwimmenden Panzerbatterien fehlten. Aber der Wunsch, etwas Entscheidendes gegen Kronstadt zu unternehmen, hat doch während des ganzen Jahres eine große Rolle in den Überlegungen der Admirale gespielt. Immer wieder wurden Schiffe dorthin geschickt, um die Verteidigungsanlagen zu studieren. Ende Mai und mehrmals im Juni fuhren Schiffe trotz des Vorhandenseins von Unterwasserwaffen und Beschädigungen durch diese bis in die unmittelbare Nähe der russischen Batterien und Schiffe, mit denen sie mehrfach Schüsse wechselten. Allein diese wiederholte Aufklärung zeigte nur immer wieder, daß Kronstadt, in dessen Hafen etwa 23 Segel-Linienschiffe, zahlreiche Fregatten, Korvetten, Dampfschiffe und sehr viele Kanonenboote lagen, zu stark für die alliierte Flotte selbst in der Zusammensetzung des Jahres 1855 war. Noch immer fehlten ihr flachgehende Kanonen- und Mörserboote, vor allem aber gepanzerte Batterien.

So wandte man das Interesse verschiedenen anderen, verhältnismäßig unbedeutenden Orten zu. Die Hauptaufgabe aber blieb zunächst die Blockade, wenngleich eine große Aktion gegen Sweaborg immer wieder erwogen wurde. Es ist nicht nötig, den einzelnen Blockade-Unternehmungen des Jahres 1855 genau nachzugehen. Sie unterschieden sich nur insofern von denen des Vorjahres, als die Flotte nun besser für diese Aufgaben vorbereitet war und infolgedessen größere Erfolge erzielte. Niemals aber konnten diese einen kriegsentscheidenden Umfang annehmen. Die an Zeit und Distanz sehr kurze Blockade gegen ein so großes Reich wie Rußland, dessen Landgrenzen obendrein keineswegs geschlossen waren, konnte keine entscheidende Erfolge erringen, ganz besonders nicht in einer Zeit, da der Krieg nicht eines derartigen industriellen Fundaments bedurfte, wie es später der Fall war. So bestand denn auch die eigentlich Aufgabe der Blockade weniger im Aufbringen von Handelsschiffen — so angenehm und begrüßenswert solche Erfolge auch immer waren — sondern in erster Linie darin, daß die russische Küste von einem Ende bis zum anderen ständig in einer gewissen Aufregung und Spannung gehalten wurde, daß fortwährend eine möglichst große Truppenmenge an dieser Küste zur Abwehr von Landungsversuchen bereitgehalten werden und hin- und hermarschieren mußte. Der prominenteste — und wahrscheinlich auch der erfolgreichste — Blockadebrecher war der später als Mäzen-Archäologe weltberühmt gewordene Petersburger Kaufmann Heinrich Schliemann. Seit 1846 war er als Vertreter eines Amsterdamer Überseehauses in Petersburg, betrieb aber bald auch Einfuhrgeschäfte auf eigene Rechnung — fast ausschließlich unter Beschränkung auf den Indigo-Handel. Nach einem Jahr war er bereits »Kaufmann Erster Klasse«, 1852 richtete er eine Indigo-Filiale in Moskau ein, Mitte 1854 verfügte er über ein einsetzbares Vermögen von 150 000 Talern. Und nun kam seine große Zeit bei der Einfuhr nicht nur von Farbhöl-

[60] PGStA, Türkei I A Bq 45 vol. VII London 3.3.1855.

zern aller Art, sondern auch von Salpeter, Schwefel und Blei für die russische Armee. Am 4. Oktober 1854 schrieb er aus Petersburg, er habe »in diesem Jahr fortwährend tausende von Frachtwagen« mit diesen Waren von Kowno aus unterwegs und »durchschnittlich« einen Kassenumsatz von 1 Mio Silberrubel per Monat[61]. Im Jahre 1855 machte er 200 000 Taler Reingewinn. Zur Bildung einer »zweiten Front«, von der man sich 1854 so viel versprochen hatte, als es auf der Krim zeitweise sehr schwierig stand, ist es niemals gekommen. Dazu fehlte es den Engländern an Menschen, den Franzosen an Schiffsraum, dazu war der Kampf im Osten zu schwer, verschlang er zuviel Menschen und Material. Auch machte man mit zwei russischen Kanonenboots-Flottillen, die mit 900 Esten und Letten bemannt waren, vor Riga unerfreuliche Erfahrungen, welche Vorsicht bei jedem größeren Einsatz ohne überlegene eigene Kanonenboots-Kräfte sehr nahelegten. Es ist absolut unwahrscheinlich, daß die Alliierten in der Lage gewesen wären, eine zweite Front ausreichend mit Nachschub und Ergänzung zu versorgen. Aber es kann auch nicht bestritten werden, daß bereits die Drohung mit dem Gedanken dieser zweiten Front und die gelegentlichen Landungsunternehmungen zwecks Zerstörung von Vorräten, Hafeneinrichtungen, Verteidigungsanlagen usw., die Russen zu Anstrengungen an der Ostseeküste zwangen, welche sie gewiß gerne vermieden hätten, um sich ganz auf den eigentlichen Krimkrieg konzentrieren zu können. Und außer den Truppenkonzentrationen und -bewegungen, zu denen die Russen an ständig wechselnden Orten veranlaßt wurden, erreichte man ohne Zweifel auch eine gewisse Beunruhigung der Zivilbevölkerung. Es wurde hier nach dem gleichen Prinzip Krieg geführt, das gleichzeitig auch im Asowschen Meer eine gewisse Rolle spielte: Die Bevölkerung sollte den Glauben an die Unbesiegbarkeit des Zaren verlieren und so in etwaigen revolutionären Gärungen und Ansätzen gefördert und bestärkt werden. Erfolg hat man mit solchen Plänen zu jener Zeit nicht gehabt. Aber es darf angenommen werden, daß die russische Regierung manche Befürchtungen gehabt hat, da gerade damals, wie bereits erwähnt, verschiedentlich in den Küstengebieten Unruhen ausgebrochen sind.

Im ganzen muß freilich festgehalten werden, daß die zweite Front niemals zustande gekommen ist und keine Landung auch nur im Entferntesten die Ansätze zu einer größeren Unternehmung hat erkennen lassen. Von den Wünschen im englischen Parlament und beim Kaiser der Franzosen bis zu den Taten des Baltischen Geschwaders war ein weiter Weg, auf dem es Schwierigkeiten und Bedenken mancher Art in großer Zahl gab. Und wenn hinterher nach Kriegsende behauptet wurde, das Hauptverdienst der alliierten Ostsee-Flotte hätte eben in der Bindung starker russischer Kräfte an der Ostseeküste bestanden, so darf man darüber nicht vergessen, daß die ursprünglichen Pläne sehr viel weiter gegangen sind und daß diese Bindung auf den Krieg keinen entscheidenden Einfluß ausgeübt hat. Denn niemals wird man bis zu der Behauptung gehen können, nur infolge der Tätigkeit der Baltischen Geschwader sei es auf der Krim möglich geworden, Sewastopol zu nehmen. So eng sind die Beziehungen zwischen den russischen Truppen auf der Krim und denen an der Ostsee niemals gewesen. Es ist nicht bekannt geworden, daß die Russen auf der Krim durch die Bereitstellungen an der Ostsee irgendwann Mangel an Menschen oder Material gelitten hätten.

---

[61] Schliemann, Briefwechsel Bd. I, S. 69.

## *Sweaborg*

Wenngleich zwischen den Wünschen in London und den Möglichkeiten beim baltischen Geschwader stets eine so gewaltige Lücke klaffte, daß die Zweite Front nicht errichtet werden konnte, bestand doch auch bei den Admiralen Dundas und Pénaud immer die Absicht, mit der Flotte eine größere Aktion durchzuführen, welche die von Bomarsund an augenblicklicher Wirkung wie an dauernder Bedeutung übertreffen sollte. Bei den Erkundungsfahrten zu Beginn der Kampagne von 1855 hatte sich herausgestellt, daß nach der Ausschaltung von Kronstadt und Reval für größere Unternehmungen einzig und allein Sweaborg übrig blieb, gegen das ein Angriff möglich und nützlich erschien[62]. So wurde denn auch beschlossen, Sweaborg von der See aus anzugreifen. Admiral Dundas freilich erklärte zunächst auch Sweaborg für zu stark im Verhältnis zu den alliierten Kräften. Es scheint auf Kapitän Sulivans Drängen zu beruhen, daß dann schließlich doch die Entscheidung zu Gunsten dieser »einzigen beachtenswerten reinen See-Operation« während der zweiten Baltischen Expedition gefallen ist.

Aber es dauerte verhältnismäßig lange, bis es wirklich zum Angriff kam. Erst am 31. Juli begann man ernsthaft mit der vorbereitenden Aufklärung gegen Sweaborg. Der Vorschlag Helsingfors wurde endgültig fallengelassen, obgleich manches mehr für ihn als für Sweaborg zu sprechen schien[63].

Die Befestigungen von Sweaborg hatten in Bezug auf ihre Solidität manche Ähnlichkeit mit denen auf der Seeseite von Sewastopol. Wie diese waren sie vorwiegend in festen Fels hineingebaut. Insgesamt verfügten die Werke über etwa 800 Geschütze; außerdem lagen aber einige Linienschiffe im Hafen, deren Kampfkraft noch dazutrat.

Am 6. August rückte die britische Flotte vor Sweaborg, wo sie sich mit den französischen Schiffen vereinigte, während ein größeres Beobachtungs-Geschwader vor Kronstadt lag. Die britische Flotte bestand aus einigen 50, die französische aus 25 Schiffen. Der Hauptangriff sollte von den 16 englischen und 5 französischen Mörser-Schiffen durchgeführt werden. Dieser begann am Morgen des 9. August. Schon gegen 10 Uhr hatte die Beschießung anscheinend schwere Schäden angerichtet und jedenfalls große Brände verursacht. Der Kampf dauerte bis in den Abend hinein und wurde am 10. wiederum bis zum Abend fortgesetzt. Am Morgen des 11. wurde das Unternehmen abgebrochen.

Über das wirkliche Ausmaß der Schäden, welche durch diese Beschießung angerichtet wurde, ist niemals etwas bekannt gegeben worden. Die Franzosen wollen durch zuverlässige Agenten erfahren haben, daß die gesamten Werft- und Kommandogebäude mit ihren Vorräten vernichtet worden waren; ebenso seien alle Pulvervorräte in die Luft gegangen, 23 Schiffe verbrannt, 18 oder 19 schwer beschädigt und 2000 Menschen getötet worden. Aber die Batteriestellungen und Festungen waren durch die Beschießung nur wenig und in jedem Fall unwesentlich beschädigt worden. Die Beschießung von Sweaborg, die in der alliierten Presse naturgemäß als ein großes Ereignis hingestellt wurde, hatte also prinzipiell mit dem gleichen Ergebnis geendet wie die von Sewastopol. Und es konnte durchaus die

62 Clowes, S. 479 f., 488 ff.
63 Chevalier, S. 275 ff.

Frage erhoben werden, ob so geringe Erfolge einem so großen und gefährlichen Einsatz entsprachen.

Selbst die völlige Vernichtung der Befestigungen wäre nahezu bedeutungslos für den Krieg gewesen. Die Beschießung von Sweaborg war nämlich wie die Eroberung von Bomarsund eine Aktion »in sich«, d.h. von ihr führte kein Weg zu weiteren Kampfhandlungen, etwa gegen Helsingfors, Kronstadt und Petersburg oder irgendwo anders hin. Es war hier wie immer in diesem Kriege: Es mußte etwas geschehen — und dann geschah etwas strategisch und taktisch ungenügend Vorbereitetes.

Nach dem Bombardement blieb die Flotte noch untätig bis zum 13. vor der Stadt. Die Baltische Expedition nicht nur des Jahres 1855, sondern des ganzen Krieges überhaupt fand mit diesem Unternehmen gegen Sweaborg ihr Ende. Ende September begann die Flotte nach England zurückzukehren. Mitte November begab sich Admiral Dundas nach Kiel, und allmählich, wie das Eis die Blockade der russischen Häfen übernahm, folgten auch die anderen Schiffe; die letzten hatten am 6. Dezember Kopenhagen passiert[64].

Das war alles, was von dem zeitweise sehr siegesbewußt in der Öffentlichkeit angekündigten Plan einer »Zweiten Front« und nach dem Bau von Kanonen- und Landungsbooten sowie der Bereitstellung großer Truppenmengen übriggeblieben war. Die Erfahrungen von Sewastopol mögen nicht allein Forderungen, sondern auch Mahnungen enthalten, die von Bomarsund insbesondere die Problematik der Führung eines alliierten Flotten- und Heeresverbandes bei einer Invasion beleuchtet haben. Entscheidend war wohl, daß angesichts des Kampfes im Osten den Engländern Menschen, den Franzosen Schiffsraum, beiden Ausrüstungsmaterial zur Errichtung und Aufrechterhaltung einer weiteren Invasions-Front in erheblicher Entfernung fehlten. Und schließlich mögen einige Verantwortliche bei einem Blick auf die Karte festgestellt haben, daß das Hinterland der Ostseeküste nicht weniger tief war als das der Krim: eine Landung schuf also, sie löste nicht etwa Probleme, zumal die Russen sich wie 1812 so auch 1854/55 als Meister der Rückzugs-Strategie erwiesen hatten.

Natürlich hat die Drohung mit einem solchen Unternehmen Rußland zu Anstrengungen an der Ostseeküste gezwungen, die es gewiß gerne vermieden hätte. Wichtiger war aber wohl, daß die Engländer, ohne es zunächst zu beabsichtigen, an der Küste des Asow-Meeres nicht ohne spürbare Wirkung die soziale Unruhe, die Neigung zu Aufständen gefördert hatten. Der Zar mußte damit rechnen, daß entsprechende systematische Bemühungen in seinen Ostseeprovinzen noch erheblich ernstere Erfolge erzielen würden: Die sozial-innenpolitische Wirkung einer Invasion oder »Zweiten Front« — die über den Winter aufrecht zu erhalten allerdings nach den Erfahrungen auf der Krim fast als unmöglich angesehen werden mußte — konnte größer, gefährlicher werden, als der immer auf ein schmales Küstengebiet begrenzte militärische »Erfolg«. Um die Mitte des 19. Jahrhunderts gab es auch einer analphabethischen Masse gegenüber durchaus Mittel »psychologischer Kriegführung«. Die Engländer mußten das zwei Jahre später in Indien zu ihrem Leidwesen erfahren. Aber gegenüber Rußland waren diese, sowohl unterstütz wie behindert durch einen politisch unzuverlässigen Alliierten, 1855 einfach nicht stark, mindestens nicht entschlossen genug zu einem Zweifronten-Krieg, der Flotte und Heer weniger zum militärischen

[64] PGStA, Türkei I A Bq 45 vol. IX Kopenhagen 6.12.1855; HHStA, XII 49 Paris 22.12.1855.

Kampf als zur Revolutionierung eines Volkes gegen seinen Herrscher hätte einsetzen müssen. Außerdem hätte es wohl im Ernstfall so etwas wie eine Solidarität der Monarchen gegeben — selbst wenn sich Zar, Kaiser und Königin auf radikal verschiedenen Grundlagen befanden.

Da also die »Zweite Front« noch in den militärischen Überlegungen steckengeblieben und niemals auch nur der Anfang ihrer Errichtung gemacht worden ist, fehlt jede Erfahrung mit ihr. Die Ereignisse auf der Krim und vor Bomarsund erlauben die Vermutung, daß das Unternehmen seinen schwersten Gegner in sich selbst, in der Unmöglichkeit gehabt hätte, die Frage des Oberbefehls militärisch und politisch für beide Alliierten befriedigend zu lösen. Denkbar ist durchaus, daß im Laufe der Vorbereitung oder Durchführung des Unternehmens die Allianz auseinandergebrochen wäre und Österreich und Preußen nun interveniert hätten[65].

Dundas übernahm den Oberbefehl über die für die Ostsee vorgesehene Flotte auch im Frühjahr 1856. Aber bereits vor der Unterzeichnung des Pariser Vertrages am 30. März 1856 stand fest, daß der Krieg beendet und keine englische Flotte mehr für die Ostsee nötig werden würde. Der Krieg in der Ostsee wurde nicht wieder aufgenommen, obwohl die Vorbereitungen für den Feldzug des Jahres 1856, »dont le théatre principale sera le Baltique et les provinces qui l'environnent«, gerade besonders lebhaft betrieben worden waren[66].

Die Bedeutung der politisch-militärischen Überlegungen in Kopenhagen und Stockholm für die englisch-französischen Planungen sind bisher nicht genau untersucht worden, da die Historiker sich im allgemeinen entweder für die politische oder für die militärische Seite des Krieges interessiert haben[67]. Mit der dänisch-schwedischen Neutralitätserklärung vom 14.12.1853, die von Rußland nicht anerkannt wurde, war die Richtung der schwedischen Politik durchaus nicht für die ganze Zeit des Krieges festgelegt. Vielmehr näherte der König sich, getrieben von Subventionsmöglichkeiten — Napoleon bot ihm anfangs monatlich sechs Millionen Franken — und politischem Ehrgeiz — er forderte u.a. die Rückgliederung Finnlands an Schweden — den Westmächten im Laufe der Zeit, doch nur bis zum Novembertraktat von 1855 mit den Alliierten, die die Integrität des schwedisch-norwegischen Territoriums garantierten, was nichts bedeutete, sobald sie ihre Geschwader zurückzogen, während Schweden versicherte, kein Land an Rußland abzutreten oder zu verkaufen — was mehr von Rußlands Stärke und Absicht abhing, als von Schwedens Entschluß. Für 1856 mag ein Allianz-Vertrag vorgesehen gewesen sein. Er kam zu Schwedens Glück nicht zustande, weil die Verlegung des Schwergewichts des Angriffs unter dem Einsatz von vielen Kanonenbooten und Schwimmenden Batterien in die Ostsee nicht allein von den Ereignissen überholt wurde, sondern bereits am 12. Januar 1856 daran scheiterte, daß die Engländer plötzlich große Unternehmungen gegen den Kaukasus und Bessarabien verlangten. Schließlich führten sie diesen Krieg im Interesse ihrer Positionen in der Türkei, im Vorderen und Mittleren Orient. Am realistischsten dachte bei den jahrelangen Verhandlungen mit Dänemark und Schweden offenbar wie so häufig Napoleon III. Er erhoffte von

[65] Hällström, S. 49 ff.
[66] PGStA, Türkei I A Bq 45 vol. IV London 14.9.1854.
[67] Anderson; Höger; Carlsson.

der Drohung, die für Rußland in diesen Unterhandlungen enthalten war, die Zunahme der Friedensneigung des Zaren: Schweden sollte nach seiner Vorstellung nicht Verbündeter, sondern ein Instrument werden, mit dessen Hilfe er eine neue Kampagne, die Englands Vorrang in der Ostsee verstärken, viel Geld kosten und letzten Endes Rußland nicht entscheidend schwächen, sondern unversöhnlich werden lassen würde, überflüssig machen wollte. Er hatte Erfolg und ließ bei den Friedensverhandlungen Schweden im Stich.

## *VII. Der Krim-Krieg im Fernen Osten und in Nordamerika*

Während der Jahre 1854 und 1855 haben außer im Schwarzen Meer und in der Ostsee auch in einigen anderen Räumen der Erde zum Krimkrieg gehörige Kampfhandlungen stattgefunden, die freilich militärisch und politisch im Augenblick von ganz untergeordneter Bedeutung waren und angesichts der Entfernungen in keiner Weise mit den Operationen in Europa koordiniert werden konnten[1].

Sie blieben daher schon damals in Europa fast unbeachtet. Auch heute werden sie in Gesamtdarstellungen der Geschichte um die Jahrhundertmitte nicht erwähnt, obwohl die Beschäftigung mit dem fernöstlichen Kriegsschauplatz, zu dem in unserem Zusammenhang auch Ostsibirien und Kamschatka gerechnet werden sollen, sehr gut erkennen läßt, wie gerade in jenen Jahren die Rolle Europas in Ostasien wuchs. Die »tragikomische Natur« der taktischen Operationen sollten uns nicht die breiteren Implikationen des Krieges verdunkeln: Rußlands Vorrücken in das Amurbecken und in damals chinesische Küstenräume, das Ansteigen der britischen Sorgen in bezug auf Rußlands Eindringen in die Mandschurei und Korea, den wachsenden Einfluß Japans auf die internationalen Beziehungen und den Fortschritt der kartographischen Kenntnisse durch Aufnahmen im Zusammenhang mit den Erfordernissen des Krieges«[2]. Zwar blieben die Alliierten in diesen Räumen fast ganz erfolglos, aber gerade ihre Mißerfolge — übrigens unter nur geringen Verlusten — lassen die Bedeutung der Qualität der Schiffe auf beiden Seiten erkennen. Auf diesen Punkt soll die folgende Skizze beschränkt bleiben, wobei nicht übersehen werden darf, daß die Strategie der Engländer — die Franzosen spielten eine ganz untergeordnete Rolle — durch Handels- und Seemachtsinteressen bestimmt wurden. England wollte seine Seewege nach China, Südostasien und Australien gegen etwaige Unternehmungen russischer Kriegsschiffe und Hilfskreuzer sichern.

Daher machte sich die Admiralität schon unmittelbar nach Kriegsausbruch daran, nicht nur das russische Pazifik-Geschwader aufzuspüren und zu vernichten, sondern auch die russischen Siedlungen am Ochotskischen Meer sowie Petropawlowsk auf Kamschatka als mögliche Basen für russische Unternehmungen zu zerstören. Dabei besaßen die China-und Pazifik-Geschwader der Alliierten eine gewaltige Übermacht. Sie bestanden aus 25 Kriegsschiffen, darunter sechs Dampfschiffen, während die Russen anfangs sechs, später nur vier Schiffe einsetzen konnten, weil das Flaggschiff ihres Admirals, die »Pallada«, wegen Altersschwäche außer Dienst gesetzt werden mußte und die »Diana« im Dezember 1854 bei Shimoda von einer Flutwelle auf die Küste getrieben wurde.

[1] Clowes, S. 428 ff., 474 ff.; Chevalier, S. 240 ff.
[2] Stephan, S. 257.

Doch die Übermacht der Alliierten wurde fast ganz dadurch aufgehoben, daß diese sich nicht einigen konnten und ständig unter ungenügenden und geradezu falschen Informationen litten. Die Nachrichtenmittel der Zeit hätten auch beim besten Willen der Kriegsführenden in London und Paris und bei den englischen und französischen China- und Pazifik-Geschwadern nicht ausgereicht, um eine sinnvolle Koordination herbeizuführen. So segelten also einzelne Schiffe und Schiffsgruppen von Anfang an in den weiten Seeräumen umher, ohne auch nur einigermaßen genau zu wissen, wo ihre Gegner sich befanden und was sie vorhatten. Zwar zogen auch die Russen Fehlschlüsse aus richtigen und falschen Informationen und Überlegungen. Aber sie wollten, wie im Schwarzen Meer und in der Ostsee, nicht angreifen, sondern, ihrer Schwäche und Verwundbarkeit voll bewußt, Begegnungen vermeiden — und das war sehr viel einfacher als einen Gegner zu finden. Sie dachten gar nicht daran, den englischen Handel zu stören. Vielmehr konzentrierte Admiral Putiatin sich 1854 ganz darauf, einen Freundschaftsvertrag mit Japan zustandezubringen, und im Rahmen dieser Aufgabe infolgedessen, seinen Verfolgern zu entkommen, während der Generalgouverneur von Sibirien, Nikolaus Murawjew, die bescheidenen Siedlungen schützen und die russischen Schiffe erhalten, nicht aber angreifen wollte. Bereits 1853 fürchtete er, die Engländer könnten die Halbinsel Kamschatka besetzen und in das Amurbecken vorstoßen, und schlug daher vor, die russischen Schiffe sollten sich in einem solchen Fall immer weiter amuraufwärts zurückziehen — auf chinesisches Gebiet.

Die Kommandanten der Schiffe — insbesondere Kapitän Gennadi Nevelskoi, der Sachalins Inselnatur entdeckt hatte, mochten noch so sehr protestieren: mit Einwilligung des Zaren blieb Murawjew 1854 bei dieser Politik.

Was die Engländer und Franzosen im Sommer 1854 gegen Petropawlowsk unternahmen, hätten sie später gerne ungeschehen gemacht. Das »Annual Register« für dieses Jahr bezeichnete zu Recht das Unternehmen als den »melancholischen Fehlschlag bei Petropawlowsk«: Er endete mit dem Selbstmord des englischen Oberkommandierenden und mit der Niederlage einer sechsfach überlegenen Landungstruppe, weil es nicht gelang, die an der südamerikanischen Küste verteilten Schiffe auf dem Wege über Hawai bis Petropawlowsk zusammenzuziehen. Als ein kleiner Teil des Geschwaders am 29. August vor diesem Ort eintraf, sah man sich sieben russischen Batterien gegenüber, die, unterstützt durch zwei schwer bewaffnete Schiffe, welche die Engländer aus Südamerika hatten entkommen lassen und nun hier die Hafeneinfahrt blockierten und die Küstenbatterien ergänzten, wie auf der Krim die Schiffe der Alliierten zu schnellstem Rückzug zwangen.

Als auch ein zweiter Angriff am nächsten Tage fehlschlug, erschoß sich Admiral Price. An seine Stelle trat der sehr überalterte französische Admiral Des Pointes. Nun verloren die Alliierten überhaupt alle realistischen Maßstäbe. Ein Landungsversuch am 31.8. wurde von den Russen leicht zurückgeschlagen, ein zweiter am 4. September endete mit einer Katastrophe. Die englisch-französischen Truppen gerieten in einen Hinterhalt, flüchteten und ertranken oder stürzten über die Klippen: von 700 Gelandeten kamen 210 um, fast alle anderen wurden verwundet. Die Russen verloren 35 Soldaten[3].

---

[3] Lewis, S. 265 ff.

Am 7. gaben die Alliierten das Unternehmen auf: Die Franzosen segelten nach San Francisco, die Engländer nach Vancouver.

Wenn man 1854 als »Jahr der Tragödie auf dem fernöstlichen Theater des Krimkrieges« bezeichnet hat, so nannte man das Jahr 1855 das der »Farce«[4]. Die geschlagenen Alliierten konnten nicht verhindern, daß Admiral Putiatin am 7. Februar 1855 einen Friedens- und Freundschaftsvertrag mit Japan schloß. Mitte April evakuierten die Russen mit Hilfe amerikanischer Transporter Petropawlowsk. Als am 31. Mai ein starkes englisches Geschwader unter Konteradmiral Henry William Bruce in die Bucht von Petropawlowsk segelte, fand man Hafen und Stadt leer. Man brannte einen Teil der Stadt nieder, zerstörte ein paar Anlagen und verließ den Hafen am 12. Juni in Richtung auf die russischen Siedlungen in Alaska.

Während diese »Farce« ablief, suchte ein zweites englisches Geschwader erfolglos zwischen Sachalin und dem Festland nach russischen Schiffen. Die russischen Behörden hatten die von Kapitän Nevelskoi 1849 entdeckte Insel-Natur geheimgehalten. Infolgedessen wußten die Engländer nicht, daß die »Bucht der Tartarei« in die De Castries-Bucht überging und von dieser aus die Amur-Mündung erreicht werden konnte. Das brachte ihre Vorstellungen vom Seeweg von Petropawlowsk zum Amur und damit ihre Planungen völlig durcheinander — ganz abgesehen davon, daß sie die Stärke der Russen in der De Castries — Bucht weit überschätzten. Sie glaubten, diese in der Bucht zu blockieren, und bemerkten nicht, daß sie zum Amur segelten, sobald die Straße Ende Mai eisfrei war, und ihn am 5. Juni erreichten. Obwohl nicht weniger als 10 englische und französische Schiffe nach den verschwundenen Russen suchten, entdeckten sie nicht den Seeweg zum Amur, sondern hielten sich an das alte, falsche, Kartenbild.

Die übrigen englischen Schiffe des China- und des Pazifik-Geschwaders segelten ununterbrochen zwischen Vancouver, dem Japanischen Meer, Nagasaki und Hongkong umher, ohne jemals ein russisches Schiff auch nur zu sichten.

Eine englisch-französische Besetzung von Uruppu auf einer der größeren südlichen Kurilen-Inseln nennt Stephan eine »comic opera parody of a triumph«. Zwar stieß man dort nicht auf die vermuteten Russen, aber gleichwohl veranstaltete man am 2. September 1855 eine zeremoniöse Flaggenhissung auf der Insel, die fortan »Insel der Allianz« heißen sollte.

Neben diesen weiträumigen Unternehmungen mit vielen Schiffen wurden einige kleine russische Handelsschiffe gekapert, ein paar Häfen kurz blockiert, am Ufer befindliche Stellungen beschossen, bis deren Truppen sich aus ihnen für Stunden oder Tage zurückzogen. Kola wurde am 23. August arg beschädigt, ein Angriff auf Archangelsk geplant, aber vorsichtigerweise unterlassen. Das alles war noch weniger als die entsprechenden Aktionen im Schwarzen und im Asow-Meer sowie in der Ostsee und hatte eine ebenso geringe Bedeutung, nämlich gar keine, für den Ausgang des Krieges. Es waren nicht einmal Nadelstiche, vielmehr wurden einfach vorhandene Mannschaften und Schiffe, die ohnehin üben mussten, in unsystematischer Beschäftigungstherapie bewegt.

[4] Stephan, S. 266.

Im Herbst 1855 war der Krimkrieg auch im Fernen Osten zu Ende. Auf keiner Seite wurden im Frühjahr 1856 — die Nachricht vom Friedensschluß traf erst Ende Mai ein — neue Operationen vorbereitet.

Die Lehren, die man aus der Aktivität der Alliierten und der Passivität der Russen zog, waren: für die Verbindung mit Kamschatka und die Verteidigung Ostsibiriens hatte das Amurbecken größte Bedeutung, was sich in russischen Aktionen während der folgenden Jahre niederschlug. Die Russen hatten den englischen Handel im Fernen Osten nicht gestört, auch gar nicht stören wollen. Aber während der Kriegsereignisse hatten Amerikaner einen erheblichen Teil dieses freilich nicht sehr umfangreichen Handels zu übernehmen vermocht. Die englische Admiralität stellte — langsam — fest, daß sie sehr ungenaue geographische Vorstellungen von Sachalin, der Amurmündung und der Küste nördlich von Korea besaß, während man mit Bestürzung beobachtete, daß Rußland seine Positionen in diesem weiten Raum zielbewußt verstärkte und vermehrte. Im ganzen hatten die Russen den fernöstlichen Teil des Krimkrieges verteidigenderweise gewonnen, die Alliierten ihn aus Mangel an geographischen Kenntnissen und Schwäche des Nachrichtenwesens verloren. Aber beides war für Europa zu jener Zeit bedeutungslos.

Ob die Russen stärkere Aktivität gezeigt hätten, wenn sie mehr und bessere Schiffe hätten einsetzen können, ist sehr fraglich. Ihre Strategie des Rückzugs erwies sich überall, wo man sie anwenden konnte, auf lange Sicht als den Angriffen von Gegnern überlegen, die ihre teuer bezahlten halben Siege nicht auszunutzen versuchten, auch nicht vermochten.

In England rechnete man von Anfang an damit, daß Rußland, das seit 1648 mehrfach Expeditionen nach Alaska geschickt, 1779 von diesem Gebiet Besitz ergriffen und 1799 eine »Russisch-Amerikanische Pelzkompanie« mit Jagd- und Handelsmonopol gegründet hatte, von dort aus Krieg gegen die englischen Kolonien führen würde. Während man sich also in London auf Seekrieg und Landungsunternehmungen vorbereitete und die Behörden in den Kolonien entsprechend informierte, erklärten die Russisch-Amerikanische und die englische Hudson's Bay Company, die seit vielen Jahren gut miteinander zusammengearbeitet hatten, aufgrund einer Anregung der russischen Regierung, in Briefen, neutral bleiben und einander nicht angreifen zu wollen. Die beiden Regierungen schlossen dann darüber hinaus eine Übereinkunft, daß der gesamte östliche Pazifik als neutrale Zone angesehen werden sollte[5], was man in der Kolonie erst Ende März und auf der Vancouver-Insel offiziell erst am 16. Juli erfuhr — und auch da nur die Neutralisierung des östlichen Pazifik, nicht die Fortsetzung der Zusammenarbeit der beiden Kompanien, so daß die Sorge vor einer russischen Landung und vor Kaperschiffen monatelang wuchs. Infolgedessen konnte sich die Groteske ereignen, daß die Kolonie den der Hundson's Bay Company gehörenden Dampfer »Otter« charterte, bewaffnete und bemannte, der als Hilfskreuzer Dienst tun sollte, bis die Admiralität Kriegsschiffe schicken würde.

Als das alles sich als überflüssig erwies, versorgte das englische Pazifik-Geschwader sich 1855 gelegentlich aus der Kolonie mit Lebensmitteln und mit insgesamt 1000 t Kohle und bat um die Einrichtung eines Lazaretts.

[5] Davidson, War Scare S. 33 ff.; ders., Relations S. 33 ff; Bokun.

Strategische Bedeutung erhielt auch das alles nicht. Die bei Kriegsbeginn in diesem Raum befindlichen russischen Kriegsschiffe zogen sich nach Bekanntwerden des Abkommens auf Petropawlowsk zurück und nahmen an den dortigen Ereignissen teil.

Der Krieg führte zu einer russisch-amerikanischen Annäherung, da die in Rußland anwesenden Amerikaner bemerkten, daß »Rußland nicht eine barbarische Nation« war, als die ihre Gegner es hinstellten, wie 1856 der amerikanische Botschafter berichtete, der sehr schnell die russische Verteidigungsstrategie erkannt hatte[6]. Als der Krieg ausbrach, befand sich unter den wenigen Amerikanern in Rußland Oberst Samuel Colt, der Erfinder des Revolvers, der sofort seine Hilfe bei der Verbesserung der russischen Waffen anbot. Er stieß in der Eremitage erstaunt auf »Maschinen«, die sich seit langem in diesem Museum aus der Zeit Peters d. Gr. befanden, die man »in Europa« erst jüngst erfunden hatte und die Colt »ein Vermögen« wert schienen. Amerikanische Mechaniker leisteten seit 1854 manche Hilfe. Von den etwa 30 amerikanischen Ärzten, die während des Krieges in der russischen Armee arbeiteten, fiel fast die Hälfte Epidemien zum Opfer. Nach dem Kriege ließen sich amerikanische Handelshäuser vor allem am Amur nieder.

Das alles trug zur Schaffung der Atmosphäre bei, in der Rußland 1867 Alaska für 7,2 Mio Dollar an die USA verkaufte, da es im Kriegsfall nicht hätte verteidigt oder als Angriffsbasis benutzt werden können und weil Rußlands Interesse sich ganz auf seine asiatischen Gebiete konzentrierte.

[6] Dvoichenko-Markov, S. 137 ff.

# *VIII. Das Kriegsende*

Am 30. März 1856 wurde in Paris der Vertrag unterzeichnet, welcher den sogenannten Krimkrieg beendete. Beurteilt man das Ergebnis nach der Geschichtsschreibung der Westmächte, besonders der Engländer, so endete der Krieg mit einem vollen Siege der Bundesgenossen, welche ausgezogen waren, die Türkei zu unterstützen und zugleich die englischen Kolonialinteressen gegen den heranrückenden russischen Gegner zu verteidigen.

Nach diesen Urteilen hatten die englischen und französischen Geschwader kampflos die Oberherrschaft im Schwarzen Meer und in der Ostsee an sich gerissen[1] — daß diese Meere nach ihrer Räumung wieder den Russen zufielen und damit wenigstens in der Ostsee der alte Zustand nach zwei Jahren wiederhergestellt war, wurde verschwiegen.

Gerade daß die Einnahme von Sewastopol das Ende des Krieges bedeutete, zeigt am deutlichsten die Erfolglosigkeit der englisch-französischen Angriffe. Napoleon hatte im Oktober 1854 gegenüber dem Botschafter Österreichs erklärt[2]: »Sewastopol une fois pris, ne sera plus facile que de nous emparer de toute la péninsule en occupant le détroit de Pérécop« — und dann würde man die Friedensbedingungen diktieren. Die englische Geschichtsschreibung stellt z.T. noch heute[3] die Dinge so dar, als hätten nach der Einnahme von Sewastopol die englischen Divisionen zum weiteren Vorsturm gedrängt, als hätten sie dann »die Russen in ihren Tod getrieben«. Das englische Expeditionskorps wird so geschildert, als sei es von Monat zu Monat besser geworden und schließlich dem französischen weit überlegen gewesen. Und es fehlt endlich nicht der stolze Hinweis auf die Improvisationskunst der Briten, welche bei Ausbruch eines Krieges stets unterlegen, am Ende noch immer zu einem neuen Feldzug bereit, vorzüglich ausgerüstet und kampfbegierig gewesen seien. Dieses Selbstlob und diese Ungerechtigkeit gegenüber dem verdienten Bundesgenossen sticht eigenartig ab von der Tatsache, daß die letzten entscheidenden Kämpfe vorwiegend von den Franzosen getragen worden sind. Und schließlich, wenn die Engländer danach fieberten, von Sewastopol aus das Russische Reich zu erobern — warum versuchten sie es nicht?

In zwei Kriegsjahren war es ihnen, gemeinsam mit den ihnen zahlenmäßig wie qualitativ weit überlegenen Franzosen, kaum gelungen, Sewastopol zu nehmen. Nicht einmal die Krim hatten sie erobert, was nur die Einnahme einer kleinen Außenstelle des Russischen Reiches bedeutet hätte. Sie hatten Bomarsund wieder geräumt, weil sie es nicht gegen russische Angriffe verteidigen konnten. Sie hatten Sweaborg beschossen, aber nicht gewagt, dort zu landen, wie ihre Landungsversuche überhaupt stets nur Eintags-Unternehmungen

---

[1] Grivel, S. 47 f.
[2] HHStA IX 46 Paris 11.10.1854.
[3] MacMunn, S. 234.

ohne Bedeutung geblieben waren. Nirgends hatten die Alliierten sich festzusetzen vermocht. Und der Friedensvertrag von Paris war der beste Beweis dafür. Er bestimmte, daß alle Eroberungen und Besetzungen herausgegeben werden mußten — was in der ersten Linie Sewastopol betraf; er bestimmte weiter, daß Rußland, der sogenannte »Unterlegene«, keine Kriegsentschädigung oder ähnliches zahlte, was doch sonst regelmäßig von dem Besiegten verlangt wird, verlangt werden kann. Auch wurden England und Frankreich, die zwei Jahre lang soviel Blut und Geld geopfert hatten, keinerlei Sonderrechte irgendwelcher Art eingeräumt, was der Sieger gewöhnlich gleichfalls nicht zu vergessen pflegt. Daß die Alands-Inseln von Rußland nicht befestigt werden durften, war viel weniger bedeutend, als daß Schleswig und Holstein in dänischem Besitz blieben und nicht etwa eines Tages die Ostsee durch Deutschland gesperrt werden konnte.
Gewiß bestätigte der Vertrag von Paris die territoirale Integrität und Souveränität des Osmanischen Reiches, aber da die militärische Stärke Rußlands nicht wesentlich vermindert war, stellte tatsächlich nur ein einziger Punkt einen Sieg Englands dar: Das war die russische Flottenbegrenzung im Schwarzen Meer. Als die Russen in Sewastopol 1854 und 1855 ihre Linienschiffe und Fregatten, schließlich ihre ganze Flotte versenkten, da beraubten sie sich zwar im Augenblick eines Machtmittels. Da aber gerade in jenen Jahren der Schritt von den Segelschiffen zu den Schraubendampfschiffen getan wurde, brauchte diese Selbstvernichtung der nunmehr veralteten russischen Schwarzmeer-Flotte unter größeren Gesichtspunkten nichts anderes zu bedeuten, als daß der Bau einer ganz modernen Dampf- und Panzerflotte sofort nach Kriegsende in Angriff genommen werden mußte.

England hat dies wohl erkannt. Wenn hier nicht eine Bestimmung im Friedensvertrag eingriff, dann konnte der Krimkrieg, der nicht zuletzt um der Vernichtung der russischen Schwarzmeer-Flotte willen geführt worden war, gerade zu deren Modernisierung und Vergrößerung beigetragen haben. Das mußte unbedingt verhindert werden. Darum die Beschränkung der Schwarzmeerflotten Rußlands wie der Türkei auf je 6 Dampfer von höchstens 800 Tonnen und 4 von höchstens 200 Tonnen. Darum als besondere Sicherung selbst gegen diese Flotte oder bei der Übertretung der Klausel — wie es dann 1870 tatsächlich geschah — das Festhalten an der Sperrung der Durchfahrt vom Schwarzen Meer zum Mittelmeer. Denn um diese handelte es sich, wie der Krimkrieg eben deutlich gezeigt hatte. Wurde die Türkei von Rußland angegriffen, dann fand sie in England stets einen Bundesgenossen, dem sie natürlich die Durchfahrt vom Mittelmeer in das Schwarze Meer gestattete. Rußlands Eindringen in das Mittelmeer sollte verhindert und diese Sperrung in die Form der türkischen Souveränität und Neutralität gekleidet werden.

So war also, wenn man am Ende des Krimkrieges überhaupt einen Sieg der Westmächte feststellen will, dieser Sieg zwar nicht ein Sieg zur See, aber ein Sieg Englands im Kampf um die See, um die Seegeltung im östlichen Mittelmeer, dessen Bedeutung eben seit jenen Jahren durch Planung und Bau des Suezkanals immer größer werden sollte.

England hatte im Schwarzen Meer und in der Ostsee versucht, einen Seekrieg zu führen. In beiden Meeren war es ihm nicht gelungen, weil der Gegner sich nicht zum Kampf gestellt hatte. Deswegen ging ja auch der eigentliche Krieg unentschieden aus. Denn auf dem Lande war Rußland für England, Frankreich und die Türkei stets unschlagbar, kaum verwundbar. Aber wenn es England schon nicht gelungen war, den Krieg als Seekrieg, als einen englischen Krieg zu führen, so gelang es ihm nun doch noch, den Frieden zu einem Seefrieden, zu einem englischen Frieden zu gestalten, d.h. zu einer Sicherung und Stärkung der englischen Seeherrschaft.

Nicht voraussetzen konnte man bei Kriegsende, daß dessen Ergebnis Rußland zur Wendung nach Zentralasien bewegen und damit die »Central Asian Question« schaffen würde[4] — auch nicht, daß sofort amerikanische Kaufleute sich, wie erwähnt, für den Handel auf dem Amur und auf Sachalin interessieren würden, was zur Erhaltung guter Beziehungen im amerikanischen Bürgerkrieg und zum Verkauf von Alaska beitrug[5].

---

[4] Alder.

[5] Golder.

# *IX. Die Bedeutung des Krimkrieges für die Entwicklung der modernen Flotten*

Politisch ist der Krimkrieg einer der Kriege gewesen, welche England seit dem Beginn seiner Reichsbildung immer wieder um den Bestand und die Sicherung dieses Reiches geführt hat. Frankreich aber und Sardinien waren Hilfsvölker — wie die deutschen und schweizer Fremdenlegionäre und die indischen Truppen auf der Krim —, deren eigene politischen Ziele und Wünsche in die weitgespannten Pläne der englischen Politik eingeordnet wurden.
Man wird nicht bestreiten können, daß während des 19. Jahrhunderts der Sinn für auswärtige Politik im englischen Volke stärker entwickelt gewesen ist als in jedem anderen europäischen Volke. Als die kontinentalen Völker sich noch mit innerstaatlichen, wenig später mit innerkontinentalen Problemen beschäftigten und um deren Lösung in Revolutionen und Kriege gerieten, lag das Feld der englischen Politik außerhalb der in stolzer Isolierung selbstsicher ruhenden Mutterinseln. Dieser Umstand hat ohne Zweifel zur Belebung des politischen Interesses und der politischen Fähigkeiten in England erheblich beigetragen — unterstützt von einem Erwähltheitsbewußtsein, das sich aufs Lebhafteste von den Zuständen auf dem Kontinent abhob.

Der Krimkrieg war jedoch mehr als nur einer der vielen Kriege im 19. Jahrhundert. Von der Seite der Marine, deren Probleme uns hier in erster Linie interessieren, verdient er ein besonderes Interesse, weil in keinem anderen Kriege des 19. Jahrhunderts ein so großer Schritt von den Kriegsmarinen des 18. Jahrhunderts zu denen des 20. Jahrhunderts gemacht worden ist. Vom Krimkrieg führt die Entwicklung der Kriegsmarinen mit nur zwei Etappen über den amerikanischen Bürgerkrieg und den japanisch-russischen Krieg zum ersten Weltkriege der Jahre 1914 bis 1918. Und es ist wiederum politisch interessant, daß England, die stärkste Seemacht des 19. Jahrhunderts, obgleich es bei dieser Entwicklung zeitweise technisch von Frankreich aus der Führung verdrängt wurde, es doch stets verstanden hat, diesen vorübergehenden Verlust seiner Vorrangstellung zur See in Vergessenheit geraten zu lassen.

Der erste Wandel, welcher während des Krimkrieges in den Kriegsmarinen vollzogen wurde, betraf das Antriebsmittel[1]. In das Schwarze Meer wie in die Ostsee liefen im Jahre 1854 gemischte, d.h. aus Dampfschiffen und Segelschiffen bestehende Geschwader ein. Aber sehr bald, bei den Operationen in den engen Küstengewässern der Ostsee wie bei der großen Beschießung von Sewastopol und bei dem Orkan vom 14. November 1854, erwies es sich, daß die Segelschiffe gegenüber den Dampfschiffen sehr benachteiligt waren, und oben-

[1] Schweinitz, S. 35ff.; Wheeler, S. 182.

drein stellten sie sich als ein erhebliches Hindernis bei Operationen gemischter Verbände heraus. Die langsamen und vom Wind abhängigen Segelschiffe machten den wesentlichsten Fortschritt der Dampfschiffe bei solchen Aktionen illusorisch und zwar, wenn sie geschleppt wurden, nicht ohne Gefahr für den Remorqueur. Seitdem es Dampfschiffe gab, waren in der Kriegsflotte die Tage der Segelschiffe gezählt. Paixhans hatte schon 1822 das baldige Ende der Segelschiffe in den Kriegsflotten vorausgesehen und seinen Landsleuten dringend geraten, durch rechtzeitigen Bau von Dampfkriegsschiffen den Vorsprung der Engländer einzuholen[2]. Die Westmächte sahen sich nun in der Lage, ihre Segelschiffe durch Dampfschiffe ersetzen zu müssen. Das geschah noch während des Krieges so vollkommen, daß die Engländer bereits im Jahre 1855 kein Segelkriegsschiff mehr in die Ostsee schickten, die Expedition in das Asowsche Meer nur von Dampfschiffen ausgeführt wurde und an der Beschießung von Kinburn zum ersten Male in der Seekriegsgeschichte ausschließlich Dampfschiffe beteiligt waren.
Nachdem aber die Entwicklung vom Segelschiff zum Dampfschiff einmal die Antriebsfrage überhaupt aufgerollt hatte, blieb auch gleich das Problem Raddampfer oder Schraubendampfer in Diskussion und wurde bald zu Gunsten der Schraube gelöst. Die Größe der Schaufelräder machte die Dampfer sehr verwundbar. Als im Jahre 1838 die Schraube erstmals zur Bewegung von kleineren Schiffen benutzt wurde, hielt man ihre Verwendung bei größeren Fahrzeugen für unmöglich. Aber bereits 10 Jahre später besaß England, wo man zuerst die Bedeutung der Erfindung erkannt hatte, in dem »James Watt« ein großes Schraubenschiff mit 60 Geschützen. Die Schraube erwies sich dem Rade sehr bald in jeder Beziehung überlegen. Abgesehen von der geringeren Verwundbarkeit wurden auch die Schiffsbewegungen bei unruhiger See gleichmäßiger und sicherer. Die die Verbände lockernden Schwingungen wurden vermindert. Auch war es leichter und vorteilhafter, auf einem Schraubendampfschiff zusätzlich Segel zu verwenden, welche dem Schiff oft eine schräge Lage gaben, als auf einem Raddampfer, dessen Schaufeln unter der ungleichmäßigen Belastung litten. Schließlich wurde durch die Verwendung der Schraube Platz für die Aufstellung von Geschützen gewonnen.

Hatte im Jahre 1854 die Hälfte der englischen Kriegsflotte noch aus Segelschiffen bestanden, so war bis zum Ende des Krimkrieges die Verwendung von Segelschiffen als Kriegsschiffe so sehr zurückgetreten und überholt, daß in dem Vertrag von Paris, welcher den Russen und Türken Bau und Unterhalt einer kleinen Flotte gestattete, als selbstverständlich angenommen wurde, daß es sich dabei um Dampfschiffe handelte.

Eine weitere Neuerung, die auf Grund der z.T. sehr unglücklichen Erfahrungen des Krimkrieges bei den Flotten der Westmächte Aufnahme fand, war die verbesserte und schwerere Artillerie. Ihre eigentlichen Urheber waren die Russen. Und das Ereignis, welches die entscheidende Wendung herbeiführte, wenngleich sie sich erst sehr viel später auswirkte, war die Schlacht von Sinope, an der nicht einmal englische oder französische Schiffe teilgenommen haben. Die Russen besaßen, wie besonders der Kampf um Sewastopol später zeigen sollte, nicht nur sehr viel mehr schwere Artillerie als die Engländer und die Franzosen, sondern sie verfügten auch über schwerere Artillerie als jene. Vor Sinope wurde diese

[2] Moore, S. 23.

Überlegenheit der schweren Artillerie am 30. November 1853 zum ersten Male besonders deutlich. In wenigen Minuten wurde das türkische Geschwader von der schweren russischen Artillerie in Grund und Boden geschossen[3]. Und im Kampf um Sewastopol, der auf der russischen Seite zu einem nicht geringen Teil mit Schiffsgeschützen geführt wurde, konnte in den folgenden Jahren diese Beobachtung ständig bestätigt und wiederholt werden.

Bei der Verfolgung des von den Russen zuerst eingeschlagenen Weges sind dann die Franzosen eifriger und erfolgreicher gewesen als die Engländer[4]. Überhaupt erkannten sie besser als jene die engen Zusammenhänge der Neuerungen, welche in dieser Zeit zur Einführung kamen. Schraube, schweres Geschütz und Panzer wurden bei ihnen früher zu einer gedanklichen Einheit als bei den übrigen seefahrenden Großmächten. Die Einführung eines einheitlich schweren Kalibers bei der Schiffsartillerie hatte ja nicht nur den Vorteil überlegener Kampfkraft, sondern auch den einer sehr nützlichen Vereinfachung bei der Munition, einer gleichförmigeren und leichteren Geschützbedienung und schließlich den der wichtigen Austauschbarkeit der Geschütze[5]. Von besonders großem Einfluß aber war die Einführung der Hohlgeschosse und der von General Paixhans erfundenen Bombenkanone in der Schiffsartillerie.

Während die Franzosen in Paixhans, Delvigne und anderen über eine Anzahl von gerade auf dem Gebiet der Artillerie außerordentlich erfindungs- und erfolgreichen Männern verfügten, blieben die Engländer in diesem Bereich zunächst zurück. Es muß bei der Betrachtung einiger beispielhafter moderner Kriegsschiffe beachtet werden, daß die Artillerie des von den Engländern als epochebildend im Kriegsschiffbau hingestellten »Warrior« nicht nur der französischen Artillerie nachgeahmt war, sondern daß sie überhaupt im Artilleriewesen keine eigenen Fortschritte verzeichnen konnten: Noch 1885 waren ihre schweren Geschütze Vorderlader[6].

Die Fortschritte in der industriellen Fertigung von Angriffswaffen und Verteidigungs-bzw. Schutzmitteln sind von jeher weithin bestimmt gewesen durch den Wettstreit um die Überflügelung der Verteidigung durch den Angriff bzw. die Überlegenheit der Angriffswaffe über die Verteidigung. Als das englisch-französische Geschwader im Herbst 1854 zum ersten Male an der großen Beschießung Sewastopols beteiligt wurde, sollte es nicht nur die alte Erfahrung wiederholen, daß der feste Stand der Küstenartillerie dieser eine erhebliche grundsätzliche Überlegenheit über die Schiffsartillerie verleiht, sondern sie erfuhr auch durch viele Beschädigungen, daß die schwere russische Artillerie jedem Schiff der bis dahin üblichen Bauweise außerordentlich gefährlich geworden war. Die damals vor Sewastopol erlittenen Beschädigungen führten zu dem Beschluß, die großen Linienschiffe und Fregatten üblicher Bauweise, sowohl Segel- wie Dampfschiffe, nur mit äußerster Vorsicht gegen schwere Landbefestigungen einzusetzen. Solange diese Schiffe nicht durch erhebliche Panzerungen eine gewisse Unverwundbarkeit erlangt hatten, konnten sie

[3] Roncière et Clerc-Rampal, S. 269.

[4] Batsch und Meuß, S. 58.

[5] Schweinitz, S. 39; Chabaud-Arnault, S. 387, 400, 403; Grivel, S. 37; Roncière, Clerc-Rampal, S. 272.

[6] Roncière, Clerc-Rampal, S. 273.

eigentlich nur noch im Kampf gegeneinander Verwendung finden. Als Belagerungsbatterien und zur Unterstützung von Landungen angesichts starker Befestigungen kamen sie kaum noch in Frage[7].

Damit aber war durch die Verbesserung der Artillerie die für alle folgenden Zeiten entscheidende Frage der Panzerung von Kriegsschiffen in den Vordergrund getreten. Die Niederlage von Sinope sowie insbesondere die Beschießungen von Odessa am 22. April, von Anapa usw. wurden für Napoleon III. und seinen Adjutanten Oberst Favé, der 1865 Kommandant der Ecole Polytechnique wurde, die Feldartillerie reformierte und wertvolle Werke zur Geschichte der Artillerie schrieb, die antreibenden Momente bei diesen Bemühungen[8]. Das Problem war keineswegs einfach — es war außerdem zunächst noch kein allgemeines Marineproblem, sondern das sehr spezielle Problem des Angriffes auf schwere Befestigungen der Russen in der Krim und an den Ostseeküsten. Es handelte sich also nicht um eine Studienfrage für einen langen Zeitraum, sondern um eine Sofortaufgabe, welche bei dem damaligen Stand des Kampfes um Sewastopol entscheidenden Einfluß auf den Kriegsausgang ausüben konnte. Die Ergebnisse vom 17. Oktober 1854 bestärkten Napoleon in seiner Auffassung. Schwere Artillerie mußte sich auf einem Schiff befinden, das so stark wie nur möglich panzergeschützt sein mußte. Der Bau von Fahrzeugen für ganz bestimmte Aufgaben und Zwecke war erforderlich — es würde sich nach dem Ergebnis des Einsatzes dieser Fahrzeuge dann später zeigen, ob von ihnen ein neuer Weg des Kriegsschiffbaues ausgehen würde oder ob man an einer ganz anderen Stelle der bisherigen Erfahrungen mit neuen Ideen anknüpfen mußte.

So wurden also in Frankreich, wo zuerst, und zwar unterstützt vom Kaiser, die Frage in ihrer ganz akuten Bedeutung erkannt und durchdacht worden war, zunächst 3 Fahrzeuge auf Stapel gelegt, welche keinerlei navigatorische Qualitäten besitzen sollten — es war von vornherein vorgesehen, daß sie geschleppt werden und nicht mit eigener Kraft zum Einsatz fahren würden —, aber mit je 11 schwersten Geschützen bestückt und mit einem Panzer versehen waren, welcher sie für alle damaligen Geschosse unverwundbar machte. Diese 53 m langen Fahrzeuge von 1460 Tonnen und 2,5 m Tiefgang erhielten den ebenso bescheidenen wie provisorischen, auf ihre Entstehung und Aufgabe hinweisenden Namen »Batteries flottantes«[9].

Als gute Bundesgenossen bauten die Franzosen nicht nur diese »Schwimmenden Batterien«, sondern machten den Engländern auch Mitteilung von ihren Plänen. Und diese bauten daraufhin alsbald gleichfalls einige Schiffe dieser Art, die jedoch den französischen weitaus unterlegen waren. Auch wurden sie erst so spät fertig, daß sie im Krimkriege nicht mehr zum Einsatz gebracht werden konnten. Die französischen Fahrzeuge dagegen liefen so rechtzeitig von Stapel, daß sie zur Krim geschleppt werden konnten und dort nicht nur bei der Beschießung von Kinburn die Entscheidung herbeiführten, sondern auch bei allen Marinen der Erde ein ungeheures Aufsehen hervorriefen. An jenem 17. Oktober wäre

---

[7] Grivel, S. 56; Jouan, S. 232 f.

[8] Roncière, Clerc-Rampal, S. 269 f; Gille.

[9] Roncière, Clerc-Rampal, S. 270; Chabaud-Arnauld, S. 400, 403; Wheeler, S. 182; Callender, S. 241; Jouan, S. 234.

wahrscheinlich Kinburn nicht gefallen, wenn nicht die Schwimmenden Batterien, die sich tatsächlich als unverwundbar erwiesen, innerhalb von zwei Stunden die russischen Batterien an Land zum Schweigen gebracht hätten. Ihre Probe bei diesem Spezialeinsatz hatten sie glänzend bestanden. Wenn die Schwimmenden Batterien aber zu dauernden Bestandteilen der Kriegsmarine werden, wenn sie insbesondere maßgebenden Einfluß auf die künftige Entwicklung des Kriegsschiffbaues ausüben sollten, dann mußten sie zunächst so weit entwickelt werden, daß sie mit eigener Kraft hochseefähig waren. Große Aufgaben lagen vor den Konstrukteuren, welche sich mit diesen Arbeiten beschäftigten. Aber sie lösten sie mit Erfolg. Schon wenige Jahre später lief in Frankreich die »Gloire« von Stapel, und die gleich Zeitspanne danach fand im nordamerikanischen Bürgerkrieg der Kampf der Panzerschiffe »Merrimac« und »Monitor« gegeneinander statt, welcher in direkter Linie an den Einsatz der Schwimmenden Batterien gegen Kinburn anschloß.

Aus ähnlichen Mangelerscheinungen wie bei der Erfindung der Schwimmenden Batterien ergab sich aus der Expedition in das Asowsche Meer, stärker aber noch aus dem Versagen der ersten Baltischen Expedition das Bedürfnis weniger nach einem neuen Schiffstyp als nach einer größeren Zahl von Fahrzeugen eines Typs, den es seit langem gab, der aber bei der englischen Marine bisher wenig gebraucht worden war, weil ihre Aktionen sich vorwiegend auf hoher See und in großen Meeren abspielten: nach einer Flotte von flachgehenden Dampfkanonenbooten. Die Ostseestaaten Rußland und noch mehr Schweden verfügten über eine ausreichende Zahl solcher Fahrzeuge. Es wurde oben erwähnt, mit welchen Mitteln England sich vergeblich bemühte, entweder die schwedischen Kanonenboote zu erwerben oder Schweden in den Krieg hineinzuziehen, damit auch seine Flotte in Aktion treten konnte. Schweden blieb neutral. Und die Westmächte, besonders England sahen sich vor der Aufgabe, selbst eine ausreichende Zahl von Kanonenbooten zu bauen. Von ihnen hing nämlich in erster Linie der Ausgang der Blockade in der Ostsee ab. Nur sie brachten es fertig, in die engen, flachen vielgewundenen Fahrwässer der Blockadebrecher einzudringen und diese dort bei ihrem einträglichen Handel zu stören.

Schon einmal hatten die besonderen Verhältnisse der finnsichen Schären eine Sonderentwicklung des Kriegsschiffbaues verursacht. Peter d. Gr., der Gründer der Seefestung Kronstadt, war in den Jahren 1720/21 mit einer Flotte von 200 Galeeren, einem sonst längst überholten und aus den Marinen verschwundenen Kriegsschiff-Typ, in die finnischen Schären eingefallen und hatte auf diese Art die schwedischen Küsten verheert. Obgleich auch Schweden damals noch über eine Galeerenflotte verfügt hatte, war es Peter d. Gr. doch gelungen, durch diesen Angriff den »Grundstein zu einer russischen Ostseemacht« zu legen[10].

England versuchte bald nach Kriegsausbruch, kleine Handels-Dampfschiffe für die Flotte zu kaufen, die man für Kriegsaufgaben hätte umbauen können. Als man solche Schiffe nicht fand, wurde im Juni 1854 eine erste Gruppe von sechs Kanonenbooten, vier Monate später eine weitere Gruppe von 20 Booten des gleichen, inzwischen leicht verbesserten Typs in Auftrag gegeben — alle mit einer Maschine, die 60 PS leistete[11]. Im Sommer 1855

[10] Meurer, S. 253 f.
[11] Osbon, 103 ff.

taten alle diese Boote Dienst im Schwarzen Meer oder in der Ostsee. Anfang 1855 wurden weitere 98 Boote in Bau gegeben; aber nicht ein einziges dieser Serie nahm noch am Kriege teil. Alle eingesetzten Boote litten unter dem zu großen Tiefgang von mehr als 2,15 m. Über diese in den folgenden Jahren fortgesetzte Neuerung kam es in England schnell zu Kontroversen: man baue in der Heimat Kleinschiffe, während Napoleon die Schlachtflotte so sehr verstärkte, daß sie leistungsfähiger sei als jemals seit 1805. Diese Auseinandersetzung fand ein Ende beim Erscheinen von »Warrior« und »Black Prince«. Aus dem Kanonenboot entwickelte man im Zuge der Ausdehnung des Empire den Kleinen Kolonial-Kreuzer.

Nun spielte also das Kanonenboot eine ähnliche Rolle wie einstmals die Galeere. Allerdings sollte es, ähnlich wie diese, für die Zukunft nicht so richtungsweisend werden wie die Schwimmende Batterie, der Schraubenantrieb und das schwere Geschütz. Das zeigte sich unmittelbar nach dem Kriege. Die Beschießung von Sewastopol und die von Kinburn wirkten sich in der französischen Marine deutlich als Lehre aus. Sofort nach Beendigung des Krimkrieges wurde in Frankreich, nicht in England, der Weg des Panzerschiffbaues beschritten. Wenn die Franzosen aber trotz aller beispielhaften Fortschrittlichkeit, welcher die Engländer nur langsam zu folgen vermochten, beim Panzerschiffbau an der Holzbauweise noch zu einer Zeit hängen blieben, als man diese in keiner anderen Marine mehr anwandte, so dürfte das weniger mit einer technischen Rückständigkeit als damit zusammenhängen, daß der französische Konservatismus noch nicht alle Beziehungen zur großen Zeit der Segelschiffe gelöst hatte und die französischen Holzvorräte noch sehr groß waren — ein Kuriosum in der sonst so ernsten Geschichte des Kriegsschiffbaues[12].

Die Franzosen erkannten sehr wohl, daß von der Lösung der während des Krimkrieges angeschnittenen technischen und artilleristischen Probleme eine totale Erneuerung der Flotten würde ausgehen müssen. Bereits ein Jahr nach Beendigung des Krieges stellten sie daher im Jahre 1857 ein großes modernes Flottenbau-Programm auf. Die Herrsch- und Ruhmsucht Napoleons III., welche dem französischen Volke so viel geschadet haben, bildeten in diesem Punkte — wie auch bei Wirtschaft und Finanz, Eisenbahn- und Straßenbau entschieden etwas Gutes für Frankreichs Wehrkraft zur See. Nachdem die französische Armee sich auf dem Schlachtfeld vor Sewastopol so sehr ausgezeichnet hatte, erwuchs in Frankreich, das außerdem eine bedeutende Kolonialmacht geworden war und große europäische und überseeische Pläne hegte, das Bedürfnis nach einer erstklassigen mächtigen Kriegsflotte. Frankreich strebte nach den Zeiten Colberts und Napoleons I. ein drittes Mal nach Seegeltung. Das Programm von 1857, welches 1863 und 1865 erweitert wurde, sah den Bau von 439 Schiffen, darunter 369 Dampfschiffe vor[13].

Und dieses Programm konnte mit gutem Recht als Fortsetzung von Bestrebungen hingestellt werden, welche bereits vor Ausbruch des Krimkrieges eingeleitet worden waren. Die Franzosen weisen voll Stolz darauf hin, daß sie, während England in den 50er Jahren seine Flotte vernachlässigte, den »Napoléon« vom Stapel laufen ließen, der im Krimkriege das allgemeine Interesse und die höchste Bewunderung erweckte[14]. Daß dieses Schiff schon da-

---

[12] Batsch und Meuß, S. 58.
[13] André vol2, S. 1 f.
[14] Chevalier, S. 227; Gille (Chefingenieur der Génie maritime), S. 93 ff; dort die ältere Literatur.

mals die Schaufeln zu Gunsten der Schraube aufgegeben hatte, erfüllte die Franzosen mit Genugtuung, als die Kriegserfahrungen dieser Maßnahme Recht gaben[15]. Die Bewunderung der Engländer und ihr Versuch, den »Napoléon« nachzubauen, bestärkte nicht nur das Selbstgefühl, sondern auch den Eifer der Franzosen, sich so bald nicht wieder von der Spitze der Marinetechnik verdrängen zu lassen. So gingen sie denn gerade auf dem umstrittensten, aber auch interessantesten Gebiet unmittelbar nach Beendigung des Krieges an den Bau eines neuen Schiffes, des Panzerschiffes »Gloire«, welches im Jahre 1857 auf Stapel gelegt wurde und tatsächlich ungeheures Aufsehen erregen sollte. Es war »eines der interessantesten Schiffe, das jemals gebaut worden ist«[16]. Denn die »Gloire« war neben den Schwimmenden Batterien vor Kinburn eine Urzelle der Panzerkreuzer, welche in den späteren Kriegen bis auf den heutigen Tag gebaut und eingesetzt worden sind. Sie war eisengepanzert und außerdem seetüchtig, wie es von einem normalen Schiff verlangt werden kann. Hier erhielten also die Schwimmenden Batterien nun das, was ihnen vor Kinburn noch gefehlt hatte: ausreichende eigene Beweglichkeit und Seetüchtigkeit. Nach dem »Napoléon« und den Schwimmenden Batterien war dies der dritte große Erfolg der Franzosen im Bau von Kriegsschiffen.

Ende 1859 lief die »Gloire«, welche Dupuy de Lôme konstruiert hatte, von Stapel, 1860 wurde sie armiert und als erster Panzerkreuzer der Welt in Dienst gestellt. Er war 77,25 m lang, 16,16 m breit, hatte 7,83 m Tiefgang und eine Wasserverdrängung von 5675 Tonnen. Die Panzerung steigerte sich von 10 cm Stärke in Höhe der Brücke bis zu 12 cm an den tieferen Stellen und reichte bis 2 m unter die Wasserlinie. Das Gesamtgewicht der Panzerung betrug 810 Tonnen, die Geschwindigkeit 13 Knoten. Die Artillerie neuester Konstruktion bestand aus 6 24-cm und 2 16-cm-Geschützen.

In keiner Marine hatte die »Gloire«, als sie in Dienst gestellt wurde, ihresgleichen. Sie war jedem Schiff jeder anderen Seemacht überlegen und bewährte sich so ausgezeichnet, daß alsbald 11 Fregatten des gleichen Typs auf Stapel gelegt wurden, eine zwölfte sollte in reiner Eisenbauweise ausgeführt werden. Mit Recht konnten die Franzosen erklären, die moderne Marine sei bei ihnen »geboren« worden[17].

Die französischen Marinehistoriker weisen mit Nachdruck darauf hin, daß dieses Schiff nicht ein zufälliges, unerwartetes Ergebnis eines isolierten Genies gewesen sei. Es bildete vielmehr den »vorläufigen Abschluß einer schiffbautechnischen Entwicklung, an der Dupuy de Lôme selber 20 Jahre lang teilgenommen hatte« (Gille) — womit man Napoleons Bedeutung ein wenig relativiert. Gille hat eindrucksvoll diese Entwicklung, seit der »Sphinx« von 1828 und Dupuy de Lômes Anteil daran seit 1844 und damit die breite Basis dargestellt, die 1854 bereits vorhanden war. Er hat auch ebenso nachdrücklich hervorgehoben, wie sorgfältig der große Schiffbaumeister die Ereignisse im Schwarzen Meer studiert und diese Erfahrungen zum Ausgangspunkt seiner späteren Überlegungen gemacht hat. Tatsächlich unternahmen die Franzosen aufgrund des Erfolges der russischen Paixhans-Geschütze und -geschosse bei Sinope im Juli 1854 in Gegenwart des Kaisers Versuche, um

[15] Chevalier, S. 227.
[16] Farrère, S. 350.
[17] Moore, S. 71.

**BESTELLKARTE** Bitte senden Sie sofort bzw. nach Erscheinen per Nachnahme/Scheck liegt bei:

### 1. Kalender und Jahrbücher

| Expl. | Nr. | Verfasser/Titel | DM |
|---|---|---|---|
| | 2281 | **Köhlers Flottenkalender 1981** | 16,80 |
| | 1094 | **Flieger-Kalender 1981** | 16,80 |
| | 964 | **Nauticus 1980** (Schiffahrt, Marine, Meerestechnik, Weltwirtschaft) | 39,80 |

### 2. Handelsschiffe/Erlebnisbücher/Kunst/Seerecht

| Expl. | Nr. | Verfasser/Titel | DM |
|---|---|---|---|
| | 801 | Bernartz, **Berühmte Schiffe** (Bildband) | 68,00 |
| | 1391 | Bernartz, **Marinemaler** (Bildband) | 58,00 |
| | 1431 | Bock, **Die Roten Handelsflotten,** 248 S., 630 Risse, 37 Fotos | statt 68,–/39,80 |
| | 1631 | Bock, **Grüne, Blaue, Schwarze und Weiße Dampfer – Die Kieler Fördeschiffe** | 29,80 |
| | 2001 | Bock/Paschburg, **»Sea Cloud«** | 29,80 |
| | 2161 | Brennecke, **Tanker,** 2. Aufl., Paperback | 49,80 |
| | 851 | Brennecke, **Windjammer** | SK 44,00 |
| | 1411 | Brennecke/Dummer, **»Pamir«,** | statt 48,–/24,80 |
| | 2401 | Brückner, **Buddelschiffe** | ca. 14,80 |
| | 2331 | Brustat-Naval, **Im Wind der Ozeane** | 29,80 |
| | 891 | Brustat-Naval, **Zwischen Ostsee und Ostasien,** 100 S. | 24,80 |
| | 1351 | Detlefsen, **Flensburger Fördeschiffe** | 29,80 |
| | 1102 | Dircksen, **Spiekeroog** (Inselführer) | 12,80 |
| | | Hartmann, **Von Kap Hoorn zum Silberband** | ca. 29,80 |
| | 1971 | Hausen, **Schiffbau in der Antike** | 44,00 |
| | 1231 | Hauser, **Die letzten Segelschiffe,** 152 S. | 24,80 |
| | 1621 | Heath, **Segeln,** 177 S., Bildband | SK 49,80 |
| | 1261 | Jebens, **»Passat« im Novembersturm** | statt 29,80/14,80 |
| | 1311 | Jürgens, **Abenteuer Walfang** (Bildband) | statt 58,00/29,80 |
| | 2141 | Jürgens/Neuber, **Schiffbruch u. Standung (einschließlich DM 4,– Spende für DGzRS)** 156 S., Bildband | 44,00 |
| | 2211 | Kludas/Bischoff, **Die Schiffe der HAPAG,** Bd. 1, **1847 bis 1906,** Subskr.-Preis | 49,80 |
| | 2221 | dgl. Bd. 2, **1907 bis 1926** | SK 49,80 |

| Expl. | Nr. | Verfasser/Titel | DM |
|---|---|---|---|
| | 1471 | Leip, **Bordbuch des Satans,** 510 S. | 44,00 |
| | 1641 | Leip, **Der große Fluß im Meer,** 410 S. | 44,00 |
| | 831 | Luckner, **Seeteufel,** 280 S. | 24,80 |
| | 691 | Luckner, **Seeteufels Weltfahrt, 272 S.** | 24,80 |
| | 2411 | **Maler der See,** Bildband, Pbck. | 38,00 |
| | 2441 | **Maler der See,** Bildband, (Leinen) | 58,00 |
| | 1111 | Münnich, **Wie groß ist das Schiff?** 112 S. | statt 24,80/9,80 |
| | 2301 | v. Nordenskjöld, **Nordostpassage** | 29,80 |
| | 1141 | Pantenburg, **Seestraßen durch das Eis** | 29,80 |
| | 621 | Peter, **Wie Columbus navigierte,** 144 S. | 24,80 |
| | 1221 | Peter, **Der Untergang der »Niobe«** | statt 24,80/9,80 |
| | 1271 | Prager, **Blohm + Voss** | 58,00 |
| | 1381 | Prager, **Blohm + Voss (engl. Ausg.)** | 58,00 |
| | 1041 | Prager, **Was weißt du vom Donaustrom?** | 12,80 |
| | 1051 | Prager, **DDG »Hansa«,** 200 S. | 49,80 |
| | 1154 | Prager, **Florian 14: Achter Alarm,** 352 S. | 29,80 |
| | 1981 | Prager, **F. Laeisz,** 156 S. | 39,80 |
| | 2341 | Prager, **Retter ohne Ruhm,** 272 S. | 29,80 |
| | 2151 | Prager/Dierks, **In Stürmen zu Hause** | 29,80 |
| | 2271 | Prager, **Was weißt du von der Waterkant?** | ca. 12,80 |
| | 491 | Prager, **Zu Schiff durch Europa,** 188 S. | 24,80 |
| | 1011 | Reinemuth, **Kaufherrn, Kaper und Kraweele** | 24,80 |
| | 1941 | Reinemuth, **Master next God,** 360 S. | 49,80 |
| | 2261 | Schneekluth, **Entwerfen von Schiffen** | 68,00 |
| | 1501 | Schneekluth, **Hydromechanik zum Schiffsentwurf** | 58,00 |
| | 1421 | Schneider, **Weltreise mit der »Schönen Hamburgerin«** | 24,80 |
| | 1074 | **Seeschiffahrtstraßenordnung** | 24,80 |
| | 1061 | Viereck, **Römische Flotte,** 309 S. | 89,00 |
| | 1881 | Witthöft, **Container,** 132 S., Pbck. | 16,80 |
| | 2131 | Witthöft, **Energie aus der Nordsee** | 29,80 |
| | 1661 | Witthöft, **MS »Europa«,** Bildband, | 49,80 |
| | 871 | Witthöft, **Hapag Hamburg-Amerika-Linie** | 39,80 |
| | 2011 | Witthöft, **Hapag-Lloyd,** 176 S. (Bildb.) | 49,80 |
| | 881 | Witthöft, **Norddeutscher Lloyd,** 128 S. | 39,80 |

**BESTELLKARTE** Bitte senden Sie sofort bzw. nach Erscheinen per Nachnahme/Scheck liegt bei:

### 1. Marine/1. und 2. Weltkrieg

| Expl. | Nr. | Verfasser/Titel | DM |
|---|---|---|---|
| | 1181 | Bess, **Die Marine der Bundesrepublik,** (Bildband) | 24,80 |
| | 1104 | Bekker, **Augen durch Nacht und Nebel** | 39,80 |
| | 1691 | Bekker, **Einzelkämpfer auf See,** 210 S. | 29,80 |
| | 1701 | Bekker, **Verdammte See,** 424 S. | 39,80 |
| | 1204 | Bonatz, **Seekrieg im Äther (Funkaufklärung 1939–45)** | 49,80 |
| | 1561 | Bredemeier, **Schlachtschiff Scharnhorst** | 44,00 |
| | 1191 | Brennecke, **Deutsche Hilfskreuzer,** 480 S. | 49,80 |
| | 1121 | Brennecke, **Schlachtschiff »Tirpitz«** | 34,00 |
| | 1211 | Brennecke, **»Admiral Scheer«** | 44,00 |
| | 1161 | Brennecke/Hader, **Panzerschiffe** | 89,00 |
| | 611 | Brustat-Naval, **Unternehmen Rettung** | 34,00 |
| | 1101 | Detmers/Brennecke, **HKS »Kormoran«** | 29,80 |
| | 1931 | Fock, **Schwarze Gesellen** (Torpedoboote) | SPr. 78,00 |
| | 901 | Fock, **Schnellboote,** bd. 1, 2, 3 | 250,00 |
| | 911 | Fock, **Schnellboote,** Bd. 1, 180 S. | 89,00 |
| | 921 | Fock, **Schnellboote,** Bd. 2, 228 S. | 89,00 |
| | 931 | Fock, **Schnellboote,** Bd. 3, 360 S. | 98,00 |
| | 954 | Güth, **Admiralstabsausbildung** | 9,80 |
| | 94 | Güth, **Von Revolution zu Revolution** | 28,00 |
| | 1281 | Harnack, **Dt. Zerstörer** | 68,00 |
| | 2091 | Hildebrandt/Röhr/Steinmetz, **Die deutschen Kriegsschiffe,** Bd. 1 | Subskr.-Preis 49,80 |
| | 2101 | dgl. Bd. 2 | SK 49,80 |
| | 1244 | Hubatsch u.a., **Dt. Flotte 1848-52** | ca. 39,80 |
| | 134 | Kennedy, **Brit. Seemacht** | 54,00 jetzt 28,00 |
| | 981 | Kutzleben/Schröder/Brennecke, **Minenschiffe** | 89,00 |
| | 1064 | Kurowski, **Seekrieg aus der Luft** | 49,80 |
| | 351 | Mahan/Wolter, **Einfluß der Seemacht** | 32,00 |
| | 214 | Pawlas, **An Bord der Flugzeugträger** | 12,80 |
| | 1921 | Prager, **Panzerschiff »Deutschland«** | SK 49,80 |
| | 1331 | Rasenack, **Panzerschiff »Graf Spee«** | 29,80 |
| | 2321 | Ruge, **Spätlese gereimt** | 19,80 |
| | 1581 | Schmalenbach, **Kreuzer »Prinz Eugen«** | 49,80 |

| Expl. | Nr. | Verfasser/Titel | DM |
|---|---|---|---|
| | 1301 | Schmalenbach, **Die deutschen Marineluftschiffe** | 34,00 |
| | 2171 | Schofield, **Geleitzugschlachten** | 49,80 |
| | 984 | **Seeinteressen der Bundesrepublik** | 9,80 |
| | 681 | Steinmetz, **Bismarck u. d. dt. Marine** | 19,80 |
| | 1234 | Treue, **Krimkrieg** | 29,80 |
| | 1441 | Witthöft, **Lexikon zur dt. Marinegeschichte I/II, bd. 1, (A-M),** 216 S., **Bd. 2 (N-Z),** 168 S. | je 44,00 |
| | 481 | Wolter/Meurer, **Die See, Schicksal der Völker** | 38,00 |
| | 711 | Wolter, **Seeschlachten als Wendepunkte** | 24,80 |
| | 104 | Wolter, **Chinaspiegel** | 19,80 |

### 2. Schriftenreihe: Schiff und Zeit

| Expl. | Nr. | Verfasser/Titel | DM |
|---|---|---|---|
| | 2381 | **Schiff und Zeit,** Bd. 12 | ca. 16,80 |
| | | **Schiff und Zeit** (lieferbar: Hefte 2 bis 11) Heft Nr. ________ | je 16,80 |
| | 2251 | **Schiff und Zeit,** Bd. 2–10 | insges. 75,00 |

### 3. Reihe: Bücher der Brigantine

| Expl. | Nr. | Verfasser/Titel | DM |
|---|---|---|---|
| | 1771 | Becke, **Südsee,** 306 S. | 19,80 |
| | 1751 | Jones, **Sturmverweht,** 416 S. | 19,80 |
| | 1851 | Leip, **Godekes Knecht,** 320 S. | 19,80 |
| | 1811 | Leip, **Das Muschelhorn,** 400 S. | 19,80 |
| | 1761 | Leip, **Aber die Liebe,** 375 S. | 19,80 |
| | 2051 | Leip, **Jan Himp,** 352 S. | 19,80 |
| | 1841 | Loti, **Islandfischer,** 230 S. | 19,80 |
| | 1861 | Luserke, **Am Rande der bewohnbaren Welt,** 240 S. | 19,80 |
| | 1801 | Pilkington, **Bei uns an Bord,** Bd. II, 272 S., (auf Norddtschl. Flüssen und Kanälen) | 19,80 |
| | 1541 | Pilkington, **Menschen und Städte, an Neckar, Lahn und Main** | 24,80 |
| | 1681 | Rehn, **Die weiße Sphinx,** 136 S. | 19,80 |
| | 1831 | Roder, **Von der Sprache der Seeleute,** 220 S. | 19,80 |
| | 1741 | Russel, **Grosvenor,** 352 S. | 19,80 |
| | 2431 | Steenken, **Kleine Liebe** | 24,80 |

| Expl. | Nr. | Verfasser/Titel | DM |
|---|---|---|---|
| ____ | 1571 | Wölfer, **Cap Arcona,** 184 S., 60 Fotos | 29,80 |
| ____ | 1595 | Woerdemann, **Dampfermanöver** | 24,80 |

**3. Reihe: Männer-Schiffe-Schicksale**

| | | | |
|---|---|---|---|
| ____ | 1961 | Kähler, **»Gneisenau«** (4) | 16,80 |
| ____ | 2181 | Güth, **Zerstörer »Z 34«** (5) | 16,80 |
| ____ | 9096 | **Abo der Reihe ab Bd. . . .** | je Bd. 15,80 |

Preisänderungen vorbehalten Sk = Subskriptionspreis

Bitte senden Sie unverbindlich und unberechnet*

☐ Probeheft 91101 SCHIFFAHRT INTERNATIONAL
☐ Probeheft 90324 LUFTFAHRT INTERNATIONAL
☐ Probeheft 90144 MARINEFORUM

☐ ich bin MOV-Mitglied*
☐ bitte beachten Sie meine neue Adresse*

* Gewünschtes bitte ankreuzen

Meine Kunden-Nr. ☐☐☐☐☐☐☐

Vor- und Zuname des Bestellers

Straße

Postleitzahl und Wohnort

Datum und Unterschrift

50 Pf Porto

Bitte richten Sie die Bestellung an Ihre Buchhandlung oder direkt an die Verlagsgruppe KOEHLER/MITTLER, Postfach 2352, Steintorwall 17, 4900 Herford.

| Expl. | Nr. | Verfasser/Titel | DM |
|---|---|---|---|
| ____ | 1721 | Stevenson, **Die Schatzinsel,** 338 S. | 19,80 |
| ____ | 1821 | Villiers, **Captain James Cook,** 432 S. | 19,80 |

**4. Reihe: Koehlers kleine Seebücherei (kks)**

| | | | |
|---|---|---|---|
| ____ | 471 | Schmalenbach, **Die K. u. K. Marine** (4) | 14,80 |
| ____ | 391 | Bern Hardy, **Herz auf großer Fahrt** (2) | 14,80 |
| ____ | 551 | Reinemuth, **Segel aus Downeast** (7) | 14,80 |
| ____ | 521 | Schönicke, **Mit Windjammern unterwegs** (8) | 14,80 |
| ____ | 591 | Brennecke, **Bratjes** (9) | 14,80 |
| ____ | 771 | Bern Hardy, **Lockruf der See** (11) | 14,80 |
| ____ | 791 | Ruge, **Ottern u. Drachen** (12) | 14,80 |
| ____ | 861 | Reinemuth, **Die »Bremer Esel«** (13) | 14,80 |
| ____ | 941 | Brennecke, **Luxusliner »Bremen« brennt** (14) | 14,80 |
| ____ | 1001 | Witthöft, **Ballins dicke Dampfer** (15) | 14,80 |
| ____ | 1491 | Bern Hardy, **Eine Sixpencemütze** (16) | 14,80 |

Preisänderungen vorbehalten.
Sk = Subskriptionspreis

☐ ich bin MOV Mitglied
☐ bitte beachten Sie meine neue Adresse

Meine Kunden-Nr. ☐☐☐☐☐☐☐

Vor- und Zuname des Bestellers

Straße

Postleitzahl und Wohnort

Datum und Unterschrift

50 Pf Porto

Bitte richten Sie die Bestellung an Ihre Buchhandlung oder direkt an die Verlagsgruppe KOEHLER/MITTLER, Postfach 2352, Steintorwall 17, 4900 Herford.

festzustellen, ob man ein Schiff durch Panzerplatten gegen Granatfeuer schützen könne[18]. Das Ergebnis war, daß der Marineminister sofort 10 gepanzerte Batterien in Eil-Auftrag gab. Da sie ausdrücklich nur für den Sieg im Krimkrieg dienen sollten, nahm man keinen Anstoß daran, daß für ihren Bau grünes, also nicht abgelagertes, Holz verwendet werden mußte. Dagegen konnte man den Mangel an Panzerplatten nicht ausgleichen, so daß der Auftrag auf 5 Einheiten reduziert werden mußte. Diese »Schwimmenden Batterien« waren etwa 35 m lang, hatten eine Verdrängung von 1400 t, trugen über die ganze Länge 10 cm starke Panzerplatten und waren mit 16 50-Pfündern bestückt. Die Engländer ahmten seit Ende 1854 diese französischen Artillerieträger nach. Der französische Erfolg vor Kinburn veranlaßte England, drei weitere Schiffe dieses Typs für 1856 in Auftrag zu geben. Bei der großen Sieges-Revue vor Spithead im April 1856 wurden zwei dieser englischen Artillerieträger gezeigt, danach stellte man sie alle außer Dienst. Diese »häßlichsten Entlein, die es jemals in der Royal Navy gegeben« hat, haben niemals einen Schuß im Kriege abgegeben — anders als die französischen, von denen ein direkter Weg zur gepanzerten Schlachtflotte führte.

Und die Franzosen blieben bei diesem technischen Fortschritt nicht stehen. Sie wußten aus eigener Erfahrung seit der Zeit Colberts wie aus der Beobachtung bei der Bemannung des englischen Baltischen Geschwaders im jahre 1854, daß ebenso wichtig wie ein gutes Schiff auch eine tüchtige Besatzung ist. Schon Louis Philipp hatte für die Marine eine Artillerieschule gegründet. Nun, nach dem Kriege entstanden in schneller Folge Schulen für Füsiliere (1856), Steuerleute (1860), Mechaniker und Mechaniker-Offiziere (1862), Beobachter (1866) und schließlich für die Torpedowaffe (1868), den jüngsten, noch in den ersten Anfängen der Entwicklung stehenden Zweig der Marine. Auch für den Nachwuchs wurde durch Verbesserung und Vermehrung der Schulen wie durch neue Regelung der Wehrpflicht Sorge getragen[19].

Die Engländer hielten sich während dieser ganzen Zeit und angesichts so großer Ereignisse durchaus im Hintergrund. Immer wieder wird darauf hingewiesen, daß England in der Zweiten Hälfte des 19. Jahrhunderts im Schiffbau ein riesiges Übergewicht über alle anderen Länder der Welt hatte, zwischen 1,5 und 4 mal so viel Tonnage baute wie jene zusammen und weit mehr Schiffe besaß als alle anderen gemeinsam. Aber während Dampf, Antriebsschraube und Eisen eingeführt wurden, blieb in England der Schiff*bau* im engeren Sinne jahrzehntelang unverändert[20]. Noch immer wurde aufgrund von handwerklicher Erfahrung und Überlieferung gebaut — nicht aufgrund von Plänen und Regeln. Das galt selbst noch in den 60er Jahren. Ein großer Teil des Schiffbaues wurde immer noch »über den Daumen« betrieben. Werften, die gleichzeitig 4 oder 5 Schiffe bauten, beschäftigten einen einzigen Zeichner mit zwei Gehilfen[21].

Erst nach dem Krimkrieg und deutlich unter dem Druck der Fortschritte in Frankreich entschloß die Admiralität sich in dieser Hinsicht zu Modernisierungen, als 1858 zwei

[18] Roncière, Clerc-Rampal, S. 271 ff.
[19] Jouan, S. 238; Osbon, S. 189 ff.
[20] Moore, S. 72.
[21] Parkes, dort ein interessanter Vergleich »Gloire« — »Warrior«.

Schraubendampfer zu großen Enttäuschungen geführt hatten und 1859/61 zahlenmäßig im Vergleich zu Frankreich ein gefährlich erscheinender Rückstand in bezug auf eiserne Schiffe eingetreten war. Jetzt erst änderte sich die Einstellung der Admiralität in Hinsicht auf Zielsetzung, Baupraxis und -theorie sowie Wert der Wissenschaft für den Schiffbau[22]. 1860 wurde in London von 18 Männern — unter ihnen 10, die zur Schiffbauabteilung der Kriegsmarine gehörten oder gehört hatten — die Institution of Naval Architects (INA) gegründet, bei der hauptsächlich führende Männer der Admiralität und prominente Werftleute, die für die Royal Navy arbeiteten, eine Rolle spielten. Zu den wichtigsten Maßnahmen der INA gehörte, daß man 1863 die Gründung eines »College of Naval Architecture« beschloß, das 1864 in South Kensington eröffnet wurde, die Unterstützung der Admiralität genoß und auf höchstem Niveau mit dem Schwergewicht bei der Praxis »naval architecture« für »Werftstudenten« lehrte. Die meisten von diesen, nach strengsten Maßstäben ausgesuchte Schiffbauer und Ingenieure der Werften, erhielten Stipendien von der Admiralität. Das Studium dauerte 3-4 Semester.

Danach blieben die meisten bei der Navy, doch übten nicht wenige auch einen anregenden Einfluß bei den Privatwerften aus. 1873 wurde das INA nach Greenwich verlegt. Man hat die ersten 10 Jahre dieser Institution in Kensington als »Fehlschlag« bezeichnet[23] und behauptet, erst in den 80er Jahren sei »wirklich« die Wissenschaft in den Schiffbau eingedrungen. Offenbar war aber diese Vorstufe nützlich und nötig.

Schon dem »Napoléon« hatte man also nichts Gleichwertiges entgegenzustellen gehabt. Dem Bau der »Gloire« folgte England mit dem Neubau der Mitte 1859 auf Stapel gelegten und am 29. Dezember 1860 fertiggestellten »Warrior«[24], die eine unterlegene Kopie war, aber als die eigentlich epochemachende Konstruktion hingestellt wurde, welche die »Gloire« und damit den Vorsprung der französischen Marine in Vergessenheit geraten lassen sollte — mit einem Schein des Rechtes. Denn während die »Gloire« in Holzbauweise gebaut worden war und erst unter dem nächsten Dutzend Schiffe dieses Typs ein Eisenschiffes sich befand, bauten die Engländer nach den Erfahrungen der Franzosen den »Warrior« sofort aus Eisen. Es konnte also in der Öffentlichkeit, welche über Einzelheiten nicht unterrichtet war, so scheinen, als sei der »Warrior« tatsächlich ein englischer Fortschritt über die »Gloire« hinaus. In Wirklichkeit war es ganz anders. Als die Engländer zunächst die »Gloire« und danach in schneller Folge deren Schwesterschiffe erscheinen sahen, wurden sie von einer solchen Konzentration modernster Kriegsschiffe in französischem Besitz beunruhigt und beschlossen, selbst ein größeres Schiff, die »Warrior« von 9000 Tonnen zu bauen. Aber sie hatten die Fortschrittlichkeit des Erbauers der »Gloire«, Dupuy de Lôme, nicht zu erkennen vermocht. Sie ließen dem Schiff sämtliche Segel und blieben so auf dem Gebiete der Bewegung auf halbem Wege stehen. Der einzige Fortschritt, welchen sie gegenüber den Franzosen erreichten und welcher allerdings eine Bresche in alte Gewohnheiten schlug, war das Verlassen des Längen-Breitenverhältnisses von 3 : 1. Bei der »Warrior« war das Verhältnis 6 : 1, bei der »Gloire« nur 4 : 1. Allerdings litt die Seetüchtigkeit des »War-

[22] Smith u. Halden, S. 20; Rutherford, S. 33.
[23] Pollard, S. 100, auch für das Folgende.
[24] Pollard, S. 102.

rior« unter dieser Neuerung, welche sich mit dem Panzer und der großen Takelage vertragen mußte. Artilleristisch war die »Warrior« der »Gloire« weit unterlegen.

Äußerst beunruhigend erschien den Engländern der Kosten-Sprung, den die »Warrior« verursachte. Ein schraubengetriebener Dreidecker kostete 1859 270 000 £, die »Warrior« dagegen ein Jahr später 375 000 £ (die erste »Dreadnought« 620 000 £ und Fishers Großkampfschiffe weit über 1,7 Mio £)[25].

Der »Warrior« ließen die Engländer mit dem Blick auf die Zahl der französischen Stapelläufe in den folgenden Jahren bis 1862 8 Schwesterschiffe folgen, welche bei dem Reichtum Englands an Werften schnell fertiggestellt werden konnten. Aber während der ganzen Zeit, mindestens bis 1866, beschränkten sie sich darauf, die französischen Fortschritte im Schiffbau nachzuahmen. Einstweilen blieben sie von der Spitze verdrängt.

Die Franzosen hatten im Kriegsschiffbau die erste Stelle erobert, und sie waren im Begriff, unter den Seemächten wieder einen sehr hohen Rang einzunehmen — in den Jahren des nordamerikanischen Bürgerkrieges ist Frankreich nicht zuletzt wegen seiner Flotte und um seiner weltberühmten Schiffbaukunst von den Südstaaten so sehr umworben und an die Gemeinschaft des Blutes erinnert worden. Schiffe und Besatzungen hatten in der Zeit des zweiten Kaiserreiches eine Qualität erreicht, welche seit den Tagen Colberts unerreicht gewesen war[26]. Als Segel und Holzbau in der Kriegsmarine überwunden, als Dampf und Panzer eingeführt wurden, da stand Frankreich weitaus an der Spitze. Und ebenso hatte es sich im Krimkriege weit mehr ausgezeichnet als England. Die englische Geschichtsschreibung dieser Jahre steht voller »Wenns« in Bezug auf diese Dinge. *Wenn* die Britische Flotte bei Kriegsausbruch besser in Stand gewesen wäre, hätte der Erfolg größer sein können; *wenn* ihre Befehlshaber jünger und deren Ideen moderner gewesen wären, hätte Napiers Mißerfolg nicht eintreten können; *wenn* England vor 1854 seine Schraubendampfschiffe, *wenn* es seine Artillerie in jener Zeit sorgfältiger gepflegt, *wenn* es sich mit den Fragen der Panzerung so früh wie Frankreich beschäftigt hätte — dann hätte es allerdings um die Erfolge der Engländer, insbesondere ihrer Flotte im Kampf, wie bei der Blockade, wie im Transportwesen besser gestanden. Kronstadt und Petersburg hätten dann vielleicht in greifbarer Nähe gelegen und Sewastopol sich nicht so lange halten können. »Die vielleicht wichtigste Lehre des Krieges 1854-1855 war, daß für eine Seemacht die Bereitschaft von größter Bedeutung ist, zu jeder Zeit die neuesten und bedeutendsten Erfindungen auszuwerten«[27].

*

Der Krieg deckte eher Schwächen der Flotte (und des Heeres) auf, als ihre Stärken, weil diese sich einem Feind gegenüber nicht zeigen ließen, der sich nicht zum Kampf stellte, sondern seine Schiffe versenkte oder in den Häfen stillegte und ihre Besatzungen als Festungsartilleristen einsetzte.

[25] Pollard, S. 109.
[26] Roncière, S. 353.
[27] Clowes, S. 502.

Gewiß zog Frankreich unter der Herrschaft eines ehrgeizigen, fast absolut regierenden, an allen technischen Fragen interessierten Kaisers die Lehren aus diesem Kriege schneller oder radikaler als das parlamentarisch regierte England mit einem auch 1856 noch vorwiegend konservativen Marine-Offizierskorps und dem natürlichen Gegensatz des sparsamen Parlaments zu einer auch nicht immer grundsätzlich marine-technisch fortschrittlichen Admiralität. So kam es, daß Frankreich 1856 — 1859 im Begriff war, im Kriegsschiff*bau*, keineswegs in bezug auf Größe der Flotte und Stärke der Seemacht, die Führung an sich zu ziehen. Es gab jedoch für diese englische Zurückhaltung beim Aufgreifen von Neuerungen einen Gesichtspunkt, der genau dem deutschen in bezug auf den Anfang mit dem Großkampfschiffbau rund ein halbes Jahrhundert später entsprach. England besaß 1856 eine große, der französischen weit überlegene Flotte. Führte es selber sehr schnell wichtige Neuerungen ein, dann beschleunigte es zweifellos paradoxerweise das Veralten seiner eigenen vorhandenen Schiffe, was notwendigerweise zur sehr teuren Schaffung neuer Schiffsklassen führen mußte. Klüger erschien es, die Entwicklung bei den anderen wichtigen Flotten sorgfältig zu beobachten und ihnen, wenn es unvermeidbar wurde, ebenso schnell wie überlegen mit großem Kapital- und Werfteinsatz zu folgen, so daß zwar der technische Vorsprung bei diesem oder jenem Schiff vorübergehend, nie aber der gesamtmilitärische Vorrang auf dem Meere, die Seeherrschaft verlorengehen oder auch nur ernstlich gefährdet werden würde. Diese Überlegungen sind in England angestellt und befolgt worden. Es war also nicht einfach Mangel an fortschrittlichem Denken auf der englischen Seite, wenn man Napoleon einen technischen Vorsprung gewinnen ließ. Man nahm wohlüberlegt ein nicht sehr großes, eindeutig kalkuliertes Risiko, eine gewisse Einbuße an technischem Prestige hin — fast könnte man sagen: England gestattete Frankreich einen technisch und zeitlich berechneten Vorsprung.

Napoleon mußte diesen Komplex ganz anders sehen. Für ihn bildeten die »Napoléon« und die Schwimmenden Batterien, wie die Leistungen von Frankreichs Heer und Marine überhaupt in diesem Kriege, den Beweis dafür, daß der militärische Abstand gegenüber England beträchtlich geringer war, als die Welt bis 1853 geglaubt hatte. Von einer nordamerikanischen Flotte konnte man erst seit dem Sezessionskrieg sprechen. Und die russische erwähnte man nach 1855 nicht mehr.

Insgesamt hat der Krieg — wie ein Jahrzehnt später der nordamerikanische —, der in einer Zeit großer technischer Fortschritte bei den Industriestaaten sich abspielte, zweifellos die technische Entwicklung auch beim Kriegsschiffbau beschleunigte, die Schaffung von im Verhältnis zur ersten Jahrhunderthälfte »modernen« Flotten angestoßen — und das, obwohl es in ihm keine Seeschlachten gegeben hat. Der Kampf Schiff gegen Schiff ist nicht einmal versucht, auf diesem Gebiet also keine neue Erfahrung gemacht worden — weder bei der Artillerie, noch beim Schiffskörper, noch bei den Besatzungen. Der Krimkrieg war ein sehr eigenartiger, sehr einseitiger Seekrieg, bei dem sich kein zweiter Nelson hätte beweisen können. Für einen solchen Krieg waren die Flotten Englands und Frankreichs weder gebaut noch ausgebildet worden — und die Lehren, die man ziehen konnte, betrafen daher auch nur am Rande den » eigentlichen« Seekrieg, wie man ihn gewohnt war (und wie er 1914-1918 hauptsächlich wieder geführt wurde). Sichtlich hat Rußland mit seiner Strategie die Entwicklung des Seekrieges eher gestört oder unterbrochen als »fortgesetzt« — und es blieb denn auch in gewisser Weise bei dieser Rolle in den beiden großen Kriegen des 20. Jahrhunderts.

Englands, noch mehr Frankreichs Flotte wurde für den Krieg im Schwarzen Meer weitgehend zweckentfremdet: die französischen Kriegsschiffe wurden in Transporter, die englischen vorwiegend in Geleitschiffe verwandelt. Auf beiden Gebieten, für die sie nicht, mindestens nicht in erster Linie gebaut worden waren, haben sie improvisierte Leistungen vollbracht, ohne die der Krieg mit einer Niederlage des Westens geendet hätte: Mit der Öffnung der Meerengen, vielleicht auch mit der russischen Seeherrschaft in der Ostsee. Man hat geschrieben, niemals zuvor hätten Kriegsschiffe eine so große Transport- und Nachschubleistung vollbracht. So scheint es. Aber man sollte bei einer solchen Behauptung nicht die riesigen Transportleistungen englischer und französischer Segelschiffe im Siebenjährigen und im amerikanischen Unabhängigkeitskrieg auf dem Wege von Europa nach Amerika und nach Indien unterschätzen. Sie könnten durchaus in bezug auf Tonnen/Seemeilen größer gewesen sein.

Die Leistungen der beiden Handelsmarinen (und die der französischen Eisenbahn) sind bisher nicht genügend untersucht worden. Sie sind sehr groß gewesen. Zweifellos hat der Krieg in diesem Bereich zu wichtigen Erfahrungen geführt und Werften und Reedereien viel Geld verdienen lassen wie denn überhaupt die Geschichte der privaten zivilen Wirtschaft und Technik in diesem Kriege, seine Wirkung z.B. auf Birmingham und Sheffield bisher nicht geschrieben worden ist.

Es wäre nicht ohne Interesse, einen Vergleich 1854/56 — 1914/18 systematisch in Einzelheiten durchzuführen. Nicht nur, daß es bei Kriegsbeginn in England an Artilleriemunition mangelte — was bei fast allen Kriegsführenden zu allen Zeiten zu beobachten ist —, sondern ebenso wichtig war die Frage der Versorgung mit Kohle, mit der richtigen Kohle obendrein. Kohlenstationen gab es noch nicht, Transporte bis zur Krim und in die Ostsee nahmen viel Zeit, das heißt viele Transporter in Anspruch, und die Transportkosten übertrafen natürlich den »normalen« Marktpreis der Kohle. Ein halbes Jahrhundert später ergaben sich grundsätzlich ähnliche Probleme nicht allein für Auslandsgeschwader bei der Kohle, sondern mehr und mehr auch bei der Ölversorgung. Es scheint nicht, daß die Ölfachleute jemals darüber nachgedacht haben, wie ihre Vorgänger 1854/56 prinzipiell sehr ähnliche Schwierigkeiten improvisatorisch zu meistern gesucht haben.

Und schließlich gibt es keine Geschichte der Demobilmachung seit dem Winter 1855/56. Sie wirkte hinein in die Zeit der ersten großen Wirtschaftskrisis, die seit 1857 die ganze westliche Welt erschütterte. Haben die Schwierigkeiten bei der Rückkehr von der Kriegs- zur Friedenswirtschaft diese Krisis für England und Frankreich vergrößert? Wie sind die Maschinenbauanstalten, Werften und Transportunternehmen, die sich auf die Intensivierung des Krieges im Jahre 1856 eingestellt hatten, mit der überraschend schnellen Beendigung des Gesamtunternehmens fertig geworden? Hat der Rücktransport von einem Teil des Materials von der Krim und aus der Türkei ihnen genug Möglichkeiten zur allmählichen Reduzierung ihrer Aktivitäten gelassen? Das sind keine theoretischen Fragen: Man weiß, daß selbst in Schweden das Ende des Krieges wirtschaftliche Ausfälle verursacht hat,

und führt die Schwere der Krisenwirkung von 1857 auf diese vorhergegangene Schwächung durch den Ausfall von Kriegsaufträgen zurück[28].
Im Jahre 1850 hatte der in Schleswig Holstein dienende bayerische Artillerie-Unteroffizier Wihelm Bauer ein Untersee-Boot erfunden, mit dem er sich anheischig machte, die größten Kriegsschiffe in die Luft zu sprengen. Lebensgefährlichen Versuchen in Kiel folgten Enttäuschungen in Deutschland, Schlimmeres in England, und schließlich 1855 staatliche Förderung in Rußland — ob in Verbindung mit Hoffnungen auf entscheidenden Einsatz im Krimkrieg, sei dahingestellt. Jedenfalls konnte Bauer am 24.6.1855 in seinem Boot, etwa 5,5 m unter der Wasseroberfläche, vor Kronstadt einen Brief schreiben, der über acht vorher stattgefundene kleinere Versuche und die eben im Gange befindliche achtstündige Probefahrt unter Wasser mit einem russischen Offizier, acht Matrosen und einem Schlosser, über Vor- und Rückwärtsfahren, Schnelltauchen und steiles Aufsteigen zur Wasseroberfläche berichtete.
So geschah also der für die Zukunft bedeutungsvollste kriegsschiffbauliche Fortschritt im Bereich des „Unterlegenen". Aber Rußland, das durch Selbstversenkungen und Abrüstung seiner Schiffe auf der Krim und durch totale Passivität in der Ostsee bei den Bewegungen und Schlachten gewohnten westeuropäischen Seeleuten, die nicht die Moskau-Erinnerungen ihrer Heeres-Kameraden für sich selber auszuwerten und anzuwenden verstanden, Verwirrung hervorrief, wurde nicht durch die Auswertung und Fortführung von Bauers Erfolg in Kronstadt zur großen Seemacht. Weder die industrielle noch die militärische Revolution, die in West- und Mitteleuropa Gesellschaft und Politik bestimmten, hat in jenen Jahrzehnten Rußland erreicht, das zunächst einmal die »Bauernbefreiung« auf seine spezifische Weise nachzuholen hatte. Von Bauer führt kein direkter russischer Weg zur sowjetischen U-Bootflotte in unserer Gegenwart. Auch das U-Boot ist wie Dampfschiff, Antriebsschraube und Panzerung im Westen erfunden und entwickelt worden.

---

28 Anderson, S. 375.

## *X. Meerengenfrage, Seekriegsrecht und Kriegsmarine*

Die Frage der Neutralisierung des Schwarzen Meeres bildete zwar auf der Friedenskonferenz zu Paris erst den dritten Verhandlungspunkt, aber sie war der wichtigste[1]. Palmerston wußte von seinen juristischen Beratern, daß eine vollständige Entmilitarisierung, das heißt die Demontage der militärischen Anlagen, Lager usw. im Asow-Meer und in den Flußmündungen, z.B. in Nikolajewsk, die er gerne gefordet hätte, nicht erreicht werden würde. Rußland konnte dort also Kriegsschiffe bauen. Aber der russische Unterhändler erklärte zur allgemeinen Überraschung, der Zar habe die Absicht, in Nikolajewsk nur Kriegsschiffe zu bauen, die der Friedensvertrag ausdrücklich für den Polizei-Dienst im Schwarzen Meer gestattete. Allerdings dürfe das nicht im Friedensvertrag stehen, sondern nur im nicht veröffentlichten Protokoll.

Diese Bemerkung, so großzügig sie erschien, führte zu heftigen Auseinandersetzungen über Zahl und Größe der leicht bewaffneten Polizeischiffe, welche der Türkei und Rußland erlaubt werden sollten.

Der russische Unterhändler, Graf Orlov, sprach bald von Korvetten, bald von Fregatten und Korvetten. Palmerston erklärte, sechs Fregatten seien mit Schiffen mit 74 Geschützen alter Art zu vergleichen, und Korvetten mit 20-30 Geschützen könnten nicht mehr als leicht bewaffnet bezeichnet werden. Orlov ging es um die Möglichkeit, getarnt den Kern einer Seemacht bauen zu können, und er konnte bei den vielen Variationen, mit denen er seinem Ziel zustrebte, Napoleons III. sicher sein: Der Kaiser distanzierte sich deutlich von England und verständigte sich mit dem Zaren. Schließlich einigte man sich für beide Mächte auf sechs »leicht bewaffnete« Schiffe und vier weitere von 200 t. Außerdem durften die Signatarmächte Österreich, Frankreich, England und Sardinien je ein oder zwei leicht bewaffnete Schiffe an der Donaumündung stationieren. Damit galt das Schwarze Meer als entmilitarisiert, während in Wirklichkeit die Türkei in Verbindung mit der Donauflottille der Alliierten Rußland gegenüber deutlich im Vorteil war.

Am 27. März 1856 wurde die Meerengen-Konvention von 1841 bestätigt. Die russischen Befestigungen am Schwarzen Meer wurden geschleift. Russische Kriegsschiffe durften es über die genannten Einheiten hinaus nicht befahren, so daß Rußland nicht einmal eine Verteidigungsflotte aufbauen und üben lassen sollte. Ausländischen Kriegsschiffen wurde erneut das Einlaufen in die Dardanellen und in den Bosporus untersagt. Die Signatarmächte verpflichteten sich wie 1841, den Sultan bei der Durchführung dieser Bestimmungen zu unterstützen und sich selber an sie zu halten. Zwar war das Schwarze Meer nicht mehr ein türkisches Meer; es konnte auch nicht ein russisches Meer werden. Aber nichts konnte den

[1] Temperley, S. 387 ff. u. 523 ff.; knapp zusammenfassend Baumgart, Der Friede von Paris.

Sultan daran hindern, unmittelbar außerhalb des Schwarzen Meeres, also im Bosporus, beliebig viele und große tiefgehende Kriegsschiffe zu bauen, während Rußland auf das Gleiche im Asow-Meer, das für große Schiffe ohnehin zu flach war, und in den Flußmündungen ausdrücklich verzichtete. »Thus the bottle neck of the Straits was not only corced — it was sealed«[2]. Tatsächlich hat Rußland sich an sein Versprechen gehalten, während die Türkei sehr bald mit dem Bau einer Kriegsflotte im Bosporus begann. War diese fertig, dann konnte sie Rußland angreifen — freilich mit wenig Aussicht,größere und dauerhaftere Erfolge zu erzielen als die der Alliierten im Krimkrieg. Für England war das wichtigste Ergebnis, daß auf diese Weise die Verbindungswege nach Indien besser gesichert waren als je zuvor.

Während des französisch-deutschen Krieges hob Rußland nach einer sechs Tage nach Sedan angedeuteten Ankündigung am 9. November 1870 einseitig die Neutralisierung des Schwarzen Meeres auf. England, das von diesem Schritt nicht überrascht wurde[3], und Österreich konnten nichts dagegen unternehmen, denn Bismarck, dankbar für die russische Neutralität, begrüßte die Maßnahme des Zaren. Die Türkei fühlte sich, unter dem Schutz der Alliierten von 1854, nicht gefährdet.

Der Vertrag von London zwischen den europäischen Mächten und der Türkei vom 13. März 1871, der die Entneutralisierung des Schwarzen Meeres hinnahm, unterstrich zwar, daß die Meerengen für ausländische Kriegsschiffe geschlossen waren und blieben. Aber der Sultan erhielt das Recht, Kriegsschiffe befreundeter Staaten passieren zu lassen, wenn er das als nötig ansah für die Einhaltung der Bestimmungen von 1856. Gleichzeitig griff, nach den Worten des Zaren, Rußland »seine souveränen Rechte im Schwarzen Meer wieder auf«. Es baute Festungen und Kriegsschiffe, wann und wo immer es dies für richtig hielt. Und die Türkei anerkannte diese Änderungen durch eine in London gleichfalls am 13. März 1871 geschlossene Übereinkunft der Botschafter beider Staaten. Der Zar ordnete ein Te Deum im Winterpalast an; Sewastopol wurde wieder Flottenstützpunkt[4].

Die Sowjetunion erwähnt den Pariser Vertrag überhaupt nicht in Verbindung mit der Meerengenfrage. Das sowjetische Handbuch über internationales Recht von 1957 erklärt einfach: »in Übereinstimmung mit den bilateralen Verträgen, die 1798, 1805 und 1833 unterzeichnet wurden, verpflichtete die Türkei sich, keinem Kriegsschiff einer Nicht-Schwarzmeer-Macht die Passage der Meerengen, zu gestatten. Damit wurde das Prinzip festgelegt, daß die Passage der Meerengen den Kriegsschiffen der Schwarzmeer — Mächte (Türkei und Rußland) offenstand«[5].

Eine nicht unbeträchtliche Rolle spielte die Entmilitarisierung der Aland-Inseln, deren Festung Bomarsund von der Artillerie der Alliierten weitgehend zerstört worden war. König Oskar I. von Schweden, der sich während des Krieges mit Hilfe überhöhter Subventionsforderungen an die Alliierten hatte neutral erhalten können, legte ihnen nun zur Aufrechterhaltung der »Sicherheit des Nordens« nicht nur die Rückgabe der Inseln an Schweden

[2] Temperley, S. 409; Puryear, S. 424 ff.
[3] Mosse, S. 162 ff.
[4] Arnakis, S. 218; Mosse, S. 176 ff.
[5] Kozheynikov, S. 231.

oder doch mindestens ihre Entfestigung, sondern auch die Begrenzung der russischen Flotte in der Ostsee nahe. Der russische Vertreter erklärte dazu am 1. März 1856 ohne Zögern, daß sein Herr keinen Wert auf die Befestigungen von Bomarsund lege, da sie eine Fehlkonstruktion seien. Wären diese Worte an die Öffentlichkeit gelangt — sie hätten diese noch einmal lachen lassen über jenes unüberlegte Unternehmen. So aber gelang es den englischen Vertretern, ihren Steuerzahlern die Entmilitarisierung der Aland-Inseln als »bedeutenden Gewinn Englands« hinzustellen und damit der Zerstörung der Festung hinterher einen Schein von Sinn zu geben[6]. Allerdings war der Aland-Komplex wirklich wichtiger, als er heute erscheint. England brauchte zu jener Zeit, in der der Eisenschiffbau eben erst begann, noch wachsende Mengen Holz für seinen Schiffbau. Seit den 30er Jahren kam dieses vorwiegend aus Schweden (wie später eine wachsende Menge von Eisenerz). Man war daher sehr interessiert am ungefährdeten Zugang zu den schwedischen Häfen am Bottnischen Meerbusen[7].

Während des Krieges sind im Schwarzen Meer, im Asow-Meer, im Mittelmeer, im Fernen Osten und im Pazifik nicht wenige Schiffe aufgebracht, versenkt oder ihre Ladungen beschlagnahmt worden. Das führte zu häufigen Protesten von Seiten der Neutralen. Deutlich zeigte sich, daß es ein klar formuliertes und allerseits anerkanntes Seerecht, welches die Rechte und Pflichten der Kriegführenden und Neutralen ausreichend regelte, nicht gab. So entschloß man sich, im Rahmen der Friedensverhandlungen der großen Nationen, auch diesen Punkt zu behandeln.

Wegen dieser Zusammenhänge schreibt man vielfach noch heute, die Seerechts-Deklaration von Paris vom 16. April 1856 habe eine neue Ära in der Geschichte des internationalen Seerechts eröffnet — eine Ära der Beschränkung der Kriegsführenden. Weit weniger häufig hat man erwähnt, daß eine entsprechende Beschränkung fast unvermeidlich durch die Erklärung über das Seerecht eintrat, welche England und Frankreich den Neutralen gegenüber bei Kriegsbeginn am 28. März 1854 veröffentlicht haben — freilich ohne andere Nationen um ihr Einverständnis zu bitten. Aber das geschah auch 1856 nicht[8].

In dieser Deklaration wurden von den beiden Alliierten für die Dauer des Krieges gewisse Rechte für aufgehoben erklärt. In der Pariser Deklaration wurden von den Signatarmächten des Friedensvertrages die gleichen Rechte für immer abgeschafft. Die für die erste Erklärung Verantwortlichen wußten durchaus, daß ihre zeitlich beschränkten Konzessionen leicht solche von Dauer werden konnten, und tatsächlich erwiesen sie sich als entscheidende Maßnahmen für die Zukunft.

Den eigentlichen Ausgangspunkt für die Deklaration von 1856 bildete Englands Wunsch, die Kaperei abzuschaffen, und insbesondere die Befürchtung, neutrale Staaten, hauptsächlich die USA, könnten russischen Kaperschiffen Hilfe leisten. Daher sah man die in der ersten Erklärung enthaltenen Konzessionen als eine Anregung an die Neutralen an, solche Hilfsleistungen zu unterlassen, und in der Wiederholung dieser Erklärung 1856 den Preis,

[6] Temperley, S. 396; Barros, S. 3 ff.
[7] In diesem Zusammenhang sehr wichtig Albion, S. 139 ff.
[8] Anderson, S. 379 ff; vgl. auch Temperley S. 412 ff.

den England dafür zu zahlen bereit war, daß die Kaperei international unterblieb, d.h. aufgegeben und abgeschafft wurde.

Zwar hatte Sir James Graham, Erster Lord der Admiralität, in einem einflußreichen Memorandum vom Februar 1854 erklärt, »die britische Seemacht ist ausreichend, jeden Versuch solcher Seeräuberei« zu unterdrücken, aber die englische Regierung war bereits 1854, nicht erst 1856, bestrebt, langfristig zu handeln, und hat dabei durchaus auch Frankreich als möglichen Gegner im Auge gehabt. Bei alledem ging man stillschweigend von der in den 50er Jahren selbstverständlichen Annahme aus, daß England zur See jedem Gegner überlegen sei.

Die Erklärung vom 28. März 1854 bedeutete, daß man erstaunlicherweise nicht versuchen wollte, Rußlands gesamten Handel zum Erliegen zu bringen. Letters of marque sollten nicht ausgegeben, feindliches Eigentum auf neutralen Schiffen sollte nicht beschlagnahmt werden. Diese Auffassung brachte zwei bedeutende Vorteile mit sich: Sie reduzierte beträchtlich die Wahrscheinlichkeit von Auseinandersetzungen mit Neutralen, die in der Vergangenheit so häufig gewesen waren und die gerade im Kriege wichtigen Beziehungen zu jenen belastet hatten. Rußland hatte solche Streitfälle seit den Tagen Katharinas II. und der ersten »Bewaffneten Neutralität« verschiedentlich ausgenutzt. Es war selbstverständlich, daß es dies auch jetzt versuchen würde. Zweitens erschien der Verzicht auf die Beschlagnahme feindlichen Eigentums auf neutralen Schiffen (abgesehen von eindeutiger Konterbande) mehreren Ministern, insbesondere dem Handelsminister, als eine wichtige Sicherung der englischen Wirtschaftsblüte, da auf diese Weise Englands eigene Importe, die für seine Wirtschaft lebenswichtig geworden waren, ungestört blieben.

Das englische Kabinett als Gesamtheit schloß sich diesen Überlegungen allerdings nicht an. Es war davon überzeugt, daß die englische Überlegenheit zur See eine effektive Blockade vor allen russischen Küsten ermöglichen werde. Die Blockade — das natürliche Mittel einer starken Seemacht — konnte nach der Meinung des Kabinetts die Interessen der englischen und neutralen Fabrikanten berücksichtigen und dennoch den Handel des Feindes vernichtend treffen — besonders, wenn man den Begriff der Konterbande sehr streng auslegte und anwandte und Neutrale von Rußlands Kolonial- und Küstenhandel ausschloß.

Einen entsprechenden Vorschlag für eine Deklaration an die Neutralen machte England Napoleon durch seinen Botschafter Mitte März 1854. Man ließ dabei erkennen, daß es sich zwar zunächst um eine zeitlich befristete Maßnahme handeln, daß diese aber anschließend wahrscheinlich geltendes Recht werden würde und bleiben sollte.

Frankreich fühlte sich überrrumpelt. Schnell erklärte es, daß es mit dem Ausschluß der Neutralen von Rußlands Kolonial- und Küstenhandel nicht einverstanden sei. Am 27. März berichtete der britische Botschafter, daß, wenn man nicht aufpasse, die Frage »schwieriger werden könne, als die Orientfrage selber.« Keine der beiden Regierungen wollte nachgeben, denn beide dachten nicht allein an den gegenwärtigen Krieg, sondern durchaus auch an die Möglichkeit eines künftigen englisch-französischen Krieges. In einem solchen Falle würde es für Frankreich sehr wertvoll sein, wenn es seinen Kolonial- und Küstenverkehr Neutralen überlassen konnte. Außerdem hatte Frankreich in zahlreichen Verträgen Neutralen dieses Recht schon immer zugestanden. Der französische Außenminister war bereit, der französischen Flotte Anweisungen zu geben, welche praktisch Englands Vorschlag entsprachen; er war jedoch nicht bereit, jenen Vorschlag in aller Form öffentlich zu akzeptieren und damit auf eine seit langem vorteilhaft genutzte Position zu verzichten.

Im allerletzten Augenblick gab überraschend der englische »Riese« gegenüber den »Pygmäen« nach und ermöglichte die Deklaration vom nächsten Tage, dem 28. März 1854. Der Grund für diese Konzession lag in den USA. Diese hatten genau in diesem Augenblick den Abschluß eines Handelsvertrages vorgeschlagen, der explizit den Neutralen den Kolonial- und Küstenhandel überlassen sollte. Wenn nun die beiden Allierten in aller Form den Neutralen diesen Handel verschlossen, konnte das schwierige diplomatische Folgen haben. Der englische Botschafter in Paris, Cowley, hielt es geradezu für möglich, daß die USA Rußlands Verbündete werden könnten, was wiederum zur Auflösung des Bündnisses durch Frankreich führen konnte. Und außerdem hatte England soeben erst durch die Aufhebung der Navigationsakte seinen eigenen Kolonial- und Küstenhandel in Kriegs- und Friedenszeiten den Neutralen geöffnet. Dem französischen Botschafter erschien es daher am klügsten, die Blockade so effektiv durchzuführen, daß die Neutralen von sich aus auf den Handel mit Rußland verzichteten. Aber dazu waren, wie die Ereignisse zeigten, die Alliierten aus mehreren Gründen nicht in der Lage: die Küsten waren zu lang; es fehlte an kleinen, wendigen, flachen Kanonenbooten für die Küstengewässer; ein Teil des Seeverkehrs konnte auf den Landweg verlagert werden usw.

Was in der Erklärung vom 28. März 1854 über Menschlichkeit, Zivilisation und die Bedeutung des internationalen Handels stand, waren politisch und wirtschaftlich bedeutungslose Propaganda-Redensarten. Die Bemerkung des englischen Ministers Lord Clarendon, »it is far better to do the thing grandement and to pay hommage to the civilisation of the age«, kommentiert der jüngste englische Autor: »In this they succeeded all too well, for they have confused posterity also into crediting them with soft hearts instead of hard heads«[9].

Die Wirkung der angeblich sehr strikten Blockade auf Rußland ist umstritten. Optisch schien die Verlagerung von Rußlands Seehandel auf die preußischen Straßen und auf kleinste Küstenschiffe die Blockade unwirksam zu machen. Die vom englischen Board of Trade veröffentlichten Zahlen bewiesen allerdings, daß der Handel dabei schrumpfte und verteuert wurde. Das war nicht anders zu erwarten. Aber was übrig blieb, reichte durchaus für den Bedarf im Kriege und für den Kriegsbedarf selbst. Die Blockade hat nicht zu Rußlands Niederlage geführt — sofern das Ergebnis des Krieges seine Niederlage war und nicht nur ein zeitweiliger Rückzug. Sie hat nicht einmal wesentlich zu diesem beigetragen: dazu war Rußland viel zu groß; es war in jener Zeit im Sinne einer Kriegswirtschaft autark.

Der Haupterfolg war wohl, daß das ganze Thema unter englischer Führung diskutiert wurde. Als man 1856 in Paris die Friedensverhandlungen praktisch abgeschlossen hatte, fühlte man sich in einer Atmosphäre allgemeiner Zufriedenheit und Entspannung bereit, wie in Münster-Osnabrück und in Wien ein paar wohlklingende aber unverbindliche Prinzipien zu formulieren. Die Führung überließ man dabei dem Hausherrn und Gastgeber, dem französischen Außenminister Walewski. Er schlug am 2. April 1856 den Engländern vor, daß die bei Kriegsbeginn gegenüber den Neutralen gemachten Konzessionen in dauernd

[9] Anderson, S. 382.

geltendes Recht verwandelt werden sollten. Palmerston erkannte sofort, daß England als stärkste Seemacht mit dem größten Seehandel vom Kaperverbot am meisten profitieren und obendrein noch den USA einen Gefallen erweisen würde, die während des Krieges versucht hatten, die kleineren Neutralen mit der Forderung »Frei Schiff, frei Gut« gegen England aufzuwiegeln. Die moralische Verpackung dieser Tatsache überließ er seiner Königin.

Auf der russischen Seite hat man bald nach dem Inkrafttreten der Deklaration von 1856 ihren »mageren Inhalt« unterstrichen und betont, daß das schwierige und komplizierte Prisen-Recht ungeregelt geblieben war. Dieser Einwand übersah, daß die Deklaration gar nicht alle Probleme des Internationalen See-Rechts hatte lösen wollen. Man hatte 1854 erkannt, daß Kaperei eine geringere Bedeutung besaß als früher und daß es Schwierigkeiten bei der genauen Bestimmung von »feindlichem Eigentum«, »Konterbande« und »de facto-Blockade« gab. Zwei Jahre später versuchte man mit Erfolg, die 1854 nötig erschienenen Maßnahmen unter Voraussetzung der englischen Übermacht zur See in allgemein anerkannte Politik zu verwandeln und zugleich die USA zu beruhigen, die England in jenen Jahren ständig Schwierigkeiten bereiteten.

# *Quellen- und Literaturverzeichnis*

## I. Quellen

Haus-, Hof- und Staatsarchiv Wien
(abgekürzt HHStA)
Kriegs-Marinearchiv Wien
(abgekürzt KMA)
Preußisches Geheimes Staats-Archiv Berlin
(PGStA)

## II. Literatur


Airlie, Mabell Countess of:
With the Guards we shall go, London 1933

Albion, Robert:
Forests and Sea Power, Harvard 1926

Albot du Casse, Pièrre E.:
Précis historique des Opérations Militaires en Orient de Mars 1854 à Septembre 1855, Paris 1856

Albot du Casse, Pierre E.:
La Crimée et Sébastopol de 1853 à 1856, Paris 1892

Alder, Carry J.:
India and the Crimeam War, The Journal of Imperial and Commonwealth History II/1973

Anderson, E.:
The Scandinavian Area and the Crimean War in the Baltic, Scandinavian Studies 41/1969

Anderson, Olive:
Some further Light on the inner History of the Declaration of Paris, The Law Quarterly Review 76/1960

Anitschkof (Bearbeiter):
Der Feldzug in der Krim, Berlin 1857

Arnakis, George G.:
The Near East in Modern Times, Bd. I, New York 1969

Balfour, Frances:
The Live of George, Fourth Earl of Aberdeen, London 1923

Barros, James:
The Aland Islands Question, London 1968

Bartlett, C.J.:
Great Britain and Sea Power 1815-1853. Oxford 1963

Batsch, C.F. und Meuß, K.:
Frankreich, die Flotte, in: Die Heere und Flotten der Gegenwart, Hrsg. v. C. von Zepelin, Berlin 1900

Baudens, L.:
La Guerre de Crimée, Les Campements, les Abris, les Ambulances, les Hopitaux etc., Paris 1858

Baumgart, Winfried:
Der Krimkrieg in der angelsächsischen und russischen militärgeschichtlichen Literatur der sechziger Jahre, Militärgeschichtliche Mitteilungen 1/1970

Baumgart, Winfried:
Probleme der Krimkriegsforschung, eine Studie über die Literatur des letzten Jahrzehnts, Jahrbücher für Geschichte Osteuropas, NF 19/1971

Baumgart, Winfried:
Der Friede von Paris 1856, München 1975

Bazaucourt, César L. de:
Der Feldzug in der Krim bis zur Einnahme von Sebastopol, 2 Bde, Wien 1858
Bokun, S.:
The Russian American Company, Harvard 1951

Callender, Geoffrey:
The Naval Side of the British History, London 1924
Canonge, Frédéric:
Histoire Militaire Contemporaine (1854-1871), Bd. I, Paris 1887
Carlsson:
Sverige och Krimkriget in den svenska historien VIII/1962
Chabaud-Arnault, C.:
Histoire des Flottes Militaires, Paris 1889
Charliat, P.:
Trois Siècles d'Économie Maritime Française, Paris 1931
Chevalier, E.:
Histoire de la Marine Française 1815-1870, Paris 1900
Clowes, William L.:
The Royal Navy, vol. VI, London 1901

Davidson, Donald C.:
The War Scare of 1854, The British Columbia Historical Quarterly V/1941
Davidson, Donald C.:
Relations of the Hudson's Bay Company with the Russian American Company on the Northwest Coast 1829-1867, The British Columbia Historical Quartery V/1941
Delord, Taxile:
Histoire du Second Empire, Band I, Paris 1869
Dvoichenko-Markov, Eufrosina:
Americans in the Crimean War, The Russian Review 13/1954

Earp, B.:
History of The Baltic Campaign of 1854, London 1857
Ebeling, Adolf:
Napoleon III. und sein Hof, Denkwürdigkeiten, Erlebnisse und Erinnerungen, Bd. I, Köln 1892

Farrère, Claude:
Histoire de la Marine Française, Paris 1934
Fay, G.:
Souvenirs de la Guerre de Crimée 1854-1856, Paris 1889
Fortescue, J.W.:
A History of the British Army, vol. XIII, London 1930
Franz, Georg:
Der Krimkrieg, ein Wendepunkt des europäischen Schicksals, Geschichte in Wissenschaft und Unterricht 7/1956

Gall, Lothar:
Die Europäischen Mächte und der Balkan im 19. Jahrhundert, Historische Zeitschrift 228/1979
Geffcken, F. Heinrich:
Zur Geschichte des orientalischen Krieges 1853-1856, Berlin 1881
Gille, Emil:
Le premier navire cuirasse, „La Gloire", in Mollat, Michel, Les Orgines de la Navigation à vapeur, Paris 1970
Golder, Frank A.:
Russian-American Relations during the Crimean War, The American Historical Review XXXI/1925-1926
Gray, Ernest A.:
The Stone Frigates of Sebastopol, History Today XIX/1969
Grivel, R.R.:
Attaques et Bombardements Maritimes avant et pendant la Guerre d'Orient. Sébastopol-Bomarsund-Odessa-Sweaborg-Kinburn, Paris[2] 1857
Grothusen, Klaus (Hg):
Die Türkei in Europa, Göttingen 1979

Halicz, Emanuel:
Danish Neutrality during the Crimean War, Odense 1977
Hällström, Olof af:
Sveaborg, Gibraltar of the North, The American Scandinavian Review II/1964
Hoskins, Halford L.:
British Routes to India, London [2]1966
Höjer, T.:
Die Genesis der schwedischen Neutralität, Historische Zeitschrift 186/1959
Hösch, Edgar:
Neuere Literatur (1940-1960) über den Krimkrieg, Jahrbücher für Geschichte Osteuropas NF 9/1969

Kaehler, Siegfried:
Realpolitik zur Zeit des Krim-Krieges, eine Säkularbetrachtung, Historische Zeitschrift 174/1952
Kinglake, Alexander:
The Invasion of the Crimea vol. I-VIII, London 1863/87
Kozheynikov, F. D. (Hg.):
International Law Textbook for Use in Law Schools (Englische Ausgabe), Moskau o.J. (1957).

Lewis, Michael:
An Eye — Witness at Petropaulowski 1854, The Mariner's Mirror 49/1963
Lysons, Daniel:
The Crimean War from First to Last, London 1895

MacMunn, George:
The Crimea in Perspective, London 1935
Meurer, Alexander:
Seekriegsgeschichte in Umrissen, Leipzig ²1942
Moore, Alan:
Sailing Ships of War 1800-1860, London 1926
Mosse, W. E.:
The Rise and Fall of the Crimean System 1855/1871, London 1963

Napier, C.:
The History of the Baltic Campaign of 1854, London 1857

Osbon, G. A.:
The first of the Ironclads, The Mariners' Mirror 50/1964
Osbon, G. A.:
The Crimean Gunboats, The Mariners' Mirror 51/1965
Otway, Sir Arthur (Hg.):
Autobiography and Journals by Admiral Lord Clarence E. Paget, London 1896

Parkes, Oscar:
British Battle Ships. „Warrior" 1860 to „Vanguard" 1950. A History of Design, Construction and Armament, London 1957
Pflug, Ferdinand:
Unter dem Doppeladler. Geschichte des Feldzuges in der Krim nach Mitteilungen aus dem Tagebuch eines deutschen Arztes in russischen Diensten, 2 Bde. Berlin o.J.

Puryear, Vernon J.:
England, Russia and the Straits Question, Berkeley 1931

La Roncière, Ch. de et Clerc-Rampal, C.:
Histoire de la Marine Française, Paris 1934
Russell, William:
Aus dem Feldlager in der Krim, Leipzig 1856
Rüstow, W.:
Der Krieg gegen Rußland, Bd. I. Zürich 1855
Rutherford, W.:
The man who built the „Mauretania", London 1934

Saab, Ann P.:
The Origins of the Crimean Alliance, Charlottesville, 1977
Sandmann, H.:
Lebenserinnerungen eines alten Seemanns, Emden 1896
Salaun,
La Marine Française, in: La Troisième République de 1870 à nos jours, Collection dirigée par Audré Zilly, vol 2, Paris 1934
Sayer, Captain (Hg.):
Despatches and Papers relative to the Campaign in Turkey, Asia-Minor and the Crimea ... 1854, 1855, 1856, London 1857
Schiemann, Theodor:
Kaiser Nikolaus. Vom Höhepunkt seiner Macht bis zum Zusammenbruch im Krimkriege 1840-1855, Berlin 1919
Schliemann, Heinrich:
Briefwechsel, Bd. I, Berlin 1953
v. Schweinitz:
Die Expedition gegen die Alands-Inseln im Jahre 1854, Ein Vortrag in der Militärischen Gesellschaft zu Berlin am 23. Februar 1855 (als Ms. gedruckt)
Simpson, F. A.:
Louis Napoleon and the Recovery of France, London 1923
Smith, J. W. und Halden, T.S.:
Where Ships are born, Sunderland 1946
Stephan, John:
The Crimean War in the Far East, Modern Asian Studies III/1961
Sulivan, Henry N.:
Life and Letters of the late Admiral Sir Barhtolomew James Sulivan 1810-1890, London 1896

Temperley, Harold:
The Treaty of Paris of 1856 and its Execution, Journal of Modern History IV/1932

v. Todleben, Eduard:
Die Verteidigung von Sewastopol Bd. I, 1, Petersburg 1864

Tolstoi, Leo:
Russische Soldatengeschichten und kleine Erzählungen, Leipzig 1887

Treue, Wilhelm:
Von den Seekriegen des 19. Jahrhunderts zum modernen Wirtschaftskrieg, in: „Völker und Meere", Leipzig 1942

Treue, Wilhelm:
Das österreichisch-mitteldeutsche und das norddeutsche staats- und privatwirtschaftliche Interesse am Bau des Suez-Kanals, Vierteljahrschrift für Sozial- und Wirtschaftsgeschichte 57/1970

Troude, O.:
Batailles Navales de la France, Paris 1868

(Ulthorpe, Somerset J.G.):
Letters from Head-Quarters: or, the realities of the War in the Crimea, London 1887

Vaillant, J. B. Ph.:
Die Organisation der Orientarmee. Offizieller Bericht erstattet an S.M. den Kaiser Napoleon III. durch den Kriegsminister, Marschall ..., Paris 1856

Wheeler, Harold F. B.:
The Story of the British Navy, London 1931

Woodham-Smith, Cecil:
Florence Nightingale, München 1952

Über die Kriegführung im Orient. Krim-Expedition, Denkschrift an die Regierung Sr. Maj. des Kaisers Napoleon III. Von einem General, Dresden 1855